트렌드의 배신

대중의 욕망인가, 기업의 마케팅인가

트렌드의 배신

이호건 지음

월요일의꿈

서문

트렌드라는 이름의 마케팅에
휘둘리지 않는 법

"나에게 한 문장만 달라. 누구든 범죄자로 만들 수 있다."

한때 나치 독일의 선전장관이었던 파울 요제프 괴벨스가 얘기했다고 잘못 알려진 이 말은 '선전, 선동'을 뜻하는 프로파간다 Propaganda의 본질을 잘 보여주는 표현이다. 프로파간다는 일정한 의도를 갖고 여론을 조작하여 사람들의 판단이나 행동을 특정한 방향으로 유도하고자 할 때 사용되는 선전, 선동 기법을 일컫는 말이다. 특정한 목표를 달성하기 위해 현실을 호도하거나 진실을 왜곡하는 일도 서슴지 않기 때문에 부정적인 뉘앙스가 가득하지만, 대중의 마음을 얻어야 하는 정치인에게 이는 거부하기 힘든 유혹이기도 하다. 그래서 선거철만 되면 여·야, 진보·보수 가리지 않고 프로파간다에 열을 올리곤 한다.

'악화惡貨가 양화良貨를 구축驅逐한다'는 그레셤의 법칙Gresham's Law이 잘 보여주듯이, 대체로 좋은 것보다는 나쁜 행동이 더 빠르게, 널리 퍼지는 법이다. 그동안은 주로 정치판에서만 몰래 사용되던 프로파간다 기술이 지금은 우리 삶의 여러 곳에서 아무런 거리낌 없이 활용되고 있다. 자본주의가 발전을 거듭하면서 경쟁이 심화되자, 기업에서는 소비자의 마음을 사로잡기 위해 수단과 방법을 가리지 않게 되었다. 그 결과, 정치판에서만 조심스럽게 사용되던 비기祕技를 비즈니스 세계에 적용하는 사람들이 점점 생겨나기 시작했다. 일부 정치인들 사이에서 제한적으로 사용되던 프로파간다가 판도라의 상자를 열고 세상으로 뛰쳐나와 거리를 활보하게 된 것이다.

드넓은 비즈니스 세상으로 무대를 옮긴 프로파간다는 과거와는 전혀 다른 옷을 입고 사람들에게 모습을 드러냈다. 과거 정치권에서는 비열하고 야비한 수법처럼 여겨져 실체를 숨긴 채 조심스럽게 사용되었는데, 이제는 비즈니스 세계에서 합법적이면서도 매우 전략적인 수단으로 자리매김하여 누구나 당당하게 기술을 펼칠 수 있게 된 것이다. 오랜 기간 음지에서의 활동을 접고 양지로 나와 당당히 얼굴을 드러냈다고 볼 수 있는데, 활동 무대가 바뀌자 프로파간다의 위상도 딴판으로 달라졌다. 변한 것은 위상뿐만이 아니다. 호칭도 바뀌었다. 프로프간다라는 부정적인 이름표를 떼버리고 대신 '마케팅'이라는 근사한 이름을 얻었다. 나아가 비즈니스 세계에서는 프로파간다를 담당하는 사람을 '마케터'나 '크리에이터'라 부르며 전문성까지 인정하기 시작했다. 한때 뒷골목(?)에서 놀던 프로파간다가 비즈니스 세계로 나오면서 제대로 '신분세탁'을 한 셈이다.

구호도 달라졌다. 프로파간다의 정신을 이어받은 오늘날 마케터는 이렇게 외친다. "나에게 한 문장만 달라. 누구든 소비자로 만들 수 있다." 길고 장황한 설명 없이 단 한 문장으로도 상대방의 지갑을 열게 만들 수 있다는 자신감이 엿보인다. 소비자가 불신과 망설임을 뒤로한 채 기꺼이 자신의 지갑을 여는 '한 문장'이란 도대체 무엇일까? 가장 대표적인 것이 광고나 뉴스에 자주 등장하는 '트렌드'라는 단어다.

본디 트렌드란 일정한 방향성을 가진 현상이나 행동을 뜻한다. 1960~70년대만 하더라도 주식으로 쌀을 소비하려는 경향은 뚜렷한 트렌드였다. 쌀의 생산능력은 한정적인데 너도나도 흰 쌀밥을 찾는 탓에 국가에서는 혼분식混粉食 장려운동을 펼칠 정도였다. 하지만 현대로 오면서 쌀 소비는 급격하게 줄어들었다. 다이어트에 대한 대중의 관심이 커지면서 탄수화물을 줄이고 지방을 늘리는, 이른바 '저탄고지' 열풍이 불기 시작한 것이다. 그 결과, 지금은 외려 남아도는 쌀을 걱정하는 처지가 되었다. 과거에는 주식으로 흰 쌀밥을 먹는 것이 대세적 흐름이었다면 지금은 탄수화물이 많은 쌀을 거부하는 것이 뚜렷한 트렌드라 할 수 있다.

당연한 말이지만, 소비자에게 자사 상품을 팔아야 하는 마케터라면 사람들의 심리나 소비패턴이 어떻게 변하고 있는지를 잘 살펴야 한다. 소비트렌드를 제대로 읽지 못하는 마케터는 미끼 없는 바늘로 고기를 낚는 낚시꾼이거나 과녁도 없는 곳에 총을 쏘는 사냥꾼과 별반 다를 게 없다. 마케터라면 당연히 소비트렌드가 어떻게 바뀌고 있는지를 잘 살펴서 그것에 맞는 상품을 만드는 데 힘써야 한다. 말하자면, 트렌드가 먼저고 상품 개발은 나중이란 소리다.

그런데 정치권에서 프로파간다 기술을 전수받은 일부 마케터들은 종종 이 순서를 뒤집기도 한다. 이들은 자사 상품을 소비하는 일이 대세적 흐름인 것처럼 트렌드를 만들어서 소비자에게 주입시킨다. 현란한 선전, 선동으로 독일 국민의 마음을 사로잡았던 괴벨스처럼, 다양한 광고와 홍보수단을 통해 소비심리를 자극하여 트렌드를 창조하기에 이른 것이다. 이제 마케팅의 목표는 '시장을 읽는 것'이 아니다. 트렌드를 선도하여 '소비심리를 이끄는 것'이다. 이런 의미에서 보면 어쩌면 오늘날 마케터는 비즈니스 세계의 '괴벨스'인지도 모른다.

마케터가 소비트렌드를 주도한다는 사실은 어떻게 알 수 있을까? 간단하다. 익히 알겠지만, 서울대 소비트렌드분석센터에서는 매년 열 가지씩 '올해의 소비트렌드'라는 것을 책으로 발표한다. 발표된 내용에 따르면, 2022년 대한민국의 소비트렌드는 '나노사회, 머니러시, 득템력, 러스틱 라이프, 헬시 플레저, 엑스틴 이즈 백, 바른생활 루틴이, 실재감테크, 라이크커머스, 내러티브 자본' 등이었다. 그런데 2023년의 소비트렌드는 '평균 실종, 오피스 빅뱅, 체리슈머, 인덱스 관계, 뉴디맨드 전략, 디깅모멘텀, 알파세대가 온다, 선제적 대응기술, 공간력, 네버랜드 신드롬'으로 바뀐다. 어딘가 이상하지 않은가? 해마다 대한민국 소비자들의 소비패턴이 이렇게 변한다는 것이 진짜일까? 국민들의 소비심리가 매년 이토록 순식간에 변할 수 있을까? 만약 사실이라면, 대한민국 국민은 변덕이 죽 끓듯 하는 사람들일 테다.

본디 트렌드란 일정한 방향성이나 경향을 뚜렷하게 나타내는 현상이어야 한다. 잠시 반짝하고 사라지는 현상에까지 트렌드라는 이름을 붙이기에는 아무래도 격이 맞지 않는다. 따라서 진짜 트렌드를 확인하기 위해서는 어느 정도의 시간이 반드시 필요하다. 앞서 언급했던 쌀 소비에 대한 식습관의 변화는 무려 반세기 가량의 시간 간격을 두고 파악한 내용이다. 트렌드라 불러도 전혀 손색이 없다. 하지만 매년 발표되는 소비트렌드는 대부분 그러한 시간적 여유 없이 발표되곤 한다. 따라서 무작정 신뢰하기에는 아무래도 꺼림칙하다(그래서일까? 책의 부제에도 '전망'이라고 쓰여 있다). 요컨대 매년 소개되는 소비트렌드는 일정한 방향성을 확인하기도 전에 발표되는 탓에 너무 앞서가는 측면이 있어 보인다.

문제는 그러한 소비트렌드가 맞고 틀리고와 관계없이 일정 부분 영향력을 미친다는 데 있다. 실제로 많은 기업에서는 매년 발표되는 소비트렌드에 촉각을 곤두세운다. 특히 마케팅이나 연구개발에 종사하는 사람은 그 책을 읽고 어떤 형태로든 그 내용을 업무에 반영하곤 한다. 그 결과, 책에 소개된 소비트렌드는 실제 현실이 되기도 한다. 현실의 변화를 포착하여 트렌드라 명명한 것이 아니라 트렌드가 먼저 소개되고 현실이 뒤따르는 셈이다. 특정 전문가가 먼저 트렌드를 제시하면 수많은 기업의 마케터들이 그것을 따르고,

현실은 사후적으로 그것을 증명해 보인다. 이는 마치 부동산 투자 카페에서 한 전문가가 어느 지역의 아파트 가격이 오를 것이라고 지목하면 회원들이 우르르 몰려가서 아파트를 구입하고, 그로 인해 실제로 아파트 가격이 오르는 것과 같은 이치다.

그렇다면 이러한 소비트렌드 발표는 모두 쓸데없는 짓일까? 그렇지는 않다. 맞든 틀리든 간에 소비트렌드에 대한 전망을 알고자 하는 수요가 존재하기 때문에 불가피한 측면이 있다. 개별 기업의 마케터 입장에서도 불확실한 미래에 대한 약간의 힌트라도 얻는다면 '맨땅에 헤딩'하는 것보다는 낫다. 오히려 문제는 공급자보다 수요자에게 있는지도 모른다. 쏟아지는 트렌드를 아무 비판 없이 받아들이는 소비자에게도 일정 부분 책임이 있다. 비즈니스 세계에서는 광고나 홍보라는 이름으로 소비자를 현혹하는 프로파간다 기술이 상당 부분 합법화되었기 때문이다. 정보화 시대를 살아가는 현대인들은 하루에도 수없이 쏟아지는 정보 속에서 올바른 방향을 찾고자 한다. 하지만 넘쳐나는 정보는 우리에게 길을 알려주기보다는 오히려 길을 더 잃게 만든다. 소비트렌드도 마찬가지다. 매년 '무슨무슨 트렌드'라며 우리가 가야 할 길을 제시하지만 그 길이 계속 이어질지 중간에 끊어질지는 알 수 없다.

일찍이 철학자 데카르트는 철학의 확고한 기초를 세우기 위해서는 자명해 보이는 모든 것을 의심하고, 확실한 근거가 있는지 되묻는 과정을 거쳐야 한다고 주장한 바 있다. 이를 후대 사람들은 '데카르트적 의심'이라고 부르는데, 그는 이러한 과정을 통해야만 확실한 진리에 도달할 수 있다고 믿었다. 이러한 데카르트의 관점은 곳곳에서 프로파간다가 횡행하는 오늘날에 특히 더 필요하지 않을까? 이 책은 오늘날 자주 회자되는 여러 트렌드에 대해 데카르트적 의심을 통해 본질을 탐색하는, 일종의 '트렌드 비판서'다. 모두가 대세적 흐름이라고 생각하여 따르는 트렌드에 대해 의심하고 질문하는 과정을 통해 고려해볼 만한 트렌드인지, 주의해야 할 프로파간다인지를 파악하고자 했다.

책은 크게 다섯 개 영역으로 나누어 총 스물여섯 가지의 트렌드를 비판적 시각에서 논하고 있다. 1부는 '돈'과 관련된 주제다. 노동의 가치보다는 돈의 가치를 더 중요시하는 오늘날, 사람들 사이에서 자주 회자되는 '파이어족, 영끌 빚투, 자본주의 키즈, N잡러' 등의 트렌드가 우리에게 돈으로부터의 자유를 선사하고 있는지를 검토한다. 2부는 '욕망'과 관련된 주제로, 개인의 욕망을 중요시하는 현대인들이 이를 실현하기 위해 행하는 '편리미엄, 펀슈머, 업글인간, 뉴트로, 감정대리인' 등의 트렌드가 과연 진정한 만족에 이르게 하는지를 논의한다. '행복'을 다룬 3부에서는 오늘날 현대인들이 행복하기 위해 추구하는 '소확행, 욜로족, 워라밸, 러스틱 라이프, 오하운, 한 달 살기' 등의 노력이 당사자를 진정한 행복으로 이끄는지를 살펴본다. 4부에서는 '자아'를 찾기 위한 노력으로 실천하는 '멀티 페르소나, 레이블링 게임, 혼밥혼술족, 나나랜드, 인싸/아싸' 등의 트렌드가 정말로 진짜 자기를 발견하게 만드는지를 고찰한다.

마지막 5부에서는 새롭게 등장하고 있는 이슈인 '메타버스, 언택트, 데이터지능, 조용한 퇴사, 인공지능' 등이 우리 삶을 유토피아로 이끄는지에 대해 사유한다.

지금 우리는 트렌드라는 이름으로 개인의 생각과 지갑을 노리는 세상에서 살아가고 있다. 하지만 매년 발표되는 트렌드가 뚜렷한 대세적 흐름이 될지, 일시적 현상에 불과할지는 알 수 없다. 따라서 후회 없는 선택을 하기 위해서는 자명해 보이는 것도 의심하고, 확실한 근거가 있는지를 검토하는 자세가 반드시 필요하다. 그것만이 프로파간다에 속아 넘어가지 않는 유일한 대비책이기 때문이다. 부디 이 책이 넘쳐나는 트렌드의 홍수 속에서 올바른 길을 찾는 데 조금이라도 도움이 되기를 희망해본다.

2023년 여름의 초입에서

이호건

목차

PART 2
욕망의 진화, 사람들이 원하는 것은 무엇인가?

PART 5
일상, 익숙한 것과의 결별이 시작됐다

PART 1

대투자 시대, 돈을 향한 질주는 계속된다

01. 트렌드

대중의 욕망인가, 기업의 마케팅인가?

"인류의 절반 이상이 매일 뉴스에 넋이 나가 있다."

작가이자 철학자인 알랭 드 보통 Alain de Botton 이 현대를 '뉴스의 시대'라고 진단하면서 했던 말이다. 아닌 게 아니라 오늘날 우리는 아침에 눈을 떠 밤에 다시 잠자리에 들 때까지 끊임없이 뉴스를 접하며 살고 있다. 과거 삶을 인도하는 원천이자 권위의 시금석이 종교였다면 오늘날에는 그 자리를 뉴스가 대체했다. 종교의 시대에 살았던 사람들이 일주일에 한 번씩 성스러운 공간에 들러 복음을 얻었다면 오늘날에는 일주일 내내 성스러운(?) 뉴스를 들으며 가르침을 받고 회개한다. 현대인들은 학교나 교회에서 삶을 배우지 않는다. 미디어가 대안학교이자 신흥종교로 자리매김했기 때문이다. 현대인에게 뉴스란 방과 후 선생님이다.

20세기 초 헝가리 출신의 철학자이자 미학자인 게오르크 루카치Gyorgy Lukacs는 《소설의 이론》에서 다음과 같이 적었다. "별이 빛나는 창공을 봐야 갈 수가 있고 또 가야만 하는 길의 지도를 읽을 수 있던 시대는 얼마나 행복했던가? 그리고 별빛이 그 길을 훤히 밝혀주던 시대는 얼마나 행복했던가?" 당시만 하더라도 사람들은 밤하늘의 별을 보면서 길을 찾을 수 있었다. 그런 면에서 보자면 오늘날 우리는 불행한 시대를 살고 있는지도 모른다. '뉴스의 시대'를 살아가는 현대인들은 매일매일 쏟아져 나오는 뉴스에서 길을 찾으려고 눈을 부릅뜨고 귀를 쫑긋 세운다. 하지만 정작 뉴스는 방향을 알려주기는커녕 길을 잃게 만들었다. 새로운 신神이자 선생이 된 뉴스는 우리를 평안하게도, 지혜롭게도 만들어주지 않았다. 궁금증을 해소해주기보다는 외려 불안과 공포, 딜레마와 당혹감에 빠지게 만들었다.

그럼에도 사람들은 뉴스를 외면하지 못한다. 왜 그럴까? 알랭드 보통은 그 이유로 '공포'를 꼽는다. 시시각각 변하는 세상에서 한시라도 눈을 뗐다가는 어떤 위험이 닥칠지 모르기 때문이다. 뉴스가 친절하게 길을 알려주지도 않지만 그렇다고 외면하거나 거부할 수도 없다. 미치고 환장할 노릇이다. 과거 신이 그랬듯이, 신흥교주인 뉴스도 좀처럼 '축복'을 내려주지 않는다. 게다가 고객지향 마인드도 부족하다. 심지어 콜센터나 서비스센터조차 운영하지 않는다. 뉴스가 알려준 대로 충실하게 따르지만 실제 구원에 이르는 경우는 드물다. 무엇보다 이 신흥종교는 배교背敎를 허락하지 않는다. 끝없는 회개와 믿음만을 강요할 뿐이다. 만약 구원을 얻지 못했다면 그건 어디까지나 당사자의 믿음이 부족했거나 실천하지 않았기 때문이다.

물론 신흥종교가 길을 전혀 제시하지 않는 것은 아니다. 천국으로 향하는 길을 어렴풋이 알려주기도 한다. 바로 '트렌드$_{Trend}$'라는 제목을 달고 쏟아지는 뉴스들이다. 트렌드란 어떤 현상에서 나타나는 일정한 방향을 뜻하는데, 현실에서 포착되는 일정한 흐름이나 대세를 일컫는 말이다. 예컨대 '혼밥혼술족'이나 '미혼·비혼 인구의 증가' 등은 과거와 비교하면 뚜렷하게 나타나는 대세적 흐름이라고 할 수 있다. 우리나라에서 매년 발표되는 '소비 트렌드'도 주목할 만한 변화의 흐름이다. 트렌드는 신흥종교인 뉴스가 제시하는 '천국에 이르는 길'이다. 천국을 열망하는 사람이 많을수록 뉴스에서는 '트렌드'라는 복음을 더 자주 전파한다. "트렌드를 따르라. 트렌드가 너희를 천국으로 인도할 것이다." 오늘날 비즈니스 세계를 장악한 신흥종교가 내건 슬로건이다. 요컨대, 지금 우리는 '뉴스의 시대'이자 '트렌드의 시대'를 살고 있다.

~~~~~ **지금 '만들어진 신'을 믿고 있지는 않은가?** ~~~~~

끊임없는 변화 속에서 살아가는 우리는 대세적 흐름인 트렌드를 따르며 살아야 하는 걸까? 이런 질문을 던지는 것 자체가 매우 불손하다. 이는 절대자의 계시에 의문을 표하는 일이니까 말이다. 열렬한 신자라면 아무런 의심 없이 따라야 한다.

하지만 그럼에도 무작정 따르기에는 꺼림칙한 면이 있다. 현실에서는 트렌드라고 믿고 따라갔다가 낭패를 보는 경우도 적지 않기 때문이다. 예컨대 대한민국에서는 최근 몇 년 사이에 영혼까지 끌어다 빚을 내어 투자하는, 이른바 '영끌 빚투'가 대세라는 분위기가 팽배했다. 그래서 실제로 무리를 해서라도 영끌 빚투 대열에 동참하는 사람이 많이 생겨났다. 하지만 코로나 팬데믹 이후 고금리와 경기침체가 이어지면서 대박은커녕 쪽박을 찬 사람도 적지 않다. 뉴스의 계시를 충실히 따랐건만 그 끝에는 천국이 아닌 지옥이 기다리고 있었던 것이다. "신이시여, 저희를 정녕 시험에 들게 하시나이까?"

스토아 철학자인 세네카Seneca가 《대화》에서 다음과 같은 말을 남긴 바 있다. "우리는 어떤 길이 좋고 나쁜지 생각하지 않는다. 우리는 그저 그 길에 난 발자국이 얼마나 많은지에만 매달린다. 그런데 돌아오는 사람의 발자국은 하나도 없다." 오늘날 대중이 뉴스에서 최신 트렌드라고 소개하면 묻지도 따지지도 않고 동참하는 모습도 이와 비슷하다. '친구 따라 강남 간다'는 속담처럼, 사람들은 대중의 여론이 쏠리는 쪽으로 따르는 경향이 있다. 하지만 그 길의 끝에 뭐가 기다리고 있을지는 대부분 알지 못한다. 다수의 사람이 따르니 뭔가 있겠지 짐작하지만 그중에서 제대로 알고 가는 사람은 별로 없다. 너도나도 천국행 버스에 올라탔지만 정작 버스 운전석에는 아무도 없는 것이다. 어쩌면 오늘날 말하는 트렌드란 운전사 없이 움직이는 유령버스인지도 모른다.

트렌드가 만들어지는 과정도 아이러니하다. 사람들은 흔히 현실에서 일어난 어떤 현상을 보고 그것에 특정한 이름을 붙인다고 생각한다. '현상'이 먼저고 트렌드라는 '이름'은 나중이라고 믿는다. 그러나 이는 반은 맞고 반은 틀린 이야기다. 물론 최초에 트렌드라는 이름이 만들어질 때는 현실에서 그런 일들이 실제로 벌어졌고 그걸 본 누군가가 그것에 특정한 이름을 붙였을 것이다. 하지만 그러한 현상이 폭발적으로 확산한 배경에는 그것에 특정한 이름이 붙여진 탓이 크다. 예컨대 '혼밥혼술족'이라는 단어가 생겨나기 전에도 혼자 밥 먹고 술 먹는 사람은 늘 있었다. 하지만 대부분의 사람들은 눈치가 보여서 적극적으로 동참하지는 못했다. 그러다가 매스컴에서 '요즘 혼밥혼술족이 증가하고 있습니다'라고 떠들기 시작하자 그전까지는 눈치만 보던 사람이 본격적으로 혼밥혼술 대열에 동참하게 됐다. 그 결과, '혼밥혼술족'은 실제 현실이 되었고, 엄연한 트렌드로 자리매김했다. 말하자면, 첫 시작은 미미했지만 그 현상에 트렌드라는 이름이 붙자 광범위하게 확산하게 된 것이다. 이러한 '자기충족적 예언' 때문에 트렌드가 그럴싸한 옷을 입고 세상에 모습을 드러낸다.

트렌드가 대중에 의해 빠르게 확산하는 배경에는 언어의 기능과도 깊은 관련이 있다. 사람들은 흔히 언어가 정보전달이나 의사소통의 수단일 뿐이라고 생각하지만, 실제로 언어는 사람들의 관심을 집중시키는 역할도 한다. 영미 철학자인 루트비히 비트겐슈타인 Ludwig Wittgenstein은 언어가 사람의 관심을 조종하는 도구라고 하면서 다음과 같이 주장했다. "언어는 하나의 도구다. 언어의 개념들은 도구들이다. 개념들은 우리를 탐구로 이끈다. 개념은 우리의 관심의 표현이며, 우리의 관심을 조종한다." 특정한 언어의 개념이 사람들의 관심을 집중시킨다는 뜻이다. 예컨대 '미투ME TOO'라는 말이 생겨나기 전까지 우리 사회에서는 실생활에서 일어나는 성폭력이나 성희롱 문제에 비교적 무감각한 사람이 많았다. 하지만 '미투'라는 단어가 만들어져서 회자되기 시작하자 사람들의 전반적인 성性 인식이 상당히 달라졌다. 언어가 만든 개념이 우리의 관심을 끌고 조종했기 때문이다. 이처럼 어떤 현상을 특정한 용어로 만들어서 명명하는 순간 막강한 영향력이 생긴다.

언어의 이러한 기능 때문에 현실에서는 특정한 용어나 개념을 만들어 자기에게 유리하게 사용하려는 사람도 많다. 특히 정치권에서는 유권자의 관심을 끌기 위해 특정 개념을 만들어 자기에게 유리하게 활용하려고 한다. 이를 흔히 '프레임'이라고 부르는데, 이 또한 특정한 개념을 언어화한 것에 해당한다. 비즈니스 세계에서도 '유행'이나 '소비 트렌드'라는 이름으로 개념을 만들어 마케팅에 이용하는 경우가 많다. 잘 만들어진 유행이나 트렌드는 소비자가 지갑을 쉽게 열도록 하는 유용한 도구가 되기 때문이다. 트렌드라는 이름이 사람들의 호기심을 자극하고 소비를 촉진하는 레토릭이 된다. 그러다 보니 오늘날 마케팅의 목표는 자사 상품의 소비가 트렌드가 되도록 하는 데 초점이 맞추어져 있다. 트렌드는 현대 마케팅의 새로운 이름이다. 그러므로 현명한 소비자나 유권자라면 '트렌드 혹은 프레임'이라 이름 붙여진 것을 무작정 따르거나 믿는 태도는 지양할 필요가 있다. 그것은 언어의 기능을 잘 아는 누군가의 의도에 조종당하는 것일 가능성도 있기 때문이다.

포모 증후군, 과시욕과 모방심리

그렇다면 사람들은 대체 왜 무슨 무슨 트렌드라면 묻지도 따지지도 않고 따르는 것일까? 가장 주된 요인은 '포모 증후군FOMO Syndrome'과 관련이 있다. 포모증후군이란 '소외되는 것에 대한 두려움'을 뜻하는 영문 'Fear Of Missing Out'의 머리글자 '포모FOMO'와 병적인 증상을 가리키는 '증후군Syndrome'을 합친 말로, 무엇인가에 대해 자신만 뒤처지거나 소외되는 것에 불안감이나 두려움을 느끼는 증상을 말한다. 포모증후군에 빠진 사람은 새로운 변화에 대해 자신만 뒤처지고 제외되는 듯한 불안감에 시달리고, 이를 해소하기 위해 다수의 사람이 선택한 것이라면 무조건 따르려는 경향을 보인다. 그래서 좀처럼 트렌드를 외면하지 못한다.

당연한 말이지만 자사의 제품을 소비자에게 판매하려는 기업의 입장에서 포모 증후군은 아주 좋은 도구가 된다. 실제로 포모 현상을 처음 인식한 곳도 마케팅 분야였다. 마케팅 전문가인 댄 허먼Dan Herman이 포모 현상을 처음 발견하고, 2000년에 이 주제를 마케팅 관련 저널에 발표하면서 이 개념은 주목받기 시작했다. 그는 한 인터뷰에서 대부분의 소비자들이 어떤 기회나 기쁨을 놓칠지 모를 가능성에 대해 두려워하는 모습을 보면서 "소비자 심리학의 새로운 발견"이라고 말하기도 했다. 앞서 설명한 언어의 기능 관점에서 보자면 이 사건도 트렌드 추종 경향을 심화하는 데 일조한 측면이 있다. '포모 증후군'이라는 새로운 개념이 발표되자 사람들의 관심이 집중되었고, 이를 활용하려는 이들이 우후죽순으로 생겨난 것이다. 특히 마케팅 분야에서는 소비자의 포모 심리를 자극하여 자사 제품을 판매하려는 전략이 다양하게 시도되었다. 그 결과, 처음에는 병적인 심리였던 포모 증후군이 이제는 자연스러운 소비자 심리로 탈바꿈되고 말았다.

포모 증후군의 배경은 철학적으로도 확인할 수 있다. 독일의 철학자 마르틴 하이데거Martin Heidegger는 사람들이 다수 대중의 선택과 행동을 따르는 이유가 '존재 면책' 때문이라고 주장한다. 그가 보기에 사람들은 스스로 생각하고 판단하기보다는 다른 사람의 선택을 의식하고 참조하며 살아가는 경우가 많다. 우리가 세상 사람들의 지배 아래에 놓여 있기 때문이다. 하이데거는 이를 '세인世人의 독재권'이라 불렀다. 개인이 스스로 주체가 되어 살아가지 못하고 '세상 사람'이라 불리는 익명의 타인들에게 예속되어 매번 그들의 변덕에 휘둘리며 살아간다는 뜻이다. 물론 이렇게 사는 게 무조건 나쁘지만은 않다. 세상 사람의 지배 아래에 있으면 독자적으로 행동했을 때 발생할 수 있는 책임으로부터 면제되는 장점이 있다. 다수의 세상 사람이 살아가는 방식으로 살면 최소한 중간은 갈 수 있고, 잘못되더라도 자기 책임이 아니다. 게다가 자기만 잘못되는 것도 아니다. 그렇게 매도 여럿이 함께 맞으면 덜 아프게 된다.

사람들이 무작정 트렌드를 따르는 것에는 계급 상승의 욕구도 일정 부분 숨어 있다. 이는 특히 그것을 따라 하는 데 돈이 좀 들어갈 때 해당한다. 미국의 사회학자 소스타인 베블런Thorstein Veblen은 《유한계급론》에서 고급 유행이 만들어지는 과정을 다음과 같이 설명했다. "귀족, 대자본가 등 유한계급들은 과시적 소비를 가지고 자신의 사회적 지위를 과시한다. 이는 바로 밑에 있는 계급들의 부러움을 사고 결국 모방되어 유행으로 만들어진다. 즉 과시적 소비로써 상류계급은 자신의 지위를 뽐내고 아래 계급은 그것을 모방함으로써 계급적 열등의식을 달래는 것이다." 베블런에 따르면, 상류계급 사람들은 다른 계급과 자신을 '구별 짓기' 위해 과시적 소비에 나선다. 이때 아래 계급에 있는 사람들이 그 행동을 부러워하고 모방하기 시작하면 그 행동은 유행으로 격상한다. 이렇듯 유행은 상류계급의 과시적 소비만으로는 만들어지지 않는다. 그걸 부러워하는 하위계급의 '동참'이 있어야 비로소 유행의 반열에 오른다. 유행이란 상류계급의 과시욕과 하위계급의 모방심리가 함께 빚어낸 현상이다.

상류계급과 아래 계급이 유행을 함께 만들었다고 해서 그로 인해 뒤따르는 대가나 비용 또한 동일하다고 볼 수는 없다. 상류계급은 어차피 돈이 많기 때문에 과시적 소비를 해도 별 피해가 없다. 하지만 하위계급은 무리해서 상류계급을 따라 하는 것이기 때문에 부담이 크다. 게다가 상류계급의 행동을 모방한다고 해서 계급의 위치가 바뀌는 것도 아니다. 상류계급은 아래 계급이 많이 따라 하면 할수록 또 다른 유행으로 갈아타버린다. 결국 뱁새가 황새를 따라 하다가 쫓아가기는커녕 가랑이만 찢어지기 십상이다. 요컨대, 상류계급의 유행을 무작정 따라 하는 행위는 기껏해야 계급적 열등의식을 달래려는 안타까운 몸부림에 불과하며, 투자에 비해 결과는 미미한 경우가 대부분이다.

오늘날 비즈니스 세계에서 자주 소개되는 '소비 트렌드'도 이러한 메커니즘과 크게 다르지 않다. 각종 미디어에서는 '럭셔리'니, '프레스티지'니, '엘레강스'니 하는 화려한 미사여구를 붙여서 마치 새로운 트렌드인 양 소개하지만 그것은 사람들의 소비심리를 자극하려는 마케팅 용어일 뿐이다. 그럼에도 이러한 홍보성 뉴스가 공신력 있는 미디어에 소개되면 일단 소기의 목적은 달성한다. 뉴스의 시대에 미디어에 실린 말은 곧 신의 계시와도 같기 때문이다. 게다가 계급 상승의 욕구를 가진 사람에게는 그 파급력이 더 크다. 뉴스에 실린 메시지가 상류계급에 대한 모방심리와 계급적 열등의식을 자극하기 때문이다. 대다수 '뉴스교 신자'에게 트렌드란 거부할 수 없는 신의 명령이다.

문제는 트렌드 지향의 소비를 통해 계급적 욕망을 충족하려는 시도가 번번이 실패로 돌아가고 만다는 데 있다. 뉴스에서는 어떤 상품을 두고 럭셔리를 추구하는 상류계급이 주로 사용하는 트렌드라며 소개하지만, 정작 그 뉴스 기사가 겨냥하는 표적은 그 아래 있는 계급이다. 상류계급은 다수의 사람들이 따르는 트렌드를 선호하지 않는다. 그들에게 트렌드란 거부의 대상이다. 트렌드를 따르는 행위는 '구별 짓기'를 바라는 욕망과 배치되기 때문이다. 결국 '소비 트렌드'라는 것은 상류계급을 모방하고자 하는 아래 계급의 욕망을 자극하기 위한 목적으로 소개되는 경우가 대부분이다. 따라서 트렌드라고 그것을 무작정 따르기보다는 거부나 절제의 미학이 필요할 것이다.

～～～ 추종하지 말고 '본질'을 생각하라 ～～～

트렌드를 따르는 것이 뭐가 문제냐고 반문하고 싶은 사람이 있을지도 모르겠다. 물론 트렌드라 이름 붙여진 모든 것을 거부해야 한다는 얘기는 아니다. 사회적 동물인 인간이 다른 사람의 생각이나 행동을 완전히 도외시하며 살 수는 없는 노릇이다. 하지만 그 트렌드를 좇을지 거부할지를 생각해볼 필요는 있다. 좇아야 할 트렌드와 거부해야 할 트렌드는 어떤 기준으로 나눌 수 있을까? 프랑스 철학자 자크 데리다Jacques Derrida는 악惡의 기준을 다음과 같이 정의한 바 있다. "악이란 선善의 결핍이 아니라 본질의 결핍이다." 사람들은 흔히 선과 악을 대비시켜 선의 결핍이 악이라고 생각한다. 하지만 데리다는 그와 달리 본질의 결핍이 곧 악이라 보았다. 선하지 않다고 악이 아니라 본질이 결핍되었다면 악이다.

예를 들어보자. 어떤 고3 학생이 치열한 입시 공부에 싫증을 느껴 꼭 대학을 가야만 행복하게 살 수 있는지 부모에게 묻는다. 이에 부모는 인자한 표정을 지으며 "맞다. 행복은 성적순이 아니다. 너무 힘들면 쉬었다 해도 된다. 쉬엄쉬엄하거라"라고 답했다. 그 부모는 선일까 악일까? 자녀의 처지나 고통에 공감한다는 면에서는 선처럼 보인다. 하지만 본질의 관점에서 보자면 악일 수도 있다. 행복이 성적순이 아니라는 사실을 고3이 되어서야 알려주는 게 맞을까? 당장 대학입시가 코앞인 상황에서 한가하게 '행복은 성적순이 아니다'라고 말하는 것은 본질과는 거리가 있다. 그보다는 잠시 지친 마음을 추스르게 한 뒤 다시 시험 준비에 매진하게 하는 것이 옳다. 이처럼 본질이 결여된 상태는 악에 가깝다.

트렌드도 이와 마찬가지다. 사람들이 따르는 트렌드라고 해서 모두 좋다는 보장은 없다. '지옥으로 가는 길은 선의로 포장되어 있다'는 속담을 들어보았는가? 그럴싸해 보이는 것에 함정이 도사리고 있을 때가 많다는 뜻이다. 많은 사람이 따르는 트렌드라고 해서 그것이 곧 좋은 결과를 가져다준다는 보장은 없다. 본질이 결핍된 경우라면 그 끝에는 천국보다는 지옥이 기다리고 있을 확률이 높다. 《바람부는 날이면 압구정동에 가야 한다》는 제목의 시집으로 유명한 시인 유화는 〈오징어〉라는 짧은 서시에서 오징어와 오징어잡이 배를 시각적으로 보여준다.

시인은 오징어잡이 배의 집어등이 뿜어내는 '찬란한 빛'을 보고 모여드는 오징어를 보면서 죽음을 떠올렸다. 그가 말하는 오징어란 압구정동 백화점의 화려한 조명을 보고 모여드는 현대인들이다. 시인은 말한다. 죽음에 이르게 하는 저 찬란한 빛, 모든 광명을 의심하라고. 어쩌면 오늘날 뉴스가 내뿜는 화려한 트렌드는 오징어잡이 배의 집어등인지도 모른다. 의심하고 또 의심해야 한다. 특히 본질이 결핍된 경우라면 더더욱 그렇다.

그렇다면 어떻게 해야 트렌드를 무작정 따르지 않고 거부할 수 있을까? 트렌드가 지시하는 방향만 볼 것이 아니라 그것에 내재한 본질을 보려는 노력이 중요하다. 예컨대, '영끌 빚투'가 트렌드라고 해서 무작정 따르기보다는 '투자의 본질'이 무엇인지를 숙고하고, 영끌 빚투가 과연 투자의 본질에 합당한지를 따져야 한다(이 부분에 대해서는 3장에서 상세히 다룬다). 만약 그것이 본질에 부합하지 않는다면 영끌 빚투 트렌드는 우리를 천국이 아니라 지옥으로 인도할 수 있다. 우리말로 '통찰력'이라고 번역되는 '인사이트insight'란 바깥이 아닌 '안in을 보는sight 능력'을 뜻한다. 한마디로 본질을 보는 눈이다. 트렌드라는 포장지가 아니라 그 속에 든 내용물을 볼 수 있어야 한다.

트렌드를 대하는 마음가짐도 중요하다. 위대한 사상가 존 스튜어트 밀John Stuart Mill은 《자유론》에서 세상 사람들을 흉내 내기보다는 개별적인 선택을 하는 것이 중요하다고 보았다. 그는 '개별성-행복한 삶을 위한 중요한 요소'라는 제목의 장에서 다음과 같이 적었다. "그저 관습이 시키는 대로 따라 하기만 하는 사람은 아무런 선택도 하지 않은 것이나 다름없다. 무엇이 최선인지 구분하는, 또는 가장 좋은 것에 대해 욕망하는 훈련을 하지 못하는 셈이다. 근육과 마찬가지로 사람의 정신이나 도덕적 힘도 자꾸 써야 커진다. (…) 만일 사람이 세상 또는 주변 환경이 정해주는 대로 살아간다면, 원숭이가 가진 흉내 내는 능력 이상이 필요하지는 않을 것이다." 관습이 시키는 대로, 주어진 환경이 제시하는 대로 살아가는 것은 무엇이 최선인지도 모른 채 원숭이처럼 살아가는 것과 다르지 않다. 행복한 삶을 위해서는 무엇이 최선인지를 구분하고, 자신이 가장 원하는 것을 욕망하는 정신적 훈련이 필요하다. 남들이 한다고 해서, 또는 트렌드라고 무작정 따르기보다는 그것이 진정 올바른 길인지, 자신에게 정말로 필요한 것인지를 숙고한 후에 선택하는 분별력을 갖추어야 한다. 트렌드라 이름 붙여진 마케팅에 속지 말아야 한다.

02. 파이어족

경제적 자유인가, 또 다른 굴레인가?

동물과 달리 인간은 꿈이란 걸 꿀 수 있다. 인간은 현재를 살면서 미래를 꿈꾸는 존재다. 꿈이란 미래에 대한 희망이다. 꿈이라는 미래가 있기에 현재는 아름답게 채색될 수 있다.

예나 지금이나 아이들은 대부분 미래에 대한 꿈을 가졌지만 그 양상은 시기마다 매우 달랐다. 예전에는 아이들에게 "커서 뭐가 되고 싶니?" 하고 물으면, 과학자, 대통령, 의사, 간호사, 장군, 선생님, 대학교수 등 다양한 직업군이 등장했다. 요즘은 어떨까? 요즘 청소년들에게 장래 희망을 물어보면 대략 두 갈래로 나뉜다. 공무원이나 교사 등 안정적인 직업군을 선호하는 경우가 있는가 하면, '아이돌 가수'나 '운동선수' 등 큰돈을 벌 수 있는 직업을 선망하는 이들도 많다. 오죽하면 '건물주'가 꿈이라고 말하는 아이들이 있을까. 아무튼 오늘날 청소년들의 꿈은 과거와 비교해 매우 단순해졌다. 안정적이거나 돈을 왕창 벌 수 있거나 둘 중 하나다.

요즘 청소년들은 왜 큰돈을 벌 수 있는 직업을 선호하는 것일까? 청소년들이 기성세대보다 돈을 더 밝히기 때문일까? 그렇지는 않을 것이다. 보다 근원적인 이유는 지금 우리가 살아가는 시대가 그러하기 때문이다. 자본주의 체제가 심화되면서 우리는 역사상 어느 시대보다 돈을 우선하며 살게 되었다. "신은 죽었다"는 프리드리히 니체Friedrich Nietzsche의 선언 이래, 그 자리를 돈이 차지했다. 오늘날 돈은 세속적인 신이자 전지전능한 절대 권력이다. 신의 자리에 앉은 돈은 인간을 향해 자신을 추앙하라고 명령했고 인간은 그 말에 충실히 복종하기 시작했다. 더 이상 돈을 추앙한다고 해서 '속물'이라고 평가절하할 수만은 없는 시대가 되었다. 유한한 인간이 절대적 신에게 머리를 조아리는 행위는 잘못된 일이 아니기 때문이다. 어쩌면 지극히 숭고한 행위라고 볼 수도 있다.

～～～ 잘못된 꿈의 설계, 파이어족에게 닥친 문제 ～～～

이런 경향 때문에 생겨난 트렌드가 있다. 바로 '파이어족'의 출현이다. 파이어FIRE란 '경제적 자립Financial Independence'과 '조기 퇴직Retire Early'의 영문 첫 글자를 따서 만든 신조어로, 파이어족은 경제적 자립을 통해 빠른 시기에 은퇴하려는 사람을 뜻한다. 이러한 현상은 처음 고소득, 고학력 전문직들을 중심으로 생겨났다. 이들은 지출을 최대한 줄이고 투자를 늘려서 재정적 자립을 빠른 시간 안에 이룬 뒤 미련 없이 은퇴하기를 원한다. 파이어족을 꿈꾸는 사람은 대부분 30대 혹은 늦어도 40대 은퇴를 목표로 하여 계획한 돈이 모이면 더는 노동을 하지 않고 자유롭게 즐기며 살겠다는 포부를 가지고 있다. 건물주가 꿈인 사람의 최신판 버전이라 할 수 있는데, 한마디로 빨리 돈 벌어서 더 이상 일은 하지 않고 놀고 먹겠다는 심사를 가진 사람들이다.

이른 시기에 경제적 자립을 통해 완전한 자유를 얻고자 하는 파이어족은 그 꿈을 쉽게 이룰 수 있을까? 남들보다 덜 쓰고 악착같이 투자하면 남들보다 빠른 시기에 경제적 자유를 누릴 수 있을까? 결론부터 말하면 파이어족의 꿈은 생각처럼 현실에서 이루기 쉽지 않다. 그 이유는 그들의 꿈이 지나치게 야심차서가 아니라 애당초 꿈의 '설계'가 잘못되었기 때문이다. 파이어족은 지출을 최대한 줄여서 투자에 열중하면 경제적 자립을 이룰 정도로 큰돈을 모을 수 있다고 전제한다. 그러나 이 논리에는 커다란 맹점이 있다. 대략 두 가지만 지적해보면 이렇다.

첫째, 파이어족은 남들보다 덜 쓰고 아껴서 나머지 돈을 투자에 '몰빵'하면 큰돈을 모을 수 있다고 믿는다. 하지만 투자 원금이 많다고 해서 투자 결과까지 좋으리라는 보장은 없다. 투자란 본디 미래의 불확실성에 베팅하는 행위기 때문에 어느 누구도 결과를 장담할 수 없다. 도박판에서 판돈이 많다고 해서 돈을 딴다는 보장이 없는 것과 마찬가지다. 물론 종잣돈이 많을수록 조금 더 유리한 면은 있다. 개인의 투자 철학이나 정보력, 관련 지식의 정도에 따라 약간의 우위를 점할 수도 있긴 하다. 하지만 그렇다고 해서 반드시 돈을 번다는 보장은 없다. '오마하의 현인'이라 불리는 투자의 귀재 워런 버핏Warren Buffett도 때론 엄청난 손실을 보지 않는가.

둘째, 아끼고 절약해서 나머지 돈을 전부 투자에만 사용하면 투자 원금을 늘릴 수 있다는 믿음에도 맹점이 있다. 개인의 투자 여력은 기본적으로 '수입'과 '지출'의 결과로 정해진다. 수입에서 지출을 뺀 나머지 돈이 투자할 수 있는 총량이다. 이 중에서 파이어족은 지출을 줄이는 쪽으로만 신경을 쓴다. 불필요한 지출을 삼가고 최대한 절약해서 투자 원금을 확보하기 위해 노력하는 것이다. 하지만 그러느라 수입을 늘리는 쪽으로는 거의 신경을 쓰지 않는다. 아니, 정확히는 신경 쓸 여력이 없다. 한번 생각해보자. 투자 원금을 늘리기 위한 방법으로 지출을 줄이는 쪽이 나을까, 아니면 수입을 늘리는 쪽을 고민하는 것이 현명할까? 이해를 돕기 위해 예를 들어보자. 다음에 소개하는 두 사람 중 투자 원금을 늘리는 데 더 나은 쪽은 누구일까?

A는 지출을 최소한으로 줄여서 투자 원금을 확보하려는 쪽이다. 그는 월 300만 원을 버는데, 지출은 100만 원 이내로 최소화하고 나머지 200만 원을 전부 투자 원금으로 돌리려 한다. 이를 위해 그는 밥값도 아끼고, 교통비도 줄이고, 옷도 사지 않고, 데이트도 하지 않고, 음주가무도 삼간다. 오로지 월 200만 원씩 모으기 위해 자린고비 생활을 이어간다. 그에게 문화나 취미활동, 대인관계는

사치에 불과하다. 심지어 책을 사거나 자기계발 활동에 투자하는 비용도 아깝다는 생각이다. 반면, B는 지출을 최소화하기보다 수입을 늘려서 투자 원금을 늘리려는 쪽을 택했다. 그는 A와는 달리 인간다운 삶을 추구한다. 다른 사람과 어울리기도 하고 애인과 데이트도 한다. 그가 무엇보다 중요하게 생각하는 것은 자기계발 투자다. 그래야만 향후에 더 많은 연봉을 받을 수 있기 때문이다. 그래서 그는 비용이 들더라도 꾸준히 책도 사서 읽고 학원도 다니고 자격증 취득에 시간을 쓴다. 이렇게 300만 원의 월급에서 생활비 150만 원과 자기계발 비용 50만 원을 사용하고 나니 투자 원금으로 사용할 수 있는 돈은 100만 원에 불과했다.

지출을 줄이는 쪽을 선택한 A와 수입을 늘리는 쪽으로 방향을 정한 B 중에서 더 많은 투자 원금을 확보한 쪽은 누구일까? 단기적으로는 A가 더 많은 투자 원금을 확보할 수 있다. 하지만 장기적인 관점에서는 A가 B보다 더 많은 돈을 모을 것이라 장담하기 힘들다. A의 방식은 확장성에서 한계가 있기 때문이다. 지출을 최소화한 끝에 매달 200만 원이라는 적지 않은 돈을 모을 수 있겠지만 다음 달에도, 다다음 달에도 자린고비 생활을 계속해야 한다. 이처럼 지출을 줄이는 방식으로 돈을 모으는 전략을 선택하면 생활이 피폐해지고 삶이 삭막해질 가능성이 높다. 이런 식으로 살다가는 통장에 돈이 모일지는 모르겠지만 원만한 인간관계를 유지하기 어렵고 사회생활에 문제가 생길 수 있다. 친구도 애인도 없이 그저 돈만 밝히는 사람으로 인식되기 십상이다.

반면, 수입을 늘리는 쪽으로 방향을 잡은 B는 지금 당장은 A보다 모은 돈이 적다. 하지만 자기계발과 능력 향상에 꾸준히 투자한 결과, 남들보다 진급이 빨라질 가능성이 높다. 능력과 성과를 인정받아 연봉이 높아지고 연말에는 두둑한 성과급도 받게 된다. 그 결과, 그의 통장에는 A보다 더 많은 돈이 들어올 수도 있다. 게다가 다음 해에는 기본 연봉이 크게 올라 더 많은 돈을 저축할 수 있게 된다. 지출은 어느 정도 고정되어 있지만 수입이 크게 늘었기 때문이다. 결론적으로 수입을 늘리는 쪽에 투자한 B는 시간이 지날수록 더 많은 투자 원금을 확보할 수 있게 된다. 단기적으로는 지출을 줄이는 쪽을 선택한 A가 더 많은 돈을 모았지만 장기적으로는 수입을 늘리는 쪽을 선택한 B가 더 유리한 고지를 점할 수 있는 것이다.

물론 지출을 줄이는 쪽과 수입을 늘리는 쪽 중에서 항상 후자가 더 나은 선택이라고 단정할 수는 없다. 가령, 은퇴자나 연금생활자처럼 수입이 고정되어 있는 사람이라면 지출을 줄이는 방향 외에는 선택지가 없을 것이다. 하지만 MZ세대처럼 성장 가능성이 무궁무진하고 경제 활동 기간이 많이 남은 경우라면 지출을 줄이는 것보다 수입을 늘리는 쪽이 보다 현명한 선택이다. 아무튼 파이어족이 지출을 최대한 줄여서 투자 원금을 확보하고 이를 통해 경제적 자유를 누리겠다는 생각은 그다지 논리적이거나 생애주기에 부합한다고 말하기 어렵다.

경제적 자립을 이루었다고 해서 진정한 자유를 만끽할 수 있다는 믿음도 지나치게 순진한 생각이다. 본디 자유란 '그 어떤 외부의 구속이나 얽매임으로부터 자유로운 상태'를 의미한다. 그러나 우리가 사는 현실에서 자유는 그렇게 쉽게 주어지지 않는다. 비단 경제적 문제만이 아니다. 돈만 많다고 해서 무한한 자유가 주어진다고 하면 재벌 회장님들은 모두 자유로워야 하는데, 어디 그러한가?(자유는커녕 감옥을 들락거리는 재벌 회장도 많지 않던가!)

일찍이 동양 사상가 맹자孟子는 돈 많은 사람은 마음이 편하다면서 이런 말을 했다. "유항산자유항심有恒産者有恒心." 재산을 가진 사람은 변치 않는 마음을 가질 수 있다는 뜻으로, 돈이 많으면 사소한 일에 마음을 쓰지 않아도 되니 흔들리지 않는다는 의미다. 일견 일리 있는 말이다. 돈이 많으면 갑자기 5만 원짜리 교통법규 위반 딱지가 날아들어도 별로 개의치 않고, 한 끼에 10만 원짜리 식사도 별 고민하지 않는다. 두둑한 지갑과 통장이 예기치 못한 비용 지출에도 마음이 흔들리지 않게 해주기 때문이다. 그래서 돈이란 반드시 필요하고 좋은 것이다. 사소한 지출에는 신경조차 쓰지 않게 만들어주니까. 그런 연유로 사람들은 악착같이 돈을 모으려고 하는 건지도 모른다.

하지만 그렇다고 해서 무한한 자유까지 누릴 수 있느냐 하면, 그건 절대 그렇지 않다. 자본주의의 문제점을 깊이 연구했던 카를 마르크스Karl Marx는 돈을 '화폐'와 '자본'으로 구분하면서 자신의 가치를 증식시켜 잉여가치를 획득하는 화폐를 '자본'이라고 정의했다. 말하자면 돈이 돈을 불러오는 화폐가 자본이다. 마르크스는 자본이 노동의 잉여가치를 흡수함으로써 스스로 몸집을 불린다고 보았다. 이런 과정을 통해 자본가는 노동자를 지배하고 착취하여 이윤을 늘려나간다. 때문에 자본가는 가만히 앉아만 있어도 자본이 알아서 돈을 벌어준다. 반면, 자본을 가지지 못한 노동자는 죽어라 일을 해도 돈을 모으기 힘들다. 말하자면 마르크스는 '자본가는 주인, 노동자는 노예'라는 도식으로 자본주의를 바라본 셈이다.

1972년 프랑스 철학자 질 들뢰즈Gilles Deleuze와 정신분석학자인 펠릭스 가타리Félix Guattari는 '자본주의와 분열증'이라는 부제가 붙은《안티 오이디푸스》라는 책을 집필했다. 저자들은 이 책에서 마르크스가 이야기한 '자본가는 주인, 노동자는 노예'라는 도식을 부정하면서 다음과 같이 주장했다. "더 이상 주인조차 없으며, 지금은 다만 다른 노예들에게 명령하는 노예들만 있을 뿐이다." 들뢰즈와 가타리에 따르면, 오늘날 더 이상 주인은 존재하지 않으며, 자본가와 노동자 모두가 노예의 신분이다. 그들은 모두 자본의 지배를 받고 있기 때문이다. 굳이 찾자면 자본가는 노동자에게 '명령하는 노예'라는 점만 다를 뿐이다.

자본가도 노예라는 주장에 고개가 갸우뚱해질지 모르겠다. 그들은 왜 돈 많은 자본가도 노예라고 보았을까? 들뢰즈와 가타리는 마르크스가 정의한 자본을 다시 두 가지로 구분하였다. '향유하는 자본'과 '투자하는 자본'이 그것이다. 향유하는 자본이란 자신의 삶을 위해 누리는 돈을 말한다. 의식주뿐만 아니라 개인의 개성과 취향, 삶의 가치와 품격을 높이기 위해 사용하는 돈을 뜻한다. 투자하는 자본이란 새로운 돈을 벌기 위해 투입하는 돈을 말한다. 자본가란 기본적으로 가진 돈이 많은 사람이다. 하지만 들뢰즈와 가타리가 보기에 오늘날 자본가들이 가진 많은 돈은 대부분 투자하는 자본일 뿐 향유하는 자본이 아니다. 즉 투자를 위한 돈이 많을 뿐 자기를 위해 사용하는 돈은 별로 없다는 뜻이다.

투자하는 돈은 아무리 많아도 항상 부족하다고 느끼게 된다. 가령, 강남에 30억짜리 아파트를 가진 사람은 일반인이 보기에 매우 많은 자본을 가진 사람에 속한다. 하지만 그가 가진 돈은 대부분 투자 용도로만 사용될 뿐, 향유하는 돈이 아니다. 장부상으로만 돈이 많을 뿐, 일상생활에서 마음대로 쓸 수 있는 돈은 많지 않은 것이다. 명목상으로는 엄청난 자본을 소유하고 있으면서도 여유롭기는커녕 항상 돈 때문에 고민하는 사람도 많다. 수십억을 호가하는 아파트에 살면서도 항상 아파트 가격에만 신경을 쓰는 경우도 그러한 예 중 하나다. 이처럼 돈(자본)이라고 해서 모두 같은 돈이라고 볼 수 없다. 투자하는 자본이 많은 것과 향유하는 자본이 많은 것은 전혀 다른 개념이다.

오늘날 자본이 많은 사람이란 대부분 투자하는 돈이 많은 사람을 의미한다. 그래서 들뢰즈와 가타리의 주장대로라면 수천억 재산을 가진 재벌도 자본의 노예일 수 있는 것이다. 이성적으로 생각하면, 수천억을 가진 재벌은 더 이상 돈을 벌 필요가 없다. 그 돈을 향유하는 데만 사용한다면 평생을 써도 다 쓰지 못한다. 하지만 그가 가진 많은 돈은 대부분 투자하는 자본의 형태로 이루어져 있다. 그래서 재벌도 의외로 돈 때문에 고민하곤 한다. 새로운 투자를 하려면 항상 돈이 부족하기 때문이다. 파이어족이 투자를 잘해서 아무리 큰돈을 모았더라도 그의 돈은 향유를 목적으로 하는 자산이 아니다. 본질은 투자를 위한 자산일 뿐이다. 그런 이유로 통장에 아무리 많은 돈이 있더라도 그 돈은 경제적 자유를 선사해주지 못한다. 요컨대, 경제적 자립은 완전한 자유에 이르기 위한 전제조건일 수는 있어도 충분조건은 아니다.

~~~~~ '빠른 성공'만이 인생의 전부는 아니다 ~~~~~

파이어족은 경제적 자립을 이룬 뒤에는 시기가 언제든 미련 없이 은퇴하려 한다. 돈은 충분히 모았으니 더 이상 노동을 하지 않고 놀고 먹겠다는 생각이다. 하지만 먹고사는 문제가 해결되었다고 해서 노동을 그만두는 게 현명한 선택이 맞을까? 인간이 행하는 노동은 오직 돈벌이의 수단으로서만 의미를 갖는 것일까? 젊은 나이에 노동에서 해방된 사람은 그다음부터는 무엇을 하며 지낼까? 과연 노동보다 더 의미 있고 가치 있는 일에 매진할 수 있을까?

독일의 철학자 아르투어 쇼펜하우어Arthur Schopenhauer가 이런 말을 했다. "가난은 하류층의 끊임없는 채찍이며, 권태는 상류층의 채찍이다." 하류층 사람들은 가난 때문에 불행하지만 부자는 권태가 찾아와서 고통스럽다는 뜻이다. 권태는 아무나 느끼는 감정이 아니다. 권태는 대체로 여유가 있고 먹고살 만한 사람, 시간적 여유가 넘쳐나서 오히려 고민인 사람들만 느끼는 특별한 질병이다. 말하자면 권태란 시간이 남아도는 사람들에게만 생기는 일종의 '귀족병'에 가깝다. 따라서 경제적 자립에 성공한 파이어족이 은퇴 후 아무런 노동을 하지 않으면 행복감보다는 권태에 빠질 가능성이 훨씬 높다. 프랑스 소설가 알베르 카뮈Albert Camus는 "노동이 없으면 모든 생명은 부패하게 된다"면서 노동의 필요성을 강조했다. 시간도 많고 가진 돈도 많은 사람이 아무런 노동도 하지 않으면 쾌락과 욕망만을 탐하게 되어 자칫하면 타락의 길로 들어설 수도 있다.

노동은 무엇인가에 집중하게 함으로써 지나친 쾌락과 불필요한 욕망에 빠지지 않게 해준다. 프랑스의 작가이자 사상가인 볼테르Voltaire는 《캉디드 혹은 낙천주의》에서 노동의 가치에 대해서 다음과 같이 적었다. "노동은 우리들로부터 세 가지 악을 물리쳐줍니다. 그것은 권태와 못된 버릇과 가난입니다." 볼테르에 따르면, 노동은 우리를 가난에서 벗어나게 해주며, 대책 없는 낙천주의나 어설픈 정신 승리에 집착하는 나쁜 버릇으로부터 구제해준다. 무엇보다도 노동은 삶이 권태로워지는 것을 방지해준다. 따라서 돈이 아무리 많아도 노동을 그만두는 일은 결코 현명하지 못하다. 특히 아직 손발을 움직이기에 전혀 불편함이 없는 젊은이라면 더욱 그렇다.

결국 경제적 자립을 이루어 이른 시기에 은퇴를 하겠다는 파이어족의 목표는 지나치게 유토피아적이다. 유토피아 _{Utopia}는 인간이 생각할 수 있는 최선의 상태를 갖춘 완전한 사회를 의미하지만, 그 어원은 '어느 곳에도 없는 장소'라는 뜻이다. 즉 현실적으로는 존재하지 않는 이상향이다. 파이어족이 생각하는 '경제적 자립'이나 '조기 퇴직'이라는 개념도 현실에서는 존재하지 않는 유토피아에 가깝다. 간혹 유튜브나 방송에서 경제적 자유를 이루었다고 말하는 젊은 파이어족이 등장하는 것을 종종 본다. 하지만 미디어는 그 사람 인생의 특정한 일부 시점만을 보여줄 뿐이다. 길고 긴 인생 전부를 보여주는 것이 아니다. 지금은 돈 걱정도 없고 마냥 자유롭게 비춰질지 모르겠지만 그 사람의 나머지 인생 전부가 그렇게 장밋빛으로 전개된다는 보장은 없다.

본디 인생은 우리 뜻대로 흘러가지 않는다. 쇼펜하우어가 주장했듯이 "우리가 손에 넣으려는 대상은 모두 우리에게 저항"하기 때문이다. 돈이 그렇고, 사랑이 그렇고, 하는 일이 그렇다. 성공한 파이어족의 스토리를 들으면 그럴싸해 보인다. 하지만 투자 세계에서는 큰 성공을 이룬 사람보다는 실패를 맛본 사람이 훨씬 많다. 성공한 사람의 스토리는 크게 부각되지만 실패한 자의 뒷이야기는 아무도 주목하지 않는 법이다. 이러한 사실을 알아채지 못한 사람은 성공에 대한 열망에 도취되어 실패의 가능성을 일축해버린다. 이는 마치 불나방이 무작정 장작불을 향해 달려드는 것과 다르지 않다.

결국 파이어족을 꿈꾸는 것은 그다지 현명한 선택이 아닐 수 있다. 파이어족이 꿈꾸는 경제적 자립과 조기 은퇴, 완전한 자유는 협소한 개념이거나 불완전한 논리에 기반하고 있기 때문이다. 결국 우리가 추구해야 할 것은 일확천금이나 빠른 성공이 아니다. 자신의 꿈과 인생 목표를 설정하고, 그곳에 도달하기 위해 한 발짝씩 나아가는 길밖에 없다. 인생에는 지름길도 없고 쉬운 길도 없다는 사실을 명심해야 한다.

03. 영끌 빚투
한 방을 꿈꾸는 사람들, 이것은 투자인가 도박인가?

19세기 미국 서부에서 금광이 발견되자 일확천금을 꿈꾸던 수많은 사람이 그곳으로 몰려갔다. 역사는 이 사건을 두고, 금을 향해 달려간다는 의미로 '골드러시Gold Rush'라 명명했다. 당시 금을 캐기 위해 서부로 이주한 개척민의 수가 무려 25만 명에 달했다고 한다. 기존 생활로는 도무지 희망조차 엿보기 힘들었던 노동자들이 대거 골드러시 대열에 합류했다. 막막한 현실에서 벗어나 인생역전을 이룰 수 있는 일말의 가능성을 찾아 낯선 외지행을 택한 것이다. 이러한 현상은 인종과 계급을 뛰어넘어 누구나 행복과 성공을 추구할 수 있다는 이른바 '아메리칸 드림'을 꿈꾸며 미국으로 이주한 외국인의 행렬과도 유사하다. 그들 역시 불확실성과 위험을 감수하고서라도 기회의 땅을 찾아 나서는 것이 더 낫다고 판단한 셈인데, 그만큼 지금 여기에서의 삶에 답이 보이지 않았기 때문이다.

그렇다면 지구촌 전체가 개발되어 미지의 금광이 사라진 오늘날에는 골드러시가 없어졌을까? 금광을 찾아 나서는 이는 사라졌지만 기회의 땅을 찾아 떠나는 일은 여전히 계속되고 있다. 최근 들어 골드러시를 대신하여 나타난 현상은 '머니러시Money Rush'다. 머니러시란 골드러시에 빗대어 돈을 모으기 위해 수입을 다변화하고 돈 되는 일이라면 온갖 노력을 기울이는 현대인의 모습을 일컫는 표현이다. 머니러시에 뛰어든 사람은 본업 외에도 주식이나 부동산, 가상화폐 등 다양한 방식의 투자를 시도하고, 본업 외 여러 직업을 가지며 부가 수입을 얻으려고 노력한다. 한마디로 삶의 최우선 가치를 돈 버는 일에 맞추고, 돈을 모으는 것에만 혈안이 된 사람들이다. 말하자면 머니러시는 19세기 미국 서부에서 유행했던 골드러시의 현대판 버전이라 하겠다.

혹자는 이렇게 반문할 수도 있다. 자본주의 세상을 살아가는 사람이라면 누구나 당연히 돈 버는 일을 최우선으로 생각하지 않느냐고 말이다. 물론 틀린 말은 아니다. 자본주의 체제 안에서 살아가려면 무엇보다 돈이 필요하고, 어느 정도의 경제력을 갖추어야만 인간다운 삶을 살 수 있다는 점에는 누구나 동의할 것이다. 하지만 그 정도가 지나치면 문제가 된다. 오늘날 현대인들이 행하는 머니러시는 19세기 미국인들이 벌인 골드러시만큼이나 무모한 면이 있다. 예컨대, 요즘 20~30대 직장인을 중심으로 불고 있는 '영끌 투자(돈을 영혼까지 끌어모아서 하는 투자)'나 '빚투(빚내서 하는 투자)'의 열풍이 그 대표적인 예다.

~~~~ 답 없는 미래의 대안일까, 불나방의 무모함일까 ~~~~

본디 투자란 불확실한 미래의 가능성에 베팅을 하는 행위로, 결과가 불확실한 상태에서 어느 한쪽으로 판돈을 걸어야 한다. 즉 모든 투자에는 이익과 손실의 가능성이 동시에 존재한다. 100퍼센트 이익이 보장된 투자란 성립하지 않는다. 따라서 투자는 모름지기 여유 자금으로 해야 한다. 그래야만 잃더라도 극단적인 상황으로 내몰리지 않는다. 그러나 도박판이 그러하듯, 투자의 세계에도 물불 가리지 않고 뛰어드는 불나방은 항상 존재한다. 이들은 자신의 경제 상황도 고려하지 않고 잘못됐을 경우에 감당해야 할 뒷일을 생각하지 않은 채, 눈앞의 승부에만 몰입한다. "인생 뭐 있어? 인생은 한 방이야!" 하면서.

이러한 투자 행태를 전문가들은 '패닉바잉Panic Buying'이라고 부르기도 한다. 패닉바잉이란 공포에 질려 어쩔 줄 모르다가 허둥지둥 구매에 동참하는 행태를 말하는데, 이는 결코 이성적 판단에 의한 의사결정이 아니다. 부동산이나 주식 활황기에 '벼락거지(자신의 소득에 별다른 변화가 없었음에도 부동산과 주식 등의 자산 가격이 급격히 올라 상대적으로 빈곤해진 사람)'라는 신조어가 성행했는데, 이러한 논리가 패닉바잉을 불러일으키는 요인으로 작용하기도 했다. 벼락거지라는 표현도 월급을 아껴서 착실하게 저축만 해오던 사람들에게 '재테크를 하지 않으면 하루아침에 거지로 전락할 수 있다'는 공포와 상대적 박탈감을 조장함으로써 투자에 동참하게 만드는 일종의 레토릭일 뿐이다. 아무튼 영끌과 빚투, 패닉바잉으로 투자에 나서는 사람들에게 행운의 여신이 미소를 보내는 경우는 극히 드물다. 오히려 이들은 타짜나 고수들의 손쉬운 먹잇감이 되기 십상이다.

투자에서도 자본금의 규모나 투자 여력은 매우 중요하다. 자기 경제력이 감당할 수 있는 범위 내에서 투자에 임하는 것은 기본 중의 기본이다. 대출을 받아서 투자를 하거나 당장 사용해야 할 생계 자금을 가지고 투자에 나서는 것은 기본을 망각한 위험천만한 행동이다. 이는 마치 집문서를 저당 잡아 노름판에 뛰어든 것과 별반 다를 바 없다. 이러한 투자 행태는 자신의 삶을 위태롭게 만들고 자칫 극단적인 상황으로 내몰 수도 있다(실제로 2022년 하반기부터는 경기침체와 고금리의 여파로 부동산 가격이 크게 떨어지면서 영끌 빚투족이 엄청난 고통을 겪고 있다).

사람들은 대체 왜 그토록 위험한 영끌 투자나 빚투에 나서는 것일까? 혹시 돈에 대한 욕심이 과거보다 커진 탓일까? 시대와 상관없이 인간은 누구나 정도의 차이가 있을 뿐 돈 욕심은 가지고 있다고 보는 편이 타당할 것이다. 하지만 현대로 오면서 그것이 점점 심해지는 경향은 부인하기 어렵다. 독일의 사회학자 게오르크 짐멜Georg Simmel은《돈의 철학》에서 사람들이 돈을 추구하는 경향에 대해 이렇게 주장했다. "무릇 사람들이 돈에 탐욕을 갖지 않았던 시대는 없었을 것이다. 그러나 확실하게 말할 수 있는 것은, 개별적인 삶의 관심을 소박하게 충족시키는 자세와 현존재의 궁극적 목적으로서 종교적 절대성을 고양하려는 이상이 그 힘을 잃어버린 시기들에 그러한 욕망이 가장 강력하고 광범위하게 나타났다." 짐멜이 보기에 돈에 대한 욕심은 모든 시대에 존재했던 보편적인 욕망이다. 하지만 시대와 사회의 전반적인 분위기에 따라서 그 정도는 달랐다. 가령, 개별적인 관심을 소박하게 충족하거나 삶의 궁극적인 목적을 종교적인 절대성에 둔 시기(예를 들면 중세시대)에는 돈을 욕망하는 정도가 덜했다. 하지만 그러한 이상을 잃어버린 시기(오늘날)에는 돈에 대한 탐욕이 강하게 나타났다.

이러한 논리로 보자면, 오늘날 머니러시가 지배적인 트렌드가 되었다는 것은 현대인의 본성이 더 돈을 탐하는 쪽으로 변했다기보다는 현대를 살아가는 개인들이 자신의 소박한 꿈이나 소원을 충족하기가 더 어려워졌고, 나아가 삶의 궁극적인 목적을 추구하는 것이 별 의미가 없어졌기 때문이라고 해석할 수 있다. 오늘날 20~30대 직장인 중에서 영끌·빚투족이 증가하고 있는 현상도 이와 무관하지 않다. 경제적 불확실성이 커지고 저성장이 고착화되면서 많은 젊은 세대들이 이제는 노동을 통한 부의 축적이 더는 불가능하다고 생각하게 되었다. 그들이 보기에 아무리 열심히 일해서 월급을 아끼고 저축한들 천정부지로 오르는 집값을 따라가기란 애초에 불가능하다. 그렇게 직장 생활만으로는 도무지 답이 없으니 머니러시 대열에 뛰어들게 되는 것이다. 즉 현실에서는 미래에 대한 그 어떤 희망조차 발견하기 어렵기 때문에 지푸라기라도 잡는 심정으로 영끌·빚투족 대열에 동참하는 것이다.

문제는 영끌·빚투를 통해 머니러시 대열에 동참한 사람들의 미래가 그다지 밝지 않다는 데 있다. 투자의 속성상 그 결과가 불확실하다는 점 외에도 영끌·빚투족은 기본적으로 불리한 조건에서 승부에 나서고 있다. 투자의 세계에서는 판돈이 얼마나 많은지도 중요하지만 '시간적 여유'가 결정적인 영향을 미친다. 시간적 여유를 가진 사람은 그렇지 못한 사람보다 승리할 가능성이 높다. 투자자의 시간적 여유는 기본적으로 자금의 속성에 의해 결정된다. 여유 자금으로 투자하는 사람은 시간적 여유가 많다. 자신이 투자한 주식 가격이 하락하면 그냥 오를 때까지 기다리면 된다. 투자의 귀재 워런 버핏이 사람들에게 알려준 투자 비법을 한마디로 요약하면 다음과 같다. "좋은 주식을 사서 오래 보유하라." 버핏의 비법은 지극히 단순하다. 하지만 그 비법을 실천에 옮기기란 결코 쉽지 않다. 좋은 주식을 오래 보유하려면 기본적으로 투자자에게 시간적 여유가 있어야 하기 때문이다.

자신이 가진 돈이 여유 자금이라면 버핏의 조언을 실천에 옮기기 그리 어렵지 않다. 하지만 대출을 받아서 투자를 했다면 이야기는 달라진다. 이 경우는 오래 기다릴 수가 없다. 매달 대출금에 대한 이자를 지불해야 하고 가격이 계속 하락하거나 생각처럼 오르지 않으면 고통이 가중된다. 마음이 초조해지고 불안감이 증폭된다. 자칫 물타기라도 잘못했다가는 반대매매를 당해 투자판에서 영영 쫓겨날 수도 있다(이런 경우를 주식투자에서는 '깡통계좌'라 부른다). 이게 다 시간적 여유가 없기에 벌어지는 일이다. 영끌족이나 빚투족에게 시간은 자기 편이 아니다. 따라서 이들은 단기에 승부를 내야 하고, 이자를 지불해야 하는 자금으로 투자를 시작했기 때문에 하락장뿐만 아니라 횡보장에서도 손실을 보게 된다. 이래저래 불리한 조건에서 시작하기 때문에 기대한 결과를 얻지 못할 가능성이 매우 높다.

19세기 미국에서 골드러시에 뛰어들었던 사람들도 마찬가지였다. 일확천금을 꿈꾸고 서부로 향했던 사람들 중에 큰돈을 번 사람은 극소수뿐이었다. 성공한 사람 중에는 정작 금광 속에 뛰어들어 돈을 번 사람보다는 그 주변에서 기회를 잡은 사람이 더 많았다. 다시 말해 금을 캐는 채광 도구를 만들어 판 사람, 금광 안으로 광부를 실어 나르기 위한 철도를 만든 사람, 광부가 입는 질긴 청바지를 만들어 판 사람이 더 큰 돈을 벌었다. 돈을 쫓아간 사람보다는 돈이 오는 길목을 지킨 사람이 더 효과적으로 돈을 번 셈이다. 오늘날 머니러시 대열에 뛰어드는 사람이 광부인지 돈이 오는 길목을 지키는 사람인지는 생각해볼 문제다.

돈을 '성실한 하인'으로 삼을 수 있으려면

머니러시 현상이 보여주듯이, 오늘날 우리 사회가 처한 위기 중 하나는 사람들이 지나치게 '돈을 버는 것'에만 열중한다는 점이다. 사회적 신뢰나 인간에 대한 신뢰는 점점 떨어지는 데 반해 돈에 대한 신뢰는 점점 높아지고 있다. 사람은 믿지 않고 돈만 믿는 현상이 증가하고 있다. 아무리 자본주의 사회라고는 하지만 사람보다 돈을 더 믿고 중요하게 생각하는 사회를 결코 바람직하다고 말하기는 힘들 것이다. 이런 사회는 드라마 〈오징어 게임〉 속 세상과 별반 다를 바가 없다. 우리는 왜 돈을 최우선으로 생각하게 되었을까? 지금 우리가 사는 세계는 돈이 곧 '신'이 된 시대이기 때문이다.

마르크스는 《경제학 철학 수고》에서 돈을 "눈에 보이는 신"이라 지칭하면서 이렇게 주장했다. "돈(화폐)이 가진 속성의 보편성은 그 본질의 전능성이다. 그런 까닭에 돈은 전능한 존재로 간주된다. (…) 내가 인간으로서 할 수 없는 것, 그것을 나는 돈을 통해서 할 수 있다." 돈이 신적인 능력을 가졌기 때문에 돈만 있다면 뭐든지 할 수 있다는 뜻이다. 짐멜도 자신의 책에서 비슷한 주장을 했다. "지상에서 돈은 세속적인 신이다. 돈이 절대적인 수단이며, 바로 그 때문에 절대적인 목적이 되면서 그 심리적 중요성이 상승한다." 애초에 돈은 사물을 구매하기 위한 수단으로 만들어진 물건이다. 하지만 그것이 절대적인 수단이 되면서 종국에는 돈 자체가 절대적인 목적이 되어버렸고, 이제는 마치 초월적 신과 같은 지위에 올랐다. 이처럼 오늘날 신의 위치에 오른 돈을 사람들이 좇는 것은 어찌 보면 지극히 자연스럽다. 마치 종교인들이 자신의 신을 섬기듯이 말이다.

그렇다고 지금의 머니러시 현상을 마냥 긍정적으로만 해석할 수는 없다. 어쩔 수 없는 일이라거나 자연스러운 현상이라고 해서 그것이 반드시 옳으며 바람직하다고 볼 수는 없는 법이다. 짐멜은

《돈의 철학》에서 돈이 갖는 이중적 성격에 대해 이렇게 말했다. "돈은 어떻게든 무차별화되고 외화되는 모든 것에 대한 상징이자 원인이다. 그러나 돈은 또한 오로지 개인의 가장 고유한 영역에서만 성취되는 내면적인 것을 지키는 수문장이 되기도 한다." 짐멜에 의하면, 돈은 두 가지 성격을 동시에 가졌다. 먼저 돈은 모든 것에 대한 상징과 원인이 되어 수많은 연계와 경제활동을 가능하게 만들었다. 오늘날 우리가 하고 있는 각종 투자나 계약, 신용거래 등 추상적이고 포괄적인 경제 활동은 화폐라는 '상징 기호'가 있었기에 가능했다. 이처럼 우리는 모든 것의 상징 기호라는 돈의 특성 덕분에 이전에는 상상할 수 없을 만큼의 새로운 가치를 창출해낼 수 있었다. 현대의 다양하고 풍요로운 물질문명도 돈이라는 상징 기호가 없었다면 불가능했을 것이다. 돈이 생겨났기에 현대의 자본주의적 발전이 가능했다.

하지만 모든 빛의 이면에는 그림자가 숨어 있는 법이다. 돈이 생겨나면서 자본주의적 물질문명이 발전할 수 있었지만 그로 인한 폐해도 뒤따랐다. 짐멜은 돈의 이러한 특성이 분업을 확장하고 상호의존성을 키웠다고 진단했다. 사회가 복잡해지고, 분업과 상호의존성이 심화될수록 개인의 개성과 인격은 묻혀버리기 쉽다. 돈이 사회를 복잡하게 만들어 분업을 증가시키고 상호의존성을 높였지만, 그로 인해 인간 개개인은 주관적·인격적 특성을 잃고 평준화·평균화되고 말았다. 예컨대, 연봉 5,000만 원인 샐러리맨과 연수입 5,000만 원인 작가는 비슷한 부류의 인간으로 묶이고 만다.

모든 것이 돈을 기준으로 평가되고 분류되기 때문이다. 말하자면 돈은 물질문명은 발전시켰지만 동시에 개개인의 차이를 지워버리고 우리를 인간적 본질로부터 멀어지게 만들었다.

짐멜은 돈을 부정적으로만 보지 않았다. 한편으로 돈은 "개인의 가장 내면적인 것을 지키는 수문장"이 되기도 한다. 돈은 인간을 탈개성화시키는 주범이지만 역설적이게도 개성과 인격성을 추구하기 위해서는 돈이 필요하다. 돈을 소유한 개인은 생존을 위한 노동과 투쟁의 유물적 단계에서 벗어나 개인적이고 주관적인 삶의 양식을 발전시킬 수도 있다. 다시 말해 돈이 있어야 진정으로 인간다운 삶의 기반을 마련할 수 있는 것이다. 결국 돈에는 긍정적인 면과 부정적인 면이 동시에 들어 있다.

짐멜은 돈이 신도 아니고 악마도 아니라고 말한다. 그에 따르면 "돈은 인간이 세계와 맺는 관계의 적절한 표현"이기 때문이다. 간혹 돈을 좇는 것은 곧 죄악이고 타락이라면서 황금만능주의나 배금주의를 무조건 비판적 시각으로 바라보는 사람도 있다. 하지만 자본주의 체제에서 돈을 배제한 채 살아간다는 것은 현실적이지 못하다. 현대인은 어쩔 수 없이 돈이 지배하는 물질문명 속에서 살아가고 있기 때문이다. 짐멜은 자본주의 물질문명도 그 자체로 하나의 문화라고 보았다. 결국 중요한 것은 어떻게 하면 돈이 만든 물질문명 속에서 살아가면서도 자신의 개성과 인격을 잃지 않을 것인가 하는 점이다.

결국 우리는 돈을 추구하되, 부정적인 면은 최소화하고 긍정적인 면을 높일 수 있는 방안을 강구해야 한다. 그러기 위해서는 너무 가깝게도 멀게도 대하지 않는 '불가근불가원不可近不可遠'의 원칙을 지키는 것이 현명하지 않나 싶다. 오늘날 머니러시에 뛰어든 영끌·빚투족은 돈을 너무 가까이 하려는 삶의 태도로 인해 자칫 돈에게 지배당하는 결과를 맞이할 위험이 있다. 짐멜은 《돈의 철학》에서 돈과 인간의 관계에 대해 이렇게 적었다. "(돈이) 주체의 세련화, 독특성 및 내면화를 가져올 것인가 아니면 돈을 인간의 지배자로 만들 것인가—이 문제는 더 이상 돈이 아니라 인간 자신에게 달려 있다." 결국 돈이 인간을 지배할지, 아니면 인간이 돈의 지배에서 벗어나 주체의 개성과 독특성을 살릴지는 돈이 아니라 그것을 사용하는 인간에게 달렸다.

철학자 베이컨도 이와 비슷한 취지의 말을 한 바 있다. "돈은 최상의 하인이고, 최악의 주인이다." 돈은 돈을 대하는 사람의 태도에 따라 성실한 하인이 되기도 하고, 사람을 지배하는 주인이 되기도 한다. 오늘날 우리는 돈이 신이 된 시대를 살아갈 수밖에 없지만 돈이 악마가 될지 천사가 될지는 결국 우리의 선택에 달려 있다. 따라서 돈을 추구하되 돈이 주인이 되도록 방치해서는 곤란하다. 오늘날 우리는 돈이 필요하고, 돈을 외면할 수도 없는 시대를 살아가고 있다. 하지만 직접적으로 돈을 좇는 것만이 능사가 아니라는 점을 기억해야 한다. 더욱이 영끌·빚투는 투자가 아니라 도박에 가깝다는 사실도 명심해야 한다.

84. 자본주의 키즈
돈만 아는 아이로 키우는 것은 현명한 일일까?

IMF 외환위기로 대한민국 사람들이 큰 고통을 받고 있던 1998년, 골프선수 박세리는 US여자오픈에서 맨발 투혼을 펼친 끝에 대역전 극으로 우승을 함으로써 국민들에게 큰 감동을 안겨주었다. 그 우승 이후 박세리 선수의 영향을 받고 골프에 입문한 어린 학생들이 많았는데, 이들을 가리켜 '박세리 키즈'라 부른다. 당시 10~12세였던 박세리 키즈들은 엄청난 경쟁 속에서 성장하여 한국을 대표하는 프로골퍼가 되었고, 연이어 세계 무대를 제패하면서 대한민국을 여자골프 강국의 반열에 올려놓았다. 박세리라는 걸출한 스타를 롤모델 삼아 조기 교육으로 어릴 때부터 체계적인 훈련을 한 것이 성인이 되어서도 좋은 성적을 내는 원천이 된 셈이다. 공부뿐 아니라 운동의 세계에서도 조기 교육은 중요하다.

'키즈 열풍'이 부는 곳은 비단 스포츠 세계만이 아니다. 자본주의가 점점 극에 달한 21세기에는 경제나 투자 분야에서도 조기 교육 열풍이 감지되고 있다. '자본주의 키즈'의 등장이 한 예다. 자본주의 키즈란 서울대 소비자학과 김난도 교수가 '2021년 신축년 10대 트렌드' 중 하나로 꼽은 개념인데, 어릴 때부터 자본주의 생리를 잘 알고 이에 최적화된 경제활동을 영위하도록 훈련된 세대를 말한다. 자본주의 키즈는 대한민국에 자본주의가 정착한 이후에 태어나 어릴 때부터 광고나 금융 등 자본주의 요소 속에서 성장했다. 그런 이유로 이들은 돈과 소비에 편견이 없고 자기 욕망에 충실하며 소비를 통해 행복을 추구하는 데 주저하지 않는다.

무엇보다도 이들은 자본주의의 핵심인 돈을 중요하게 생각하고, 돈을 벌기 위한 재무관리나 투자에도 적극적이다. 기성세대가 돈을 벌고 싶은 욕망이 있어도 자칫 속물로 비칠까 봐 조심스럽게 행동한 것과는 대조적이다. 금융 생활은 빠를수록 좋다는 인식을 가진 이들은 어려서부터 재테크를 고민하고 실행에 옮긴다. 자본주의 키즈는 어릴 적부터 경제 기사에 관심을 두고 예·적금이나 주식 등 투자 경험을 쌓으며 금융이나 재무 감각을 익힌다. 말하자면 자본주의 체제를 살아가는 데 필요한 경제적, 금융적 지식을 익히기 위해 조기 교육을 받는 셈이다. 기성세대가 인성이나 사회성 함양에 자녀 교육의 중점을 두었다면, 자본주의 키즈는 경제학이나 재무지식을 쌓는 것에 우선순위를 두고 있다.

자녀에게 어릴 때부터 경제학이나 투자 관련 지식을 길러주는 것은 바람직한 일일까? 어릴 적부터 재무지능을 길러두면 경제적으로 부유한 어른으로 성장할 수 있을까? 여기에 대해서는 자본을 모으는 행위를 어떻게 바라보는가에 따라 답변이 달라질 수 있다.

사회가 발달하면서 물물교환이 시작된 이래로 금융 시스템은 발전에 발전을 거듭해왔다. 금융金融이란 말 그대로, 금전을 융통하는 일이다. 간단히 말해 돈을 필요로 하는 사람에게 자금을 대차해주면 이자를 붙여서 돌려받을 수 있다. 돈을 필요로 하는 곳과 돈이 남는 곳의 수급需給만 잘 관리하면 부가 이익을 누릴 수 있다. 한마디로 돈이 돈을 버는 시스템이 바로 금융이다.

금융의 구조를 잘 파악하여 돈을 버는 기술을 '재테크'라 부른다. 재테크란 재물이라는 뜻의 한자 '재財'와 영어인 '테크놀로지'의 합성어로 재산을 불려 나가는 기술을 뜻한다. 과거 자산을 가지지 못한 노동자들은 자신의 노동력을 시장에 팔아서 그 대가로 임금을 받았다. 그들에게는 노동을 제공한 대가로 받는 임금이 돈을 버는 유일한 수단이었다. 하지만 금융이 발달하면서 다양한 재테크 기법이 개발되었고, 그 결과 노동을 하지 않고도 재테크로 더 많은 돈을 벌 수 있는 길이 열렸다. 똑똑한 현대인들이 이러한 기회를 놓칠 리 없다. 그렇게 오늘날 현대인들 대부분이 재테크에 관심을 두게 된 것이다.

재테크를 행하는 방식은 크게 두 가지로 구분할 수 있는데, 바로 투자와 투기다. 사람들은 흔히 투기는 나쁘지만 투자는 좋은 행위라고 생각하곤 한다. 하지만 투자와 투기는 생각처럼 명료하게 구분되지 않는다. 예를 들어보자. 가령, 집을 한 채 가진 사람이 전세를 끼고 집을 한 채 더 구입했다고 치자. 이 경우는 투자일까, 투기일까? 단정하기 어렵다. 집값이 급등하면 정부에서는 투기 수요를 막겠다고 나서지만 현실에서는 지금 이 집을 구매하려는 사람이 투기자인지 투자자인지 정확히 알 수 없는 경우가 많다. 경제학자나 투자 전문가들은 투자 기간이나 투자 목적, 위험의 감수 정도, 결과에 대한 예측 가능성 등을 기준으로 내세우기도 한다. 하지만 특정 행위를 두고 투자인지 투기인지를 판단하기에는 여전히 애매한 측면이 있다. 집을 사는 사람 열이면 열 모두 자기는 투자를 했다고 말하지 투기라고 말하는 경우는 극히 드물 것이다. 오죽하면 '내로남불'이라는 표현에 빗대어 '내가 하면 투자, 남이 하면 투기'라는 말이 있을까. 이는 투기와 투자를 구분하는 것이 그만큼 어렵다는 반증이다.

사전에서는 투자投資를 다음과 같이 정의한다. "이익을 얻기 위하여 어떤 일이나 사업에 자본을 대거나 시간이나 정성을 쏟음." 반면 투기投機는 "기회를 틈타 큰 이익을 보려고 함, 또는 그 일"이라고 정의되어 있다. 사전적 의미로 살펴보더라도 양자 간에는 뚜렷한 차이가 없다. 둘 다 '이익을 보기 위함'이라는 목적은 동일하다. 투기에는 '기회를 틈타'라는 부정적인 표현이 한마디 더 붙었을 뿐이다. 하지만 투자를 하는 사람도 기회를 엿보기는 마찬가지 아닌가! 그러므로 모든 투자 행위에는 투기적 요소, 즉 기회를 봐서 이익을 취하려는 목적이 어느 정도 들어 있다고 보는 편이 타당하다.

사실 어떤 행위를 투자라 부르건 투기라 부르건 간에 그 행위를 통해 이익을 얻으려는 마음을 갖는 건 결코 잘못된 일이 아니다. 지극히 당연한 것이다. 솔직하게 말하면, 모든 투자에는 투기적 속성이 어느 정도 내재되어 있다. 불확실한 미래에 베팅을 하는 행위는 투자이면서 한편으로는 투기이기도 하다. 기회를 엿보아도 이익이 되리라는 판단이 서지 않으면 아예 베팅을 하지 않을 것이기 때문이다. 그런 관점으로 보면, 우리가 흔히 말하는 주식 투자, 부동산 투자, 가상화폐 투자도 얼마간은 투기 행위에 속한다. 이런 행위에 '투자'라는 긍정적인 표현을 붙이는 이유도 어쩌면 투기에 뛰어든 사람들의 탐욕스러운 속내를 감추기 위함인지도 모른다.

자본주의 키즈라는 신조어가 생겨난 것에서도 알 수 있듯이, 현대인들은 과거에 비해 투자나 투기적 삶에 집착하는 경향이 높다. 과거 기성세대만 하더라도 투자나 투기보다는 자신의 노동으로 삶을 설계하는 경우가 대부분이었다. 하지만 오늘날에는 열심히 노동을 해서 재산을 모으기보다는 재테크에 열을 올리는 사람이 더 많은 실정이다. 물론 이러한 세태는 심정적으로 충분히 이해할 만하다. 현실적으로 오늘날에는 월급만으로 서울이나 수도권의 아파트를 장만하는 일이 매우 힘들어졌기 때문이다. 천정부지로 오른 아파트 가격 때문에 도무지 견적조차 나오지 않는 경우도 많다. 월급이 오르는 속도보다 아파트 가격이 뛰는 속도가 더 빨라서 아무리 열심히 모아도 손에 잡히지 않는 목표물이 되기 일쑤다. 그러니 월급 이외의 방법을 모색하는 것은 충분히 이해할 만하다.

하지만 우리가 투자나 투기에 집착할수록 필연적으로 뒤따르는 문제가 있다. 우리가 투자나 투기에 집착할수록 삶은 더욱 예측 불가능하고 불확실한 상태로 내몰릴 수밖에 없다. 앞에서도 언급했지만, 투자나 투기는 기본적으로 미래의 불확실성에 베팅을 하는 행위다. 따라서 투자나 투기를 많이 할수록 자신의 삶도 불확실한 상태로 내몰린다(혹시 이 주장에 의구심이 든다면 자신의 전 재산을 가상화폐에 '몰빵'해보라. 미래가 얼마나 불확실해지는지 금방 깨달을 수 있을 것이다).

경제전문가나 특정 분야를 깊이 연구한 사람이라면 어떨까? 그들은 아무래도 경제지식이 해박하고 재무지능이 뛰어나기 때문에 투자나 투기에서 결과를 더 잘 예측할 수 있지 않을까? 전문가라면 일반인보다 예측력이 뛰어나다고 생각하기 쉽다. 하지만 이 같은 추론이 현실에서 실제 증명된 바는 없다. 만약 전문가가 일반인보다 투자 결과를 더 잘 예측할 수 있다면 주식 투자와 관련된 일을 하는 사람(증권사나 금융 회사를 다니는 사람)은 모두 주식 부자가 되어야 한다. 부동산 관련 업종에 있는 사람(공인중개사)은 모두 부동산으로 큰돈을 벌어야 한다. 하지만 어디 현실이 그러한가?

만유인력의 법칙을 발견한 아이작 뉴턴Isaac Newton에게는 다음과 같은 일화가 전해진다. 그는 수학에서는 미적분법을 창시하고 물리학에서는 뉴턴역학의 체계를 확립하는 등 과학 분야에서 어느 누구도 필적하기 힘들 만큼 엄청난 성취를 이룬 인물이다. 물리학과 수학, 천문학을 두루 섭렵한 천재 과학자이며 근대이론 과학의 선구자로 알려져 있다. 동시에 그는 1688년 명예혁명 때 대학 대표로 국회의원이 되고, 이후 조폐국 감사와 장관을 역임하는 등 당대 최고의 경제 전문가였다. 그런 뉴턴조차도 1720년 영국에서 일어난 투기 열풍 속에서 큰 손실을 경험했다. 이후 그는 다음과 같은 유명한 말을 남겼다. "천체의 움직임은 계산할 수 있지만, 대중의 광기는 계산할 수 없었다." 천재적인 과학자이자 최고의 경제 전문가인 그도 미래를 예측하지는 못한 것이다. 이렇듯 모든 투자나 투기 행위는 논리적이지도 않을 뿐더러 그 속성 자체가 계산이나 예측이 불가능하다. 따라서 아무리 해당 분야의 지식이 많아도 결과를 정확히 예측하기란 불가능에 가깝다.

물론 투자를 할 때 전문가의 조언을 받지 말라는 뜻은 아니다. 자신이 잘 모르는 곳에 투자할 때는 관련 분야 전문가의 도움을 받는 편이 더 낫다. 하지만 전문가의 말이라고 무조건 믿어서는 안 된다. 이는 전문가가 거짓말을 해서가 아니라 어떤 전문가도 투자나 투기 행위에서 결과를 정확히 예측할 수는 없기 때문이다. 참고는 하되 절대적인 것으로 믿어서는 곤란하다. 김찬호 교수는 자신의 저서 《돈의 인문학》에서 투자 전문가라고 부르는 경제학자를 비꼬아 이렇게 말한다. "경제학자는 자신이 어제 예측한 일이, 오늘 왜 일어나지 않았는지를, 내일 알게 되는 전문가다." 경제학자가 들으면 기분이 나쁠지 모르겠으나, 대체로 공감이 가는 정의다(이 말이 의심스럽다면 지금 당장 주식 전문 방송에서 전문가가 추천하는 종목의 주식을 한번 구매해보라. 단번에 공감이 될 것이다). 그만큼 전문가도 미래를 예측하기 어렵다는 뜻으로 이해된다.

우리가 투자나 투기에 목을 매게 된 데는 사실 우리 개개인의 잘못만 있지는 않다. 우리가 살고 있는 자본주의 체제에서는 돈이 모든 가치를 제치고 최고의 자리에 등극했기 때문이다. 우리는 돈이 최고의 가치이며, 경제학이 최고 학문이 된 세계를 살아가고 있다. 돈이 최고이기에 돈을 벌어야 하고 이를 위해서는 투자나 투기를 할 수밖에 없는 것이다. 문제는 모든 투기가 그러하듯, 투기적 선택의 결과는 번번이 우리의 바람을 외면한다는 데 있다. 솔직하게 말하면, 오늘날 우리는 과거 어느 시절보다 경제를 최우선시하며 살아가고 있다. 하지만 그 어느 시대에도 경험하지 못한 결핍감에 시달리며 살고 있기도 하다.

미래학자인 헤이즐 핸더슨Hazel Henderson은 경제를 중요시하며 사는 오늘날의 세태를 이렇게 표현했다. "경제학은 물욕, 경쟁, 과잉소비, 오만, 이기심, 근시안, 탐욕 등 인간의 여러 특성 중에서 가장 매력 없는 부분을 최고의 지위에 올려놓았다." 그의 말대로 우리는 투기적 삶에 집착하면서 가장 매력 없는 '경제적인 것들'을 위해서 정작 소중한 것을 잃어버린 채 살고 있는지도 모른다. 돈이나 경제적인 문제에만 집착하느라 삶의 중요한 부분을 놓치고 있는지도 모른다. 주변을 돌아보라. 돈에 대한 탐욕 때문에 사랑이나 우정, 인간관계, 마음의 안정과 심리적 평화 등을 놓치고 사는 사람이 얼마나 많은가. 이것도 소탐대실小貪大失이라고 부를 수 있지 않을까?

∼∼ 돈 없이는 살지 못하지만 돈만 가지고 살 수도 없다 ∼∼

자본주의 키즈를 양산하는 최근의 트렌드가 놓치고 있는 부분도 이와 비슷하다. 돈이 최고인 시대를 살면서 돈을 벌 수 있는 재무지능을 기른답시고 어릴 때부터 정작 하는 게 무엇인가? 기껏 하는 게 자녀 이름으로 주식 계좌를 만들어서 얼마 안 되는 돈으로 주식 투자 경험을 쌓게 해주는 게 고작이다. 그렇게 조기 교육을 한다고 해서 돈을 더 많이 번다는 보장이 있을까? 경제 전문가도 예측이 불가능하고 뉴턴처럼 최고의 자리에서 실무를 담당했던 사람조차 쪽박을 차는 마당에 자본주의 키즈가 미래를 더 잘 예측한다는 것은 어불성설이다. 재무지능을 길러준답시고 어릴 적부터 투자의 세계에 기웃거리게 하는 것은 도박이나 카지노를 조기 교육시키는 것과 별반 다를 게 없다.

투자를 통해 큰돈을 벌어도 문제다. 가령, 연습 삼아 시작한 투자로 운 좋게 100억 원을 벌었다고 치자. 10대의 나이에 100억 원을 손에 쥐게 된 아이는 나머지 인생을 여유롭고 행복하게 살 수 있을까? 어릴 적 큰 성공이 외려 불행을 불러오는 경우가 많다. 중국 송나라 학자 정이천程伊川이 사람에게는 세 가지 불행이 있다고 했는데, 그중 첫째가 "소년등과일불행少年登科—不幸(어린 나이의 과거 급제가 첫 번째 불행)"이다. 정이천은 어릴 적에 거둔 큰 성공이 외려 불행을 불러온다고 보았다. 어린 나이에 너무 큰 성공을 거두면 일단 세상이 만만해진다. 운 좋게 베팅 한 번으로 큰돈을 벌었으니 다음에도 동일한 결과가 나올 것이라고 생각하기 쉽다. 자신의 능력을 맹신한 나머지 실패와 좌절 따위는 자기 인생 사전에 존재하지 않는다고 생각하는 등 오만에 빠지기 십상이다. 수중에 큰돈이 들어오면 그다음부터는 어렵고 힘든 일을 기피하게 되는 것도 문제다. 어린 시절 가장 힘들고 피하고 싶은 일은 다름 아닌 공부다. 이미 충분한 돈을 벌었는데, 굳이 어렵고 힘든 공부를 할 이유가 없다. 어릴 적부터 투자에 맛을 들이면 공부를 등한시하게 된다.

도박판에서 자주 회자되는 속설 중에 '초심자의 행운Beginner's Luck'이라는 표현이 있다. 도박에 처음 입문한 초보자가 돈을 따는 기묘한 행운을 일컫는 말이다. 실제로 도박이나 주식에 처음 입문한 사람에게 행운의 여신이 미소를 짓는 경우가 왕왕 있다. 하지만 이는 일시적 행운일 뿐 장기적으로는 불운을 가져다주는 경우가 더 많다. 소설가 파울로 코엘료Paulo Coelho는 소설《연금술사》에서 초심자의 행운을 이렇게 표현했다. "무언가를 찾아 나서는 도전은 언제나 초심자의 행운으로 시작된다. 그리고 반드시 가혹한 시험으로 끝을 맺는다." 초심자의 행운이 종국에는 당사자에게 불행을 안겨준다는 뜻이다. 자본주의 키즈가 큰돈을 버는 경우도 초심자의 행운일 가능성이 높다. 처음에 돈을 벌었다고 해서 마냥 이를 실력이나 능력으로 해석해서는 곤란하다. 오히려 그럴수록 더욱 조심해야 한다.

물론 지금까지의 논의를 아예 투자를 하지 말자거나 재테크는 필요 없다는 식으로 해석해서는 곤란하다. 자본주의 사회를 살아가는 한, 투자를 전혀 하지 않거나 재테크를 외면한 채 사는 것도 그리 현명한 처사는 아니다. 다만 투자에 지나치게 열을 올리거나 그것이 삶의 전부가 되어서는 곤란하다는 얘기다. 특히 자신의 적성을 찾고 미래의 진로를 탐색해야 하는 어린 시절부터 돈에만 관심을 두는 태도는 그다지 바람직하지 않다. 세상을 살아가는 데 돈은 당연히 중요하지만 돈이 절대적이지는 않기 때문이다. 자본주의 세상을 살아가야 하지만 돈만 아는 사람으로 키우는 것은 결코 현명한 결정이 아니다.

철학자 마르틴 부버Martin Buber는 《나와 너》에서 소유물에 대한 인간의 탐욕을 경계하라는 의미에서 이런 말을 했다. "진리의 진지함으로 말하노니 그대여, 사람은 '그것' 없이는 살지 못한다. 그러나 '그것'만 가지고 사는 사람은 사람이 아니다." 여기서 부버가 말하는 '그것'은 소유물을 말한다. 이 말에 기대어 이렇게 말할 수도 있지 않을까? "사람은 돈이 없이는 살지 못한다. 그러나 돈만 가지고 사는 사람은 사람이 아니다." 돈 이외에도 우리의 삶을 풍요롭게 만드는 것은 많다. 투자나 투기, 재테크를 통해 돈을 버는 데만 집착할 것이 아니라 돈 이외에 자신의 삶을 풍요롭게 만들 수 있는 무언가를 더 많이 발견하며 살 수 있어야 한다. 자녀의 재무지능을 키워주기보다는 인생의 진정한 의미와 삶의 아름다움을 발견하는 능력을 개발해주는 것이 먼저가 아닐까.

05. N잡러

여러 개의 직업에서 가치와 보람을 느낄 수 있을까?

"오랜 시간을 함께한 의사 친구 세 명이 이제는 당신과 친구가 되기 위해 카메라 앞에 함께 섰습니다. 친구에게 이야기하듯 흥미롭고 알기 쉽게 여러분께 꼭 필요한 정보들을 전달해드리겠습니다."

의사 세 명이 모여 재미있고 쉬운 의학 정보를 알려주는 유튜브 채널 '닥터프렌즈'의 소개말이다. 2017년 개설한 이 채널은 현재 구독자 수가 100만 명이 넘는다. 진행자인 세 사람은 모두 의사라는 본업 외에 '크리에이터'라는 부업을 갖고 있다. 소위 말해 'N잡러'다. 그중 한 사람은 웹소설 작가라는 직업도 가졌다. 본업인 의사로서의 경험을 살려 외상외과 전문의가 중증외상센터를 되살리는 줄거리의 의학소설을 썼는데, 누적 다운로드 수가 수천만에 달하고 웹툰으로까지 제작될 정도로 인기를 끌고 있다.

아예 본업을 버리고 N잡러 대열에 동참하는 사람도 있다. 주 모씨(33세)는 번듯한 직장을 관두고 탁송, 배달, 대리운전에 유튜브 편집까지 여러 개의 일을 동시에 하고 있다. 그는 한 방송에서 직장에 다닐 때보다 몸은 힘들지만 시간을 자유롭게 쓸 수 있어 현재 삶에 만족한다고 말했다. 게다가 일한 만큼 수입이 생기니 경제적으로도 힘들지 않아 본업을 포기한 것을 후회하지 않는다고도 했다. 남이야 뭐라고 하든 스스로는 본인의 선택에 만족하는 셈이다. 이처럼 성공한 N잡러가 곳곳에서 등장하자 서점가에도 N잡러를 권유하는 책들이 넘쳐난다. 몇 가지만 소개하면 다음과 같다.

- 《이번 생은 N잡러: 취미로 월 천만 원 버는 법》(한승현, 2021)
- 《투잡 말고 N잡하기: 돈걱정 없이 사는 N잡러의 세계》(장이지, 이태웅 외 3명, 2022)
- 《N잡러 시대의 슬기로운 직장 생활: 가장 현실적인 자기계발과 자산관리 가이드》(정성훈, 2021)
- 《N잡러의 돈은 잠들지 않는다: 경제 방송 아나운서의 부캐(부지런한 캐시카우) 만들기 프로젝트》(여도은, 2021)
- 《신중년, N잡러가 경쟁력이다: 신중년 N잡러 23명이 전하는 인생 2막 도전 노하우》(김영기, 홍승렬 외 21명, 2021)
- 《N잡러 시대, N잡러 무작정 따라하기: 100세 시대, N잡러로 인생 2막을 준비하라!》(김영기, 김태완 외 3명, 2021)
- 《사이드잡으로 월급만큼 돈 버는 법: 슬기로운 N잡러의 퇴근 이후의 라이프》(윤소영, 2020)

책의 제목과 부제를 살펴보면, 대부분 N잡러를 통해 큰돈을 벌 수 있으며 N잡러가 새로운 인생을 위한 도전인 것처럼 소개하고 있다. 그래서일까? 실제로 현실에서도 N잡러 대열에 동참하는 사람들이 늘어나고 있다. 2021년 11월 취업 플랫폼 잡코리아가 직장인 938명을 대상으로 조사한 결과, 응답자의 38.5%가 본업 외 아르바이트나 부업을 하고 있다고 답했다. 스스로 'N잡러'라고 답한 직장인은 30대가 46.5%로 가장 많았고, 이어 20대 33.0%, 40대 이상에서도 32.5%로 나타났다. 이 대목에서 문득 이런 의문이 들게 된다. 직업은 여러 개를 가질수록 좋은 것일까? 달리 말해, N잡러가 되는 것은 바람직한 일일까? 여러 개의 직업을 가진 사람은 한 가지 일에만 충실한 사람보다 더 큰돈을 벌고, 더 행복한 삶을 살 수 있는 것일까?

자신의 생계 수단을 생산하는 행위, 직업

이미 잘 알고 있는 개념이겠지만 'N잡러'의 정의에 대해 잠시 살펴보기로 하자. 네이버 지식백과에서는 N잡러를 다음과 같이 정의한다. "두 개 이상의 복수를 뜻하는 'N', 직업을 뜻하는 'job', 사람이라는 뜻의 '러_-er'가 합쳐진 신조어로, 생계 유지를 위한 본업 외에도 개인의 자아실현을 위해 여러 개의 직업을 가진 사람을 의미한다." 이 정의에 따르면, 본업은 '생계 유지'가 목적이고, 부업은 '개인의 자아실현'과 관련이 있다. 그런데 실제 현실은 그러한가? 앞서 N잡러를 권유하는 책을 보더라도 대부분 N잡러를 선택하는 이유는 큰돈을 벌기 위함이지 자아실현이 목적인 경우는 드물다. 물론 개중에 평소 즐기던 취미를 부업으로 하다가 진정한 자아를 발견하는 일도 없진 않을 것이다. 하지만 그런 경우라면, '투잡'이면 족하지 굳이 'N잡러'까지 될 이유는 없다. 다중인격자가 아니고서야 진정한 자아가 하나 이상일 필요는 없으니 말이다.

흔히 "달걀을 한 바구니에 담지 말고, 여러 바구니에 나누어서 담아라"라고 얘기하는데 이는 투자의 세계에서나 통용되는 논리다. 이를 직업적 논리로 확장하는 것은 지나친 비약이다. 직업을 통해 자아를 실현하기란 말처럼 쉬운 일이 아니다. 자아실현이란 자신의 직업을 천직天職이라 여기고 평생을 투자한 사람만이 겨우 이룰 수 있는 심오한 경지다. 평생을 노력해도 겨우 이룰까 말까 하는 필생의 과업이다. 단순히 아르바이트나 부업으로는 좀처럼 도달하기 힘든 단계다. 부업副業은 말 그대로 (으뜸이 아닌) 버금에 해당하는 직업이란 뜻이다. 으뜸이 아닌 그다음의 직업으로 자아를 실현한다는 것은 결코 쉬운 일이 아니다.

이 대목에서 직업의 의미를 살펴보자. 인간에게 직업이란 어떤 의미일까? 단순히 먹고사는 문제를 해결하기 위함만은 아닐 것이다. 독일 사회학자 막스 베버Max Weber는 "직업은 신으로부터 부여받은 소명"이라고 주장했다. 그에 따르면, 직업적 노동은 신이 개인에게 부여한 신성한 의무이며 이를 통해 부를 획득하는 것은 "신의 축복"이다. 반대로 아무런 직업도 없이 빈둥빈둥 놀기만 하는 것은 신에 대한 모독에 해당한다. 아무튼 베버의 관점으로는 직업이 그 자체로 자아실현의 수단인지는 모르겠으나 최소한 개인에게 주어진 의무이며 우리는 그 역할을 성실히 수행해야 한다.

철학자이자 경제학자이며 혁명가이기도 한 마르크스는 인간이 노동을 한다는 점에서 다른 동물들과 구분된다면서 이렇게 주장했다. "인간은 자신의 생계 수단을 생산함으로써 자신을 동물과 구별하기 시작했다." 여기서 '자신의 생계 수단을 생산'하는 행위가 바로 직업으로서의 노동을 의미한다. 인간은 직업을 가지고 노동을 하기 때문에 여타 다른 동물들과는 다른 존재라는 뜻이다. 독일 작가 에른스트 윙거Ernst Jünger도 직업적 노동이 매우 가치 있는 활동이라면서 다음과 같이 주장했다. "노동은 주먹의, 사고의, 마음의, 밤낮의 삶의 템포이며, 과학이요, 사랑이요, 예술이요, 신앙이며, 숭배며, 전쟁이다. 노동은 원자의 진동이며, 별들과 태양을 움직이는 힘이다." 노동이 몸과 마음을 다스려 정신을 고양시키고, 이것들이 모여서 우주를 움직이게 만드는 원천이 된다는 뜻이다. 직업으로서의 노동을 지나치게 우상화하고 숭배하는 듯 여겨지기도 하지만 그만큼 신성하고 가치 있음을 강조한 말일 것이다. 베버나 마르크스, 윙거의 시각으로 보자면 N잡러의 삶을 사는 사람은 신의 의무를 다하고 인간다움을 실천하며 세상 만물과 우주를 관장하는 영웅에 가깝다.

하지만 모든 사상가가 직업적 노동을 신성하게 생각한 것은 아니다. 그리스 철학자 아리스토텔레스는 《정치학》에서 이렇게 주장했다. "노동은 노예들에게 주고 자유민들은 여가에 집중하라." 아리스토텔레스에 따르면, 노동은 본디 노예가 해야 하는 일이며 자유민은 특별한 직업 없이 여가를 즐기는 존재다. 니체도 "노동의 고귀함은 노예의 꿈"이라면서 노동의 의미를 격하시켰다. 프랑스 철학자 에밀 시오랑Emil Cioran도 노동을 부정적으로 보면서 이렇게 말한 바 있다. "일은 타락이다. 일은 사람을 자아를 가진 자가 아닌 외적 현실에 매인 가엾고 무력한 노예로 만든다." 이들은 모두 직업으로서의 노동이 본인이 원해서가 아니라 어쩔 수 없어서 하는 것이기에 피할 수 있다면 피하는 것이 좋다는 입장이다.

직업이나 노동이 긍정적이고 가치 있는 활동이라는 주장과 부정적이니 가급적 피하는 것이 좋다는 주장 중에서 어느 쪽이 옳을까? 사실 여기에는 정답이 없다. 양쪽 주장 모두 나름의 논리와 근거를 가지고 있기 때문이다. 게다가 직업을 갖는 것이 좋은가 아닌가에 대한 논쟁이 지금 현실에서는 별 의미가 없기도 하다. 왜냐하면 직업으로서의 노동이 신성한지 아닌지와 무관하게 보통 사람들은 시쳇말로 '목구멍이 포도청'인지라 직업을 갖고 노동을 해야 살 수 있기 때문이다. 운 좋게 금수저로 태어나지 않은 이상, 우리 대부분은 직업을 갖고 일을 해야 한다. 밥벌이가 아무리 지겨워도 노동은 흙수저에게는 피할 수 없는 운명이다.

N잡러의 노동에는 총체성이 없다

한편, 동일한 직업을 가졌더라도 일이나 노동에서 개인이 느끼는 의미나 만족감이 다르다. 직업의 가치나 의미는 일의 속성이 아닌 노동을 행하는 사람의 태도에 따라 달라지기 때문이다. 어떤 이는 노동을 통해 보람을 느끼거나 의미를 찾기도 한다. 반대로 열심히 노동을 했음에도 아무런 의미도 느끼지 못한 채 번아웃에 빠지는 사람도 있다. 둘의 차이는 어디서 생기는 것일까? 직업이나 일에서 의미를 찾을 수 있는가 없는가는 '노동의 총체성'과 관련이 있다. 총체성이란 노동에 참여한 사람이 최종 생산물(결과물)을 만드는 데 처음부터 끝까지 얼마나 깊이 관여했는지를 뜻한다.

게오르크 짐멜은 총체성이 결여된 상태에서는 노동의 진정한 의미를 찾을 수 없다면서 이렇게 주장했다. "우리의 힘이 하나의 전체를 창출하고 바로 그에 기반해서 자신의 고유한 통일성에 부합하게 실현될 수 없다면, 우리의 힘과 전체 사이에는 진정한 의미의 관계가 결여될 수밖에 없다." 짐멜에 따르면, 자신이 투여한 노동력과 그것을 통해 생산한 최종 결과물 사이에서 어떤 연관성이나 관계를 찾지 못하면 노동의 진정한 의미를 얻을 수 없다. 가령 찰리 채플린이 출연한 영화 〈모던 타임즈〉를 보면, 주인공 찰리는 컨베이어 벨트를 따라 움직이는 작업 공정에서 하루 종일 나사못 조이는 일만 반복한다. 그는 자신이 최종적으로 뭘 만드는지 알지도 못한 채 일부 공정에서 부분적인 업무만 반복하고 있다. 이러한 노동은 총체성이 없는 경우에 해당한다. 반면, 시골 대장간에서 호미를 만드는 대장장이를 떠올려보자. 그는 쇠붙이를 불에 벌겋게 달군 뒤 망치를 두들겨 가면서 호미의 모양을 만들어간다. 육체적으로는 매우 힘든 노동이다. 하지만 그는 원재료인 쇠붙이가 최종 생산물인 호미가 되는 전 과정에 참여하고 있다. 이런 경우가 총체성이 높은 노동에 해당한다.

생산의 전체 과정에 참여한 대장장이와 일부분에만 관여하는 찰리 중에서 노동의 진정한 의미를 느낄 수 있는 사람은 누구일까? 당연히 호미를 만드는 대장장이다. 그는 총체성 높은 노동을 하고 있기 때문이다. 이처럼 동일한 노동이라도 결과물을 만드는 데 얼마나 많이 그리고 깊이 관여했는지, 말하자면 총체성이 얼마나 높은지에 따라 당사자가 노동에서 얻게 되는 보람이나 의미가 달라진다. 총체성이 높은 노동에 참여한 대장장이는 자신이 힘들여 만든 결과물을 보면서 뿌듯함을 느낄 수도 있다. 경우에 따라서는 "호미 하나만큼은 내가 만든 게 최고지!"라면서 자부심을 가질 수도 있다. 흔히 이름 앞에 '장인匠人'이라는 호칭이 붙는 사람이 여기에 해당한다. 반면 〈모던 타임즈〉의 찰리처럼 총체성이 낮은 노동에 임하는 사람은 자신이 행한 노동에 의미를 부여하거나 보람을 느끼지 못한다. 최종 결과물을 만드는 데 있어 자신이 어떻게, 얼마나 기여했는지 알 수도 없고, 설령 안다 하더라도 기여도가 극히 미미할 때가 많기 때문이다. 따라서 직업이나 일에서 의미나 보람을 찾고 싶다면 가급적 총체성이 높은 노동을 해야 한다.

N잡러가 하는 노동은 총체성이 높을까, 낮을까? 물론 개인마다 다르고, 어떤 형태인가에 따라 결과가 다를 것이다. 짐멜에 따르면, 오늘날에는 분업화가 진행되면서 노동의 진정한 의미를 찾기가 점점 어려워지고 있다. "노동이 고도로 전문화되면서 이와 같은 방식으로 노동자의 존재 양식과 그가 생산한 생산물의 존재 양식 사이에 부적합성이 생겨나며, 그 결과로 생산물은 아주 쉽고 철저하게 노동자로부터 분리된다." 오늘날에는 대부분의 기업이 생산성을 높이기 위해 전체를 여러 부분으로 쪼개서 개인에게 할당하는 분업화를 시도하고 있는데, 이로 인해 전반적으로 노동의 총체성이 낮아졌다. 분업화는 노동과 최종 결과물 사이의 연결 관계를 모호하게 만들고 노동자와 생산물을 분리시켰다. 그 결과 노동자는 자신의 노동에서 의미를 찾기도 어려워졌고 보람이나 즐거움을 느끼기도 힘들어졌다.

그럼에도 여전히 총체성을 갖춘 노동은 존재한다. 짐멜은 그런 예를 예술가들에게서 발견했다. 그는 이렇게 주장한다. "예술 작품은 본질상 다수의 노동자에게로 노동이 분할되는 것에 완전히 역행한다. 예술 작품은 인간의 모든 작품들 가운데 가장 완결된 통일성이요, 가장 자족적인 총체성이다." 짐멜에 따르면, 예술 작품을 만드는 예술가들은 분업화에 내몰린 노동자들과 달리 여전히 노동의 분할로부터 자유롭다. 그들은 자신의 힘으로 예술 작품 전체를 관장하고 작품을 만드는 과정의 시작부터 끝까지 참여하는 등 전체적인 통일성과 자족성을 유지한 채 노동에 임하고 있다. 한마디로 예술은 본질적으로 총체성이 높은 노동이다. 분업화된 공장 근로자의 노동과 예술가의 노동은 질적으로 다르다고 볼 수 있다.

짐멜은 예술가의 노동이 영혼의 표현이라면서 이렇게 주장했다. "예술 작품의 이러한 내적 완결성은 그 안에서 하나의 주관적이고 통일적인 영혼이 표현된다는 사실을 의미한다. 예술 작품은 오로지 한 사람만 요구하지만, 어디까지나 그의 가장 중심적인 내면성을 요구한다. 또한 예술 작품은 그 형식에 힘입어 주체를 가장 순수하게 반영하고 표현함으로써 이에 보답한다." 예술가처럼 총체성이 높은 노동을 하는 사람은 자신의 노동에 영혼을 쏟아 붓는다. 그렇기 때문에 그가 만든 결과물은 예술 작품이 되는 것이다. 그런 의미로 보자면, 앞서 예로 든 시골의 대장장이는 노동자가 아니라 예술가다. 그가 만든 호미는 농기구가 아니라 예술 작품이다. 이렇듯 노동과 예술은 그리 멀리 떨어진 개념이 아니다. 자신이 투입한 노동과 최종 결과물 사이의 연관성을 찾으면서 그것에 자신의 영혼을 쏟고 있다면 그는 총체성 있는 노동을 하는 것이며 예술 작품을 만들고 있는 셈이다.

다시 N잡러의 노동으로 돌아가보자. N잡러가 선택한 다양한 직업은 총체성 없는 노동인가, 예술인가? 물론 사람마다 다를 것이다. 하지만 생계 때문에 어쩔 수 없이, 또는 큰돈을 벌 목적으로 이런저런 직업을 선택했다면 그 상태는 총체성 없는 노동일 가능성이 높다. 본디 예술은 배고픈 직업이기 때문이다(물론 예술을 통해 큰돈을 버는 경우도 있는데, 이는 오랜 기간 배고픔의 과정을 견뎌낸 소수의 예술가에게만 해당되는 얘기다). 예술가가 예술가인 이유는 그가 생계와 무관하게 특별한 작품을 만들기 위해 열과 성을 쏟기 때문이다. 사실 예술가의 길은 아무나 흉내 낼 수가 없다. 예술적 성취를 위해 사회적 시선이나 배고픔 정도는 거뜬히 견딜 배포가 있어야 비로소 예술가의 길로 접어들 수 있다.

직업을 여러 개 갖는 일은 결코 쉽지 않지만 그렇다고 바람직하지도 않다. 신이 개인에게 여러 개의 사명을 부여하지도 않았거니와 이것저것 하다가는 어느 것도 제대로 할 수 없기 때문이다. 사실 N잡러가 된다는 것은 어느 하나 만족스러운 일자리가 없다는 뜻이기도 하다. 부업에도 질적 수준이 있다. 본업에서 채우지 못한 돈벌이를 만회할 목적으로 행하는 부업이라면 대체로 가치가 낮은 일자리일 가능성이 높다. 제대로 된 부업은 먹고살 여유가 있는 사람이 취미 삼아 하는 것이다. 자신의 본성을 찾고, 잠재력을 발견하기 위해 행하는 활동이어야 진정한 부업이라 할 만하다.

결국 오늘날 N잡러 현상이 바람직한지 아닌지는 돈을 얼마나 많이 버는가와는 관련이 없다. 부업으로 선택한 일을 통해 '얼마나 가치와 보람을 느낄 수 있는가'가 관건이다. 노동으로서 총체성이 얼마나 높은가, 또는 예술적 성취를 얼마나 얻을 수 있는가가 핵심이다. 이것이 없다면 잘나가는 N잡러를 부러워할 필요가 없다. 그가 아무리 큰돈을 번다 할지라도 말이다.

PART 2

욕망의 진화, 사람들이 원하는 것은 무엇인가?

01. 편리미엄

가치 소비인가, 자기합리화인가?

고전 경제학에서는 인간을 합리적 판단을 내리는 이성적 존재라고 가정한다. 이성적 존재인 인간은 물건을 구매할 때도 가격 대비 성능의 비율, 즉 가성비價性比를 따져서 그것이 본인에게 얼마나 큰 효용을 주는지를 고려한 후 구매 의사결정을 내린다. 가령, 어떤 물건이 지불하는 가격 대비 성능이 뛰어나다면 그것을 구매하는 것은 합리적인 의사결정이다. 반면, 성능이 아무리 뛰어나더라도 가격이 지나치게 비싸면 구매해서는 안 된다. 그 상태는 효용성이 낮은 의사결정이기 때문이다. 이렇듯 가성비를 따지는 행위는 당사자가 합리적이고 이성적인 존재임을 보증하는 기준이다.

최근에는 이러한 가성비를 모방한 유사 개념들이 많이 등장하고 있다. 대표적인 것이 '가심비價心比'다. 가심비란 가격 대비 마음의 만족을 추구하는 소비 형태를 말하는데, 가격 대비 성능을 중시하는 가성비에서 파생된 표현이다. 즉 가격 대비 '심리적 만족감'을 중요시하는 상황을 뜻한다. 가성비를 따질 때는 주로 가격이 싼 제품이 우선이 되지만 가심비를 추구할 때는 가격이 조금 비싸더라도 자신의 만족감을 충족시킬 만한 제품을 우선순위로 둔다. 이러한 가심비는 서울대 소비트렌드분석센터가 전망한 '2018년 소비 트렌드' 중 하나로 선정되기도 했다. 가심비가 소비 트렌드로 대두하자 기업들은 제품의 성능을 높이려는 노력 이외에 어떻게 하면 소비자의 만족감을 높일 수 있을지를 고민하게 되었다.

최근에는 '가안비價安比'라는 말도 등장했다. 가안비는 '가격 대비 안전'의 줄임말로 비용을 좀 더 지불하더라도 안전과 건강을 고려하는 소비를 뜻하는 말이다. 안전의 중요성이야 과거부터 누차 강조되어왔지만 코로나 팬데믹 이후로 건강과 안전만큼은 스스로 지켜야 한다는 인식이 확산하면서 가안비를 추구하는 소비가 증가했다. 고성능 필터가 들어 있는 마스크를 대량으로 구매하거나 과거에는 굳이 구매하지 않았던 손 소독제, 소독용 물티슈 등 전염병 확산에 대비하는 물건의 구매가 확연히 늘어났다. 이처럼 안전을 고려하는 소비는 보건 안전뿐만 아니라 더 넓은 분야로 확산하여 화재에 대비하는 소화기, 낙상을 방지하는 미끄럼 방지 매트, 살균 램프 및 살균수 제조기 등 다양한 영역에서 안전 관련 상품의 소비 증가로 이어졌다.

부가적인 가치에 비용을 지불하는 형태도 증가하고 있는데, 그 일환으로 생겨난 개념이 바로 '편리미엄'이다. 편리미엄은 '편리함'과

'프리미엄'을 결합한 용어로, 소비자들이 시간과 노력을 아낄 수 있는 편리한 상품이나 서비스를 구매하는 경향을 말한다. 식음료 분야에서 이미 손질된 재료를 데우기만 하면 바로 먹을 수 있는 간편식이나 즉석조리식품이 부상하고 있으며, 가전업계에서는 가사의 부담을 덜어주는 의류건조기나 식기세척기의 판매가 늘고 있다. 오늘날 소비자는 가성비, 가심비를 넘어 시간과 노력을 아낄 수 있는 편리함에 기꺼이 비용을 지불할 태세를 갖추었다. 시간을 절약하고 편리함을 얻을 수만 있다면 기존 상품보다 추가 비용이 들더라도 구매를 망설이지 않게 된 것이다.

합리적 소비의 대명사라 일컬어지는 가성비에 이어 가심비, 가안비, 편리미엄 등 새로운 소비 패턴이 등장하는 배경에는 현대인들이 추구하는 가치가 과거보다 다양해졌다는 의미가 내포되어 있다. 혹자는 이러한 다양한 가치에 비용을 지불하는 소비 형태를 '가치 소비'라고 부르기도 한다. 가치 소비란 자신이 가치를 부여하거나 본인의 만족도가 높은 물건을 과감히 소비하는 성향을 지칭한다. 앞서 보았듯이 오늘날 소비자들은 다양한 가치를 추구하고 자신이 원하는 가치를 주는 물건을 사기 위해서라면 누가 뭐래도 지갑을 연다. 이러한 경향을 눈치 챈 기업들은 소비자들의 다양한 가치를 자극하고 그것이 구매로 이어질 수 있도록 온갖 노력을 기울인다.

오늘날 소비자들이 가성비를 넘어 가심비, 가안비, 편리미엄 등 다양한 가치 소비를 즐기는데, 이러한 현상은 과연 바람직하다고 볼 수 있을까? '내돈내산(내 돈 주고 내가 산 물건)'이라서 딱히 왈가

왈부할 일은 아니지만, 그 행위가 진정으로 효용성을 높이는지에 대해서는 한번 생각해볼 필요가 있다. 하나하나 살펴보자.

~~~~~ 자발적인 욕구인가, 고도의 마케팅인가? ~~~~~

가심비란 가격 대비 심리적 만족감을 고려하여 구매 의사결정을 내리는 행위를 말한다. 그런데 과연 가심비는 측정이 가능한 지표일까? 가령, 어떤 사람이 하나에 1,000만 원 하는 명품 가방을 샀다고 치자. 자신이 평소 좋아하는 브랜드에서 신상품이 나왔는데 딱 자기가 원하는 스타일이었다. 시중에는 비슷한 소재와 기능을 가진 나쁘지 않은 가방을 대략 50만 원 정도면 구매할 수도 있는 상황이다. 가성비로만 따지면 스무 배나 되는 가격을 지불한 셈이다. 하지만 그는 자신의 구매 의사결정이 잘못되었다고 생각하지 않는다. 그 명품 가방이 주는 심리적 만족감은 50만 원짜리 가방이 주는 만족감의 스무 배를 뛰어넘기 때문이다. 가성비를 따지면 과한 지출일 수 있지만 가심비로 보면 충분히 합리적인 선택이라는 생각이다.

가심비를 기준으로 1,000만 원짜리 명품 가방을 구매한 사람의 논리는 일견 타당해 보인다. 하지만 그의 도식에는 맹점이 있다. 우선 심리적 만족감이 스무 배라는 전제가 애매하다. 물론 구매 당시에는 만족도가 스무 배 이상일 수 있다. 하지만 시간이 지나서도 그 만족도가 지속된다는 보장은 없다. 대체로 인간의 마음은 시도

때도 없이 흔들리고 변한다. 특정한 물건에 대해 사용자가 느끼는 만족도는 그것을 구매하는 시점과 사용하는 시점에서 차이가 생기는 경우도 흔하다. 백화점에서 물건을 구입할 때는 만족감이 너무 커서 가치가 있다고 생각했는데 막상 사용하다 보면 마음이 변하기도 한다. 이미 구매한 상품 중에 비슷한 물건이 있거나 해당 브랜드에서 신상품이 나오면 갑자기 만족도가 떨어질 때도 있다.

대개 사람들은 어떤 물건에 대해 평가를 할 때, 그것의 가치는 물건이 가진 특성에 의해 결정된다고 믿지만 이는 잘못된 생각이다. 사물의 가치는 물건 자체가 아닌 그것을 '사용하는 사람'에 의해 결정된다. 가령, 돈 많은 재력가에게는 수천만 원이나 수억 원을 호가하는 명품 시계가 그만한 가치가 있는 물건일 것이다. 하지만 유치원생에게는 명품 시계보다는 만 원짜리 장난감이 더 가치 있지 않을까? 이제 막 사회생활을 시작한 직장인이 첫 월급을 탄 기념으로 명품 가방을 사면 만족감이 엄청나게 크겠지만 이미 명품 가방을 여러 개 가진 사람이 추가로 명품을 구매하면 감동이 그다지 크지 않다. 요컨대, 사물의 가치는 물건이 아니라 사람의 함수에 가깝다. 따라서 가심비를 따지는 소비도 구매자의 심리 상태에 따라 수시로 달라진다고 보는 편이 타당하다. 구매 시점에서 가심비가 높았던 물건이라도 시간이 지나면서 만족도가 낮아지기 쉽다.

'가안비'의 경우도 마찬가지다. 유비무환有備無患이란 말처럼 예상되는 위험에 대비하여 미리 안전책을 마련하는 것이 나쁜 일은 아니다. 하지만 인간이 모든 위험에 대비하는 것 자체가 불가능하다는 점도 인식할 필요가 있다. 독일의 사회학자 울리히 벡Ulrich Beck은 오늘날 현대사회는 과학기술의 발전을 통해 물질적으로 풍요로워졌지만 이와 동시에 그로 인한 위험요소도 함께 증가했다고 진단하면서 지금 상태를 '위험 사회'라고 명명했다. 예컨대 지금 우리는 원자력 발전소의 방사능 유출이나 광우병·조류 인플루엔자·코로나와 같은 새로운 바이러스의 창궐, 지구 온난화로 인한 이상기후 등 다양한 위험에 노출된 채로 살아가고 있다. 무엇보다 심각한 것은 그러한 위험이 어쩌다 한 번씩 발생하는 예외적인 현상이 아니라 '일상적인 현상'이 되고 있다는 점이다. 게다가 위험의 속성이 불확실하고 통제가 불가능하다는 점도 무시할 수 없다. 따라서 가안비 제품을 아무리 사용한들 모든 위험으로부터 벗어날 수는 없다.

물론 가안비 제품을 사용하는 사람이 그렇지 않은 경우보다 위험에 노출되는 정도는 낮을 것이다. 하지만 그러한 위험이 정말로 가안비 제품을 사용해야만 방지되는지는 의문이다. 기업이 사용하는 마케팅 수단 중에 '공포 마케팅Fear Marketing'이라는 것이 있다. 소비자에게 공포감을 불러일으켜 물건을 구매하도록 유도하는 마케팅 기법인데, 안전이나 생명에 대한 위협, 건강에 대한 불안 심리를 자극하는 것이 이들의 단골 메뉴다. 즉 가안비 제품은 소비자의 안전을 담보할 목적으로 만들어졌다고 볼 수도 있지만 공포 마케팅의 결과로 생겨난 측면도 무시할 수 없다. 공포 마케팅에서는 주로 해당 분야의 전문가의 입을 빌려서 '이런저런 위험이 있으니 미리미리 대비해야 한다'는 식으로 공포감을 조성한 뒤, 그 위험에서 벗어나게 해주는 상품을 구매하도록 소비자를 부추긴다.

오스트리아 출신의 철학자 이반 일리치Ivan Illich는 《전문가들의 사회》에서 전문가를 다음과 같이 정의했다. "전문가들은 우리에게 무엇이 필요한지를 알려주고 처방할 권한까지 주장하는 사람들이다." 그에 따르면, 의사라는 전문가는 병이 무엇 때문에 생겼는지, 또 치료해야 할 질병이 무엇인지를 알려주는 사람이다. 그로 인해 "전에는 그저 '아픔Ill'에 불과했던 것들이 의사가 치료해야 할 '질병Illness'이 되면서 사람들은 가벼운 병이나 심지어 불편한 정도의 증상에 대해서까지도 대처할 의지와 능력을 잃게 되었다." 의사들이 전문가의 지위를 이용하여 치료해야 할 질병이 무엇인지를 정해주는데, 그로 인해 사람들이 스스로 치유할 수 있는 사소한 '아픔'마저도 의사의 도움을 받아 치료해야 할 '질병'이 되었다는 얘기다. 예컨대, 요즘 아이들 사이에 자주 나타나는 ADHD(주의력결핍 과다행동장애)는 과거에는 질병이 아니었던 시절도 있었다. 아이들은 으레 주의가 산만하고 집중력이 부족한 존재라고 생각했다. 자연스러운 성장 발달 단계이며 시간이 지나면 저절로 치유되는 것이라고 여겼다. 하지만 전문가들이 그 증상에 특정한 명칭을 붙인 이후에는 의사의 처방과 치료를 필요로 하는 질병이 되고 말았다.

오늘날 공포 마케팅의 결과로 사람들에게 심어진 가안비라는 관념도 어쩌면 이와 비슷한 것이 아닐까? 각 분야의 전문가들이 특정 위험을 부각시키고 그것을 방치하면 큰일이라도 날 것처럼 심각성을 한껏 부풀린 후 소비자의 지갑을 열게 만드는 방식 말이다.

소비자들이 가안비를 고려할수록 누군가는 뒤에서 흐뭇한 미소를 짓고 있는지도 모른다. 심하게 표현하면 가안비라는 인식은 안전을 갈망하는 소비자의 자발적 욕구라기보다는 공포 마케팅이 빚어낸 결과물일 가능성도 배제할 수 없다.

'편리미엄'에 대한 인식도 마찬가지다. 본디 편리함이란 물건을 구매할 때 고려해야 할 여러 요소 중 하나일 뿐이다. 현명한 소비자는 물건을 구매할 때 상품의 성능과 가격뿐만이 아니라 그것을 사용했을 때 얻을 수 있는 편익을 함께 고려한다. 소비자는 여러 가지 구매 의사결정 기준을 종합적으로 판단하여 가장 높은 점수가 매겨진 제품을 고르게 된다. 이때 여러 요소 중 단 한 가지에 불과한 '편리함'에 특별히 프리미엄을 붙이는 것은 매우 이상한 일이다. 물론 개인의 욕구나 상황에 따라 특정 요소에 가중치를 두는 경우는 있다. 하지만 유독 '편리함'에만 높은 점수를 부여하는 것은 그다지 이성적이고 합리적인 결정이 아니다. '편리미엄'이라는 용어 때문에 특별히 편리함에 더 높은 비용을 지불하는 결정은 전체적인 요소를 골고루 고려하지 않고 특정한 지표에 편중된 것으로, 이는 의사결정의 합리성을 왜곡하는 요인으로 작용할 수도 있다.

한편, 소비생활에서 지나치게 편리함만을 추구하는 것이 바람직한 방향인지도 생각해볼 문제다. 이반 일리치는 간디의 오두막을 다녀온 뒤에 편리함을 추구하는 현대인의 삶을 비판한 적이 있다. 그는 집과 주택을 구분하면서 온갖 편의시설로 가득한 '주택'에 사는 현대인이 겪는 부작용에 대해 이렇게 지적하였다. "우리는 살아가면서 모으는 갖가지 가구나 물건이 결코 내면의 힘을 키워주지 못한다는 사실을 이해해야 합니다. 그런 것은 말하자면, 장애인의 목발과 같습니다. 그런 편의를 더 많이 가질수록 거기에 더 많이 의존하게 되고 삶이 그만큼 더 제약을 받습니다. (…) 온갖 편의를 짜넣은 주택은 우리가 약해졌음을 보여주고 있습니다. 우리는 살아갈 힘을 잃을수록 재화에 의존합니다."

일리치에 따르면, 현대의 도시인들은 각종 편의시설이 가득한 주택에서 살면서 얼마간의 편리함을 얻기도 했지만 그로 인해 대가를 지불해야 했다. 어떤 대가일까? 바로 편리함을 추구할수록 무언가를 혼자 해내거나 스스로 살아갈 힘을 잃고 만다는 점이다. 우리가 편리함을 선택하면 점점 물건에 대한 의존성이 높아지고, 그 결과 혼자서 할 수 있는 능력과 내면의 힘을 키우는 데 실패하게 된다. 평소 자동차로만 등하교를 한 아이는 매일 십리 길을 도보로 걸어다닌 아이보다 다리 근육이나 심폐기능, 지구력 등이 좋을 리가 없다. 편리함을 추구할수록 의존성이 커지고 자생력은 파괴되는 법이다. 따라서 소비에서 편리함의 추구는 어느 정도 당연한 면이 있다 할지라도 프리미엄까지 얹어 비용을 지불하는 것은 여러모로 좋지 않다. 그것은 별로 중요하지 않은 것에 추가 비용을 들이는 일이며 궁극적으로 스스로 살아갈 힘을 약화시키는 결과를 가져오기 때문이다.

결국 우리는 소비 과정에서 가심비, 가안비, 편리미엄 등을 고려하는 것이 정말로 합리적인 선택인지, 나아가 그것이 좋은 결과를 가져오는지 냉철히 따져볼 필요가 있다. 또한 그런 요소들을 따지기 이전에 특정한 물건을 왜 구매하려 하는지도 생각해봐야 한다. 가심비를 따지고, 가안비를 생각하는 행위가 마치 당사자의 욕망에서 출발했다고 생각하기 쉬운데, 의외로 누군가에 의해 주입된 것을 무비판적으로 수용한 결과일 수도 있기 때문이다. 물건의 구매 의사결정 과정에서의 합리성이 문제가 아니라, 해당 물건을 구입하겠다고 마음 먹는 단계에서의 합리성이 보다 근원적인 문제라 할 수 있다. 자신이 욕망하지도 않고 생활에 별 필요도 없는 물건이라면 아무리 합리적인 의사결정 과정을 거치더라도 쓸데없는 낭비이기 때문이다.

～～～ 사물의 가치는 물건이 아닌 사람에게 있다 ～～～

오늘날 현대인들이 가심비를 따지고, 가안비를 고려하고, 편리미엄을 생각하는 등 물건 구매 시 다양한 가치를 상정하는 행위는 그만큼 우리가 소비지상주의에 물들었다는 반증일 수도 있다. 만약 그런 상태라면, 그래서 과소비와 불필요한 소비를 남발하는 상황이라면 우리의 행동에 아무리 그럴듯한 논리를 갖다 대더라도 삶은 풍요로워지지 않는다. 사실 삶의 만족이나 풍요로움은 물건을 많이 가진다고 생기는 것이 아니라 작은 물건이라도 소중하게 여길 때 얻을 수 있는 감정이다. 평생 무소유의 삶을 실천하려고 노력했던 법정 스님에게는 다음과 같은 일화가 전해진다. 스님은 누군가가 사다 준 작은 다기茶器를 매우 소중하게 생각하며 잘 사용하고 있었다. 그러던 중 대만에 갔다가 우연히 비슷한 제품을 발견하여 몇 개를 더 사왔다. 그랬더니 처음 하나를 가졌을 때의 소중함과 살뜰함이 사라져버렸다는 것을 깨달았다. 그러면서 스님은 다음과 같은 말을 남겼다. "하나가 필요할 때는 하나만 가져야지 둘을 갖게 되면 당초의 그 하나마저도 잃게 된다."

대체로 물건의 가치나 소중함은 풍족함이나 편리함과는 상극의 관계다. 평소 풍족함이나 편리함 속에 사는 사람은 정작 소유물의 가치를 모르는 경우가 많다. 궁궐 같은 저택에 살면서 화려한 옷과 보석에 둘러싸여 사는 공주나 왕자는 웬만한 물건에는 감흥이나 만족감을 느끼지 못한다. 기존에 가진 것들이 새로운 물건의 가치를 평가절하시키기 때문이다. 반면에 별로 가진 것 없이 청빈하게 사는 사람에게는 모든 것이 가치 있는 선물이 된다. 요컨대 사물의 가치는 물건이 가진 특성이 아니라 당사자가 느끼는 결핍의 정도에 달렸다.

이런 논리로 보자면 현실의 재물과 마음의 풍요로움은 반비례 관계에 있다고 볼 수 있다. 재물이 많을수록 만족과 감사를 느끼기 어렵다. 이것이 역사상 가장 풍요로운 문명 생활을 누리는 현대인들이 심적으로는 가장 빈곤한 상태에 놓인 이유이기도 하다. 우리가 가심비, 가안비, 편리미엄 등을 따져가며 가치 소비에 열을 올리는 동안 정작 물건의 소중함을 인식하는 능력을 잃어가고 있지는 않은지 생각해볼 필요가 있다. 중요한 것은 소비 과정의 효율성이나 합리성이 아닌 물건의 가치와 소중함을 느낄 수 있는 감수성이다.

02. 펀슈머

언제나 재미를 추구하는 것은 올바른 태도일까?

인간을 다른 동물들과 구분할 때 사용하는 표현이 여럿 있는데, '호모 루덴스Homo Ludens'도 그중 하나다. '호모 루덴스'란 네덜란드 역사학자인 요한 하위징아Johan Huizinga가 명명한 개념으로, '놀이하는 인간'이란 뜻이다. 그가 보기에 인간은 다른 동물들과 달리 놀이를 즐긴다는 특성을 가졌다. 놀이를 통해 유희와 즐거움을 찾는 것은 인간만이 가진 고유한 본성이란 뜻이다.

간혹 시골 어르신들이 야유회에 가서 노는 모습을 보면 역시 그 말이 맞구나 하는 생각이 든다. 한이라도 맺힌 듯 "노세 노세 젊어서 놀아, 늙어지면은 못 노나니~" 노래를 부르곤 하는데, 그들의 노래를 듣다 보면 '호모 루덴스'로 태어나 제대로 놀아보지도 못하고 늙어버린 것에 대한 후회와 한탄이 가득하다. 그래서 하루라도 젊은 지금이라도 노는 데 열중하자고 외치는 것이다.

아닌 게 아니라 지금의 기성세대인 어르신들은 인간 특유의 본성인 놀이의 정신을 잃어버린 채 산 경우가 많았다. 먹고사는 것만도 버거운 현실 앞에서 놀이를 찾고 유희를 즐길 만한 여유가 전혀 없었던 탓이다. 목구멍이 포도청인 상태에서는 놀고 싶어도 놀 수가 없다. 먹고살기에도 바쁜 서민들에게 신선놀음이란, 그야말로 그림의 떡에 불과하다. 인간을 '호모 루덴스'로 규정하고 놀이로서 문명의 역사를 연구했던 하위징아도 고대인들은 생활 자체가 대부분 놀이로 가득했는데, 현대로 오면서 인류가 놀이의 정신을 잃어버렸다고 진단했다. 놀이의 본질은 재미Fun인데, 놀이의 정신을 잃어버린 현대인들은 과거에 비해 재미없는 일상을 살고 있는 셈이다. 그런 이유로 하위징아는 잃어버린 '놀이의 정신'을 되찾아야 한다고 강조했다. 놀이를 즐겨야 삶이 재미있어지고, 그래야만 행복을 맛볼 확률도 높아지기 때문이다.

안타깝지만 우리나라의 기성세대는 하위징아의 조언을 곧이곧대로 따를 수가 없었다. 그들이라고 놀고 싶은 마음이 없진 않았을 것이다. 하지만 놀이에 대한 욕망보다는 생존, 즉 배고픔에 대한 현실적 요구가 더욱 절박했다. 그러다 보니 울며 겨자 먹기로 밥벌이에 매진할 수밖에 없었다. 본디 이상과 현실 사이에는 상당한 괴리가 있는 법이니까.

그런데 최근 하위징아의 말을 앞장서서 실천하는 이들이 생겨났다. 일상의 모든 부분에서 재미와 즐거움을 최우선으로 고려하기 시작한 MZ세대의 등장이다. 이들은 즐거움을 주는 활동이라면 적극적으로 찾아 나서고 재미를 얻을 수 있다면 기꺼이 지갑을 연다. 이런 행동이 가능한 배경에는 일상에서 놀이와 즐거움을 배제한 채 밥벌이에 매진한 부모의 '뒷배'가 크게 작용했을 것이다. 열심히 노동에만 몰두한 부모를 둔 덕에 당장 굶어 죽을 걱정을 덜게 된 이들은 대신 재미와 즐거움으로 눈을 돌렸다. 말하자면 오늘날 MZ세대는 부모 세대가 잃어버린 놀이 본성을 되찾기 시작한 것이다.

～～ 잃어버린 본성을 찾은 새로운 시대의 젊은이들 ～～

호모 루덴스로서의 본성을 되찾으려는 노력은 젊은 세대를 중심으로 벌어지고 있는 '재미 추구 경향' 트렌드에서 엿볼 수 있다. 현대인들의 재미 추구 경향은 특히 소비 활동에서 두드러지는데, 이들을 통칭하여 부르는 용어가 있다. 바로 '펀슈머Funsumer' 라는 개념이다. 펀슈머란 재미를 뜻하는 'fun'과 소비자를 뜻하는 'consumer'를 합친 말로, 물건을 구매할 때 재미에 대한 경험을 중시하는 소비자를 뜻한다. 펀슈머는 상품을 구매할 때 물건이 가진 기능이나 가격 등 전통적인 가치 척도를 기준으로 삼지 않는다. 오히려 그것을 통해 얼마나 재미와 즐거움을 얻을 수 있는지에 주목한다. 이들은 특정 상품이 재미와 즐거움을 준다면 가격에 상관없이 기꺼이 지갑을 열기도 한다. 또 소비 과정에서 재미나 즐거움을 맛보면 그것을 혼자서만 즐기지 않고 소셜미디어를 통해 다른 사람에게 자랑하면서 공유한다. 이 때문에 편슈머의 소비는 해당 가치를 공유하는 다른 사람들에게 빠르게 확산된다.

재미를 추구하는 경향은 소비 과정에만 그치지 않는다. 소득 수준이 높아지고 인간 수명이 연장되면서 건강과 다이어트에 대한 관심이 증가하고 있는데, 이에 발맞추어 헬스케어 분야에서도 재미와 즐거움을 찾는 경향이 높아졌다. '헬시 플레저Healthy Pleasure'라는 신조어가 생겨난 배경도 이와 무관하지 않다. 헬시 플레저란 '즐겁게 건강을 관리한다'는 뜻으로, 전 세계를 강타한 코로나 팬데믹 이후 건강 관리가 중요한 화두가 되면서 새롭게 떠오른 개념이다. 전염병 우려 때문에 외부 활동이 현저히 줄어들면서 자연스럽게 집 안에서 하는 운동인 '홈트Home Training' 열풍이 시작되었는데, 이때 신체 단련의 효과성만이 아니라 그 과정에서의 즐거움 추구가 핵심 요소로 등장했다. 이왕 하는 김에 좀 더 즐겁게 할 수 있는 방법을 찾는 것인데, 이러한 변화의 조짐을 헬스케어 기업들이 놓칠 리 없었다. 그렇게 헬스 관련 분야의 기업들은 어떻게 하면 소비자들이 즐겁게 운동하면서 건강 관리를 할 수 있을지를 고민했고, 그 결과 재미와 즐거움을 맛볼 수 있는 다양한 상품과 솔루션을 새롭게 내놓기 시작했다. 이제 건강 관리 상품도 기본 기능 외에 재미와 즐거움이 추가되어야만 소비자의 선택을 받을 수 있는 시대가 된 것이다.

이러한 재미 추구 경향은 젊은 세대가 관심을 많이 갖는 다이어트 분야에서 특히 두드러진다. 요즘 다이어트를 하는 젊은이들 사이에 자주 언급되는 말 중에 '어다행다'라는 표현이 있다. '어차피 다이어트를 할 거라면 행복하게 한다'의 줄임말인데, 이 또한 최근의 헬시 플레저 트렌드를 잘 보여주는 표현이다. '어다행다'를 지향하는 이들은 엄청난 인내와 고통이 요구되는 다이어트보다는 스트레스를 덜 받고 중도에 포기하지 않는 '행복한 다이어트'를 목표로 한다. 다이어트를 통해 체중을 얼마나 감량했는지도 중요하지만 그 과정에서의 재미나 즐거움도 포기할 수 없다. 다이어트 효과가 아무리 뛰어나도 과정의 즐거움이 없다면 소비자의 외면을 받는 시대가 된 것이다.

~~ 재미의 추구가 늘 좋은 결과를 가져오지는 않는다 ~~

이처럼 일상의 모든 분야에서 재미를 추구하는 경향은 어떻게 봐야 할까? 우선 호모 루덴스를 강조했던 요한 하위징아의 조언을 따른다는 관점에서는 분명히 긍정할 만한 면이 있다. 또 재미나 즐거움을 통해 만족이 높아지고 행복감을 맛볼 수 있다면 이 또한 나쁠 게 없다. 하지만 모든 활동에서 재미를 추구하는 것이 정말 바람직한 일인가에 대해서는 깊이 숙고해볼 필요가 있다. 쾌락을 추구하는 것이 행복한 삶의 원칙이라고 강조했던 그리스 철학자 에피쿠로스Epicouros조차 모든 쾌락을 선택해서는 안 된다고 강조했다. 그는 쾌락을 중요하게 생각했지만 모든 쾌락을 추구하기보다는 취사선택을 잘해야 한다고 보았다. 어떤 종류의 쾌락은 그것을 추구함으로써 행복보다는 불쾌한 일이 뒤따를 수도 있기 때문이다. 예컨대, 음주를 통한 쾌락 추구가 그러하다. 술을 마셔 일시적인 쾌락을 느끼지만 그로 인해 다음 날 더 큰 불쾌감을 느끼곤 하지 않는가.

재미와 즐거움을 추구할 때도 이와 비슷한 위험이 뒤따른다. 대체로 일시적인 만족감을 가져오는 쾌락은 그 순간만큼은 당사자를 행복하게 만든다. 하지만 이를 지나치게 탐하면 불쾌감을 넘어 삶이 송두리째 망가지기도 한다. 실제로 주색잡기酒色雜技에 빠져 인생을 탕진하는 사람도 부지기수다. 앞서 언급한 프랑스 철학자 자크 데리다의 "악은 선의 결핍이 아니라 본질의 결핍에 있다"는 말을 기억해보자. 대체로 본질을 도외시한 쾌락의 추구는 불쾌감을 가져다주는 것으로 끝나곤 한다.

일상에서 재미나 즐거움을 지나치게 추구하는 것을 마냥 긍정적으로 볼 수 없는 이유도 바로 이 때문이다. 예를 들어 공부도 즐겁게 하는 것이 좋다고 생각한 학생이 이어폰을 끼고 음악을 들으면서 수업을 듣고 있다고 치자. 좋게 해석하면, 공부와 즐거움이라는 두 마리 토끼를 동시에 잡을 요량일 수도 있다. 하지만 그 상태를 긍정할 수만은 없다. 음악을 들으면서 동시에 수업을 듣는다는 것은 수업에만 집중하지 않겠다는 뜻이다. 이 상태는 공부라는 본질에 충실하지 못한 것이고 학생으로서 본분을 다하지 않는 것이다. 물론 학생이라고 공부만 해야 한다는 뜻은 아니다. 때로는 틈틈이 재미와 즐거움도 누려야 한다. 하지만 그것은 어디까지나 공부와는 별개로 해야 하는 것이다. 둘을 대충 섞어놓으면 죽도 밥도 아니게 된다.

현대인들이 지향하는 '재미 추구 경향'도 이와 비슷할 때가 많다. 예컨대 다이어트를 하려면 다른 것을 배제한 채 살을 빼는 데만 집중해야 한다. 그 과정에서 고통이 얼마나 적은지, 얼마나 즐겁게 할 수 있는지 등은 곁가지에 불과하다. 솔직히 말해서 '고통이 없는 다이어트'나 '즐겁게 살을 뺀다'는 표현은 논리에 어긋나는 말이다. 다이어트는 기본적으로 인간의 본능인 식욕을 거스르는 행위이기 때문에 고통이 없을 수가 없다. 즐겁기를 기대하는 것은 어불성설이다. 마치 '걸으면서 달린다'는 말이 모순인 것처럼 말이다. 살을 빼기로 마음먹었으면 본질에 충실해야 한다. 굳은 결심으로 철저하게 식단을 관리하고 규칙적인 운동을 꾸준히 해야 한다. 그런 고통의 과정을 통해 최단 기간 내에 목표에 도달하는 편이 낫다. 그래야만 그다음부터는 정상적인 식습관과 적당한 운동을 통해 현상 유지를 할 수 있다. 논리적으로 모순이 되는 '행복한 다이어트'를 한답시고 어설프게 시작하면 원하는 결과를 얻기는커녕 돈과 시간만 허비할 가능성이 농후하다.

재미의 추구가 애초에 본인의 의사나 욕망에서 기인했는지도 따져볼 문제다. 흔히 사람들은 어떤 물건을 사면 온전히 본인의 필요나 쓸모 때문에 그것을 구매했다고 생각하지만 실상은 그렇지 않을 때가 많다. 프랑스 철학자 장 보드리야르Jean Baudrillard는 현대 사회를 '소비의 사회'라고 지칭하면서 현대인들의 소비 행태를 다음과 같이 평가했다. "사람들은 결코 사물 자체를 (그 사용가치에서) 소비하지 않는다. 이상적인 준거로서 받아들여진 자기집단에의 소속을 나타내기 위해서든, 아니면 보다 높은 지위의 집단을 준거로 삼아 자신의 집단과 구분하기 위해서든 간에 사람들은 자신을 타인과 구별짓는 기호로서 사물을 항상 조작한다." 즉 사람들이 특정한 물건을 구입하는 이유는 그것의 쓸모나 사용가치 때문이 아니라 또 다른 가치, 예컨대 자신의 신분을 드러내거나 다른 사람과 구별짓기 위한 목적 때문인 경우가 많다는 얘기다. 물건의 기능이나 쓸모 등 본질이 아니라 그것이 주는 '상징기호'에 돈을 지불하는 셈이다.

이처럼 물건 자체의 효용성을 따지기보다 특정한 상징기호에 기꺼이 비용을 지불하는 소비자가 많다는 얘기는 기업 입장에서 매우 기분 좋은 상황이다. 가성비를 따지는 합리적 소비자보다 자신의 지위와 신분을 드러내기를 즐기는 과시적 소비자가 많을수록 돈을 벌 기회가 많아지기 때문이다. 합리적 소비자는 동일한 성능이라면 가격이 싼 물건을 선호하지만 과시적 소비자는 가격이 비쌀수록 좋아한다. 가격이 싼 물건으로는 과시욕을 드러낼 수 없기 때문이다. 과시적 소비자가 많아질수록 기업은 물건 자체를 좋게 만들기보다는 소비자의 과시욕을 자극할 방법을 찾는 데 골몰한다. 마케팅을 할 때도 얼마나 싸고 좋은 품질의 상품인가를 드러내기보다는 얼마나 소비자의 허영심을 자극할지를 고심한다.

전통적인 경제학에서는 가격과 수요가 반비례 관계에 있다고 본다. 가격이 비싸면 수요가 줄고 가격이 내려가면 수요가 증가한다고 보는 것이다. 그러나 이는 '합리적 소비자'를 전제로 할 때 가능한 논리다. 요즘에는 이러한 등식이 성립하지 않을 때가 더 많다. 대표적인 것인 '베블런 효과_{Veblen Effect}'다. 베블런 효과는 가격이 오르는데도 수요가 줄지 않고 오히려 증가하는 현상을 일컫는 말이다. 이러한 현상은 생필품 시장에서는 거의 나타나지 않고, 대부분 사치품이나 명품 등의 고가의 소비시장에서 흔히 관찰된다. 이러한 베블런 효과는 자신을 과시하거나 타인과 구별 짓고자 하는 특정 계층의 허영심이 크게 작용한 결과다.

보드리야르는 사람들이 물건을 소비할 때 사용가치가 아닌 특정한 상징기호로 소비하지만 정작 당사자는 그러한 사실을 인지하지 못한다고 보았다. "소비자는 자유롭게 자기가 원하는 대로 또 자신의 선택에 따라 타인과 다른 행동을 하지만 이 행동이 '차이화의 강제_{Contrainte de Difféenciation}' 및 어느 한 코드에의 복종이라고는 생각하지 못한다." 사람들은 값비싼 명품 가방을 구매하면서 그것이 스스로의 자발적인 선택이라고 믿는다. 보드리야르는 그렇지 않다고 진단했다. 그것은 소비사회가 만들어낸 '차이화의 욕구'를 이겨내지 못해서 벌어진 결과일 뿐이다. 스스로의 선택이라기보다 '차이화의 강제'에 굴복한 것이며, 평소 자신이 부러워하던 '코드에 복종'했을 뿐이다. 자발적 선택이 아니라 미혹의 결과다. 하지만 당사자는 그러한 사실조차 인지하지 못한다. 아니, 어쩌면 진실을 모르는 편이 더 나을 수도 있다. 자신이 저지른 과시적 소비가 누군가가 만들어놓은 함정에 빠진 결과라는 사실을 안다면 기분이 좋을 리 없으니 말이다. '불편한 진실'에 대해서는 눈을 감는 것도 좋은(?) 방법이다.

오늘날 현대인들이 맹목적으로 따르는 '재미 추구 경향'이 보드리야르가 지적한 '차이화의 강제' 또는 '코드에의 복종'일 가능성은 없을까? 정말로 우리는 개인의 자발적 선택으로 재미와 즐거움에 많은 비용을 지불하고 있는 것일까? 장담할 수 없다. 특정한 펀슈머가 SNS에 올린 사진을 보고, 그것을 따라 하지 않으면 왠지 뒤처지는 것 같은 심리가 작용했을 수도 있다. 최근에는 소셜미디어가 대중화되면서 '바이럴 마케팅Viral Marketing'을 활용하지 않는 기업이 없을 정도다. 이때 재미와 즐거움이라는 소비 경험은 바이럴의 아주 유용한 소재가 된다. 이렇게 퍼진 소비자 경험은 또 다른 펀슈머에게 전달되어 종합적으로는 수많은 펀슈머를 양산하는 결과를 낳는다.

펀슈머를 겨냥한 마케팅의 증가는 기업이 재미와 즐거움이라는 코드를 소비자에게 소구하는 수단으로 삼았다는 것을 의미한다. 소비자는 자신이 인지하지도 못하는 사이에 본인의 욕구가 아닌 기업이 만든 특정한 코드에 복종하고, 결국 상품 가격에 더해 재미와 즐거움에 대해서도 추가 비용을 기꺼이 지불하게 된다. 그럼에도 그 사실을 깨닫지 못하고 재미나 즐거움을 추구하는 것이 마치 자신의 본래 취향이라고 착각한다. 그 결과, 스스로 재미를 추구하는 것인지 아니면 누군가가 만들어낸 재미라는 코드에 자신도 모르게 복종하고 있는 상태인지 알지도 못한 채 소비에 동참하게 된다. 아무튼 오늘날 소비자는 극단적인 재미를 추구하는 광란의 파티에 즐거운 마음으로 참여하고 있는 상황이다. 그 파티에서 자신이 호스트로서 즐기고 있는지 아니면 영문도 모른 채 게스트로 초대되어 밤을 새고 있는지 생각해볼 필요가 있다. 전자라면 아무 문제가 없겠지만 후자라면 파티가 끝난 뒤에 허탈감만 남을 수 있으니까.

일상을 온통 재미와 즐거움으로 채워야 하는지도 질문해볼 수 있다. 사람들은 일상에서 재미를 느끼고 즐거움이 가득한 상태는 긍정적으로 생각하고, 단조롭고 지루하고 권태로운 시간은 부정적인 것으로 치부하는 경향이 있다. 하지만 반드시 그렇지만은 않다. 인생에서는 즐겁고 재미난 시간도 필요하지만 때로는 단조롭고 지루한 시간도 필요하다. 철학자 버트런드 러셀Bertrand Russell은 《행복의 정복》에서 이렇게 주장했다. "위대한 책에는 모두 지루한 부분이 있으며 위대한 생애에는 모두 흥미 없는 기간이 있다. (…) 가장 좋은 소설에도 지루한 대목이 있다. 첫 페이지부터 마지막 페이지까지 불꽃이 튀는 소설은 위대한 책이 아닐 확률이 높다." 러셀은 행복한 인생을 위해서는 재미나 즐거움으로 가득한 자극도 필요하지만 지루한 권태의 시간도 빼놓을 수 없다고 보았다. 자극적이고 흥미로운 장면만으로 채워진 소설이 위대한 작품이 아니듯이, 재미와 즐거움으로 점철된 인생에는 위대함이 깃들 공간이 없다.

결국 재미와 즐거움은 멀리할 필요까지는 없지만 지나치게 가까이하는 것은 경계해야 한다. 위대한 성취를 이루고 싶다면 때로는 재미를 포기할 줄도 알아야 한다. 시간 가는 줄 모르고 재미를 즐기느라 도낏자루까지 썩게 해서는 곤란하다.

03. 엄글인간

그들은 왜 스스로 독종이 되려 하는가?

흔히 현대를 '평생학습의 시대'라고 말한다. 배움에는 끝이 없고 공부는 학창시절에만 하는 게 아니기 때문이다. 혹자는 대한민국을 '술 권하는 사회'라고 말하지만, 한편으로는 '공부 권하는 사회'이기도 하다. 세계에서 가장 높다고 알려진 교육열도 그렇지만 곳곳에서 공부를 강요하는 모습을 자주 볼 수 있기 때문이다. 일례로 서점에 가보면 공부를 권하는 책들로 가득하다. 연령대별로 관련 도서의 제목만 살펴보더라도 그러한 경향을 짐작할 수 있는데, 몇 가지를 소개하면 다음과 같다. 《10대, 꿈을 위해 공부에 미쳐라》(김수지, 2008), 《20대, 공부에 미쳐라》(나카지마 다키시, 2008), 《30대, 다시 공부에 미쳐라》(니시야마 아키히코, 2008), 《40대, 공부 다시 시작하라》(와다 히데키, 2002). 책 제목만 살펴보면 어른들이 아이들에게 자주 하는 "공부에도 때가 있다"는 말이 무색할 정도다.

아무리 공부가 중요하다지만 이렇게 끝도 없이, 죽어라 공부를 해야 하는 것일까? 우리는 왜 공부라는 것을 평생토록 해야 할까? 우선 떠오르는 이유는 '성공하고 출세하기 위해서'이다. 만약 그렇다면, 그나마 다행이다. 성공이나 출세를 이룬 사람은 더는 공부를 하지 않아도 될 테니까. 하지만 그것만이 진짜 이유는 아닐 테다. 공부란 기본적으로 새로운 지식을 습득하는 행위다. 지식과 관련해서 이런 말이 있다. "인류의 지식은 계통발생적이고, 개인의 지식은 개체발생적이다." 무슨 말인가 하면, 인류의 지식은 과거의 지식위에 현재의 지식이 쌓여가면서 누적되어 발전해왔다. 반면, 개인의 지식은 누적되지 않는다. 개인은 누구나 무지 상태에서 태어나 각자 자기가 사는 시대에 인류가 쌓은 지식의 수준에 도달해야 한다. 이처럼 무지 상태의 개인이 인류의 지식 수준으로 다가가는 행위를 '공부'라 부른다.

공부라는 관점에서 보자면, 현대인들은 과거 선조들에 비해 여러모로 불리하다. 후대로 갈수록 인류 전체가 쌓은 지식이 기하급수적으로 늘어나기 때문이다. 그렇기에 오늘날 현대인은 인류가 기록을 시작한 이후로 생겨난 모든 지식을 다 공부해야 하는 처지가 됐다. 해도 해도 끝이 없고 평생을 해도 모자랄 지경이다. 지식에 유통기한이 있는 것도 문제다. 요즘은 세상이 하도 빨리 변하다보니 아무리 열심히 공부해서 지식을 쌓아도 시간이 지나면 쓸모가 없어지는 경우도 종종 생긴다. 과학자인 새뮤얼 아브스만Samuel Arbesman은 이를 '지식의 반감기'라고 소개한 바 있다. 반감기란 어떤 물질을 구성하는 성분이 절반이 될 때까지 걸리는 시간을 뜻하는 데, 지식의 반감기란 우리가 알고 있는 지식의 절반이 쓸모없어지는 기간을 말한다.

아브스만은 각 분야의 과거 연구 논문을 모아 전문가에게 검토시킨 뒤 지식이 무용해지는 데 걸리는 시간을 검증한 롱탕Rong Tang의 2008년도 연구를 인용했다. 분석에 따르면, 분야별 지식의 절반 정도가 무용해지는 데 걸리는 시간은 물리학 13.07년, 경제학 9.38년, 수학 9.17년, 심리학 7.15년, 역사학 7.13년 등이다. 학문마다 차이는 있지만 대략 10년이 지날 때마다 우리가 아는 지식의 절반쯤은 쓸모가 없어진다는 얘기다. 이러한 수치는 2008년에 실시한 연구를 기반으로 한 것이기 때문에 지금은 그보다도 훨씬 짧아졌을 것으로 추정된다. 이렇게 지식의 유통기한이 점점 짧아지는 상황에서는 공부란 '밑 빠진 독에 물 붓기'인지도 모른다. 배우는 양보다는 쓸모가 없어져서 무용해지는 지식이 더 많기 때문이다.

이처럼 자고 일어나면 새로운 지식이 생겨나고 기존의 지식은 쓸모가 없어지기 때문에 현대인들은 끝도 없이 공부를 해야 한다. 공부할 양이 많다고 중도에 포기하기도 어렵다. 예로부터 공부 경쟁에서 승리한 사람은 권력과 부를 얻어 지배계층에 올라설 수 있었지만 패배한 사람은 승자의 지배를 받아야 했다. "아는 것이 힘"이라고 말한 프랜시스 베이컨Francis Bacon의 주장처럼, 지식을 많이 쌓을수록 힘과 권력을 쥘 수 있었고 이를 통해 경쟁에서 앞서 나갈 수 있었다. 승자에게는 영광스러운 월계관과 함께 넉넉한 전리품이 주어지는 반면, 패자에게는 비참하고 고단한 삶이 기다릴 뿐이다.

공부할 양이 많아지면서 경쟁도 더욱 치열해졌다. 공부해야 할 지식의 양과 난이도도 높아졌고 공부에 투자해야 할 기간도 늘어났다. 이제 평생학습은 선택이 아니라 필수가 된 것이다. 그러다 보니 오늘날 평생학습을 실천하는 사람들을 일컫는 새로운 명칭도 생겨났다. 바로 '업글인간'이다. '업글'이란 개선·승급·향상을 뜻하는 영어 단어 'upgrade'의 줄임말로, 업글인간은 단순한 성공이 아닌 성장을 추구하는 자기계발형 인간을 뜻한다. 이들은 어제보다 더 나은 나를 만들기 위해 끊임없이 노력한다. 이들이 추구하는 목표는 '성공'보다는 '성장'이며, '남들보다 나은 나'가 아니라 '어제보다 나은 나'이다. 이를 위해 자신의 건강을 돌보면서 취미나 여가 활동을 적극적으로 하고 무엇보다 지적 성장을 위한 공부에 시간을 투자한다. 말하자면, 업글인간은 평생학습을 실천하고 자기계발에 열중하는 현대인의 단면을 그대로 보여주는 현상이다.

～～～～ '무한 긍정'의 집단 최면에 빠진 사람들 ～～～～

이처럼 사회 전반에서 불고 있는 평생학습과 자기계발 열풍을 어떻게 봐야 할까? 공부를 많이 하니까 좋은 것 같기도 하고, 한편으로는 참 피곤하게 산다는 생각이 들기도 한다. 사실 이 질문에는 정답이 없다. 하지만 판단이 불가능하지는 않다. 평생학습이나 자기계발 열풍이 바람직한 현상인가 아닌가는 '그것을 통해 각자가 얼마나 행복에 이를 수 있는가'에 달렸다. 공부가 아무리 힘들어도 결과적으로 행복해질 수만 있다면 참고 견딜 만하다. 하지만 아무리 공부해도 행복을 얻을 수 없다면 바람직하다고 말하기 힘들다.

그래서 앞의 질문은 이렇게 고쳐 묻는 것이 타당하다. 자기계발을 열심히 하면 우리는 행복에 이를 수 있을까? 물론 이 물음에도 단정해서 답할 수 없다. 자기계발을 통해 행복해지는 사람도 있고 그렇지 못한 사람도 있기 때문이다. 확률로 보면, 자기계발을 통해 행복에 이르는 사람보다는 그렇지 못한 사람이 더 많은 것 같다. 주위를 한번 둘러보라. 자기계발에 '투자 중'인 사람은 부지기수다. 그에 비해 자기계발을 통해 행복해졌다고 말하는 사람은 좀처럼 찾아보기 힘들다. 투자 중인 사람은 많은데 결실을 맛본 사람이 거의 없다. 이처럼 오늘날 벌어지고 있는 자기계발 열풍은 전체적으로 보면 투자 대비 효율성이 매우 낮은 활동 중 하나다. 다들 공부를 해야 한다는 당위에는 동의하지만 공부를 한다고 해서 성공이나 행복이 뒤따른다는 보장은 없다.

자기계발에 투자를 많이 해도 행복에 이르기 힘든 이유는 무엇 때문일까? 혹자는 경쟁이 너무 심해서 그렇다고 말하기도 한다. 일견 일리가 있는 말이다. 하지만 행복은 남과의 경쟁으로 얻어지는 것이 아니기에 정답이라고 말하기 어렵다. 무엇보다 문제가 되는 부분은 이 자기계발이 자신의 욕망에 기반한 것이 아니라는 점이다. 슬로베니아 출신의 철학자 슬라보예 지젝 Slavoj Zizek도 현대인들의 자기계발 열풍에 대해 다음과 같이 지적했다. "자기계발은 자기 자신의 욕망을 따르는 것이 아니라 사회가 요구하는 것을 따르라는 의미다." 지젝은 오늘날 불고 있는 자기계발 열풍을 순수하게 보지 않았다. 그는 현대인들이 자기계발에 열을 올리는 이유가 자신이 원해서가 아니라 사회가 요구하기 때문이라고 보았다. 가령, 내가 영어공부를 하는 이유는 영어가 좋아서가 아니라 사회가 영어 잘하는 사람을 원하기 때문이라는 논리다.

사실 곰곰이 생각해보면, 지젝의 주장이 그다지 틀린 말은 아니다. 오늘날 현대인은 자신이 '원해서'가 아니라 '어쩔 수 없이' 자기계발에 나서는 경우가 대부분이다. 만약 하지 않아도 된다면 당장이라도 그만둘 사람이 부지기수다. 그런 이유로 자기계발을 하고는 있지만 거기서 재미를 느끼는 사람은 드물고 중도에 포기하는 사람도 많다. 이처럼 현대인들은 자신의 욕망이 아닌 타인의 욕망, 사회의 요구를 따르기 위해 자기계발을 하기 때문에 대부분 행복에 이르지 못하는 것이다.

그렇다면 사람들은 왜 자신이 원하지도 않는 공부를 하기 위해 스스로 나서는 것일까? 왜 자발적으로 사회의 요구를 따르기로 마음먹는 것일까? 슬로베니아 출신의 또 다른 철학자 레나타 살레츨 Renata Salecl은 《선택이라는 이데올로기》에서 그 배경에 사회에 만연한 '긍정의 이데올로기'가 자리하고 있다고 보았다. "위기와 불확실성의 시대에는 긍정의 이데올로기가 사회적 불평등의 본질을 재고하고 자본주의의 대안을 찾을 필요를 은폐하는 데 필수적인 역할을 한다. 개인이 자기 운명의 주인이 자신이라고 느끼게 될 때, 또 긍정적 사고가 사회적 부정의의 결과로 겪는 불행에 대한 만병통치약으로 제시될 때 사회비판은 점점 더 자기비판으로 대체된다." 현대인은 상시적인 위기와 미래에 대한 불확실성이 상존하는 구조적 모순 속에서 살아간다. 그러면서도 한편에서는 '나는 할 수 있다'는 긍정의 이데올로기로 무장한 채 살고 있다. 스스로 운명의 주인이라고 생각하는 현대인들은 자기계발을 통해 위기와 불확실성에서 벗어날 수 있다고 생각한다.

자기계발에는 '스스로 열심히 노력만 하면 더 나은 사람으로 발전이 가능하다'는 믿음이 전제되어 있다. 딱히 반박하기 힘든 논리다. 세상이 아무리 부조리하고 모순으로 가득 찼어도 자기만 열심히 하면(아주 아주 열심히 노력하기만 하면) 원하는 것을 대부분 이룰 수 있다고 믿는다. 최선의 노력은 다하지 않은 채 세상 핑계를 대고 사회비판을 해대는 것은 게으른 자의 변명에 불과하다. 그래서인지 시중에 있는 많은 자기계발서에는 "넌 할 수 있다. 너는 세상의 중심이고 주인공이다. 지성이면 감천이다. 너의 가능성을 믿어라" 등등 긍정 이데올로기를 전파하는 말들로 도배되어 있다. 만약 자기계발을 시도했음에도 원하는 결과를 얻지 못했다면 그건 전적으로 자신의 책임이다. 지금 우리는 누구나 열심히 노력하면 성공과 행복을 쟁취할 수 있는 무한 긍정의 시대를 살고 있기 때문이다.

이 대목에서 솔직하게 답해보자. 자본주의 사회에서 개인이 열심히 노력만 하면 정말 원하는 것을 모두 얻을 수 있을까? 흙수저가 노력만 하면 금수저를 넘어설 수 있을까? 쉽지 않다. 물론 불가능하다는 뜻은 아니다. 자기계발서에 소개되는 몇몇 사람처럼, 극한의 노력으로 구조적 모순이나 한계를 돌파해 성공에 이른 사람들도 있다. 하지만 그들은 정규분포 바깥에 위치한, 지극히 예외적인 샘플일 뿐이다. 아웃라이어의 사례를 일반화시켜서 마치 만병통치약인 것처럼 포장하는 것은 타당하지 않다.

살레츨은 현대인들이 자기계발에 열을 올리는 이유를 다음과 같이 설명했다. "자기계발서는 보통 사람들이 갖고 있는 셀 수 없이 많은 결점들과 부족함에 관심을 집중시켰고 늘 자기 결함에 노심초사하도록 만들었다. 그래서 우리는 늘 자기계발을 추구한다." 시중에 나와 있는 자기계발서들의 문제점은 사람들에게 스스로를 늘 부족한 존재로 느끼게 만든다는 데 있다(물론 이 점이 극히 일부 사람들에겐 긍정적인 동기부여를 유발하기도 하지만). 자기계발서에는 극한의 노력으로 사회적 구조나 한계를 넘어선 일부 예외적인 '독종'들의 사례가 자주 등장한다. 보통의 독자는 사례 속 주인공과 자신을 비교하면서 스스로에 대해 부족함을 느끼고 '나는 왜 그렇게 하지 못했을까'라며 자책하기도 한다. 그냥 평범한 사람과 비교하면 그런 감정이 생길 리 없을 텐데, 굳이 특이하고 유별난 독종과 비교를 해서 스스로의 가치를 낮추고 자존감에 상처를 입는 것이다. 그 결과, 살레츨의 주장처럼 "자기계발은 그것이 완화한다고 하는 바로 그 부족감과 편집증을 강화한다." 자기계발서를 읽을수록 역량이 향상되는 것이 아니라 스스로 부족한 인간임을 계속 확인하게 된다는 얘기다. 이처럼 자기계발서에서 강조하는 긍정적 사고나 긍정 심리는, 그 자체로는 결코 나쁘지 않지만 사회적 불평등이나 구조적 모순에 대한 사회적 비판을 자기비판으로 대체해버리는 결과를 낳는다. 결국 긍정 이데올로기는 사람들을 자기계발 열풍으로 내몰기는 하지만 궁극적으로 위기나 불확실성에서 벗어나도록 도와주지는 않는다.

나를 위한 공부로 행복에 이르는 길

그렇다면 아예 자기계발을 하지 않는 편이 더 나은 것일까? 그 또한 현명한 선택은 아니다. 자기계발을 해도 행복에 이르기는 힘들지만, 그렇다고 해서 자기계발을 아예 하지 않으면 더 불행한 일이 일어난다. 요즘처럼 경쟁이 일상화된 사회에서 자기계발을 하지 않으면 중도에 도태되기 십상이다. 그렇기에 현대인에게 자기계발은 필수다. 중요한 것은 자기계발을 할지 말지가 아니라 어떻게 하면 자기계발을 통해 행복에 이를 수 있는가 하는 점이다.

어떻게 하면 공부를 통해 행복에 이를 수 있을까? 이 물음에 대한 해답은 공자님이 《논어論語》 맨 앞에 적어두었다. 《논어》의 첫 대목은 다음과 같은 말로 시작한다. "학이시습지 불역열호學而時習之 不亦說乎." 즉 "배우고 때때로 익히면 또한 기쁘지 아니한가!"이다. 워낙 유명한 문장이라 익히 들어보았을 것이다. 한번 생각해보자. 공자님 말씀처럼 배우고 익히면 기쁨이 샘솟을까? 아무리 공자님 말씀이라도 이 대목만큼은 현실과 조금 괴리가 있어 보인다. 현실에서는 공부를 하면서 기쁘다고 말하는 사람을 거의 찾기 힘들다. 대체로 공부는 괴로운 일이다. 주변 사람들에게 "공부할 때가 제일 기쁘지 않습니까?"라고 말하면 공감하기보다는 이상한 시선으로 바라보는 사람이 훨씬 많을 것이다.

공자와 달리 보통 사람들은 왜 공부를 해도 기쁘다는 생각보다는 괴로운 마음이 앞서는 것일까? 가장 큰 차이는 공부를 억지로 하는가, 자발적 의지로 하는가에 있다. 공자는 좋아서 공부를 했던 사람이다. 그래서 스스로를 '호학자好學者'라 칭하기도 했다. 그러니 공부가 재미있고 즐거울 수 있는 것이다. 하지만 대부분의 사람은 억지로 공부한다. 당연히 공부가 재미가 없고 괴로울 수밖에 없다. 앞서 지젝이 지적했듯이, 오늘날 현대인들이 하는 자기계발은 대부분 자신의 욕망에 따른 자발적인 행위가 아니라 타인의 욕망에 기초한 타율적 행위다. 따라서 공부에서 재미와 기쁨을 느끼기 위해서는 타율적인 공부가 아니라 자발적인 공부로 바뀌어야 한다.

그렇다면 어떻게 해야 그것이 가능할까? 이 질문에 대해서도 공자님은 말씀을 남겼다. 공자는 "위인지학爲人之學을 하지 말고, 위기지학爲己之學을 하라"고 조언한다. 위인지학이란 '남에게 보여주기 위해 하는 공부'를 말한다. 반면, 위기지학은 '자기 자신을 위한 공부'다. 공자는 남에게 보여주기 위한 공부, 즉 세상에 나가 써먹기 위한 공부보다는 자기 자신을 위한 공부를 하라고 가르쳤다. 요즘 식으로 표현하면 타인이나 사회가 요구하는 공부가 아니라 자신의 지적 욕구에 따른 공부를 하라는 것이다. 그래야만 공부도 재미있어지고 그 결과, 행복에 이를 수 있다. 요컨대 타인이 아닌 자신의 지적 욕구에 기반한 공부를 해야 진정한 의미의 자기계발이 된다.

오늘날 현대인들은 소위 '스펙'을 쌓기 위해 공부를 하곤 한다. 자기계발의 목표가 '스펙 쌓기'인 것이다. 직장을 구하기 위해 필요한 학력, 학점, 토익 점수, 자격증 등을 총칭하는 말이 스펙임을 생각해볼 때, 이는 전형적으로 회사의 요구에 자신을 맞추기 위한 공부라 할 수 있다. 위기지학이 아니라 위인지학인 것이다. 당연히 자기 욕망이 아니라 사회의 요구를 따르는 행위다. 따라서 스펙 쌓기를 위해 자기계발을 하는 사람은 대체로 행복을 얻기 힘들다.

요즘 트렌드가 되고 있는 '업글인간'이 전적으로 스펙을 쌓기 위한 목적으로만 이루어진다고 단정할 수는 없다. 하지만 한번쯤 점검해볼 필요는 있다. 자신도 모르게 사회에 만연한 긍정 이데올로기에 포섭되었을 가능성이 높기 때문이다. 중요한 것은 내가 자기계발을 얼마나 열심히 하고 있는지가 아니다. 어느 방향으로 가고 있는가, 그리고 그 방향이 올바른가가 더욱 중요하다. 자기계발이 당사자를 행복으로 이끌어주는지 여부는 노력의 정도보다는 그것의 방향이 결정하기 때문이다.

04. 뉴트로

과거의 향수는 어떻게 현재의 도피처가 되었나?

사람들은 흔히 인류의 역사가 진보를 이루어온 과정이라 믿곤 한다. 역사는 끊임없이 더 나은 방향으로 발전에 발전을 거듭한다는 관점이다. 하지만 고대 그리스의 서사시인 헤시오도스_Hesiodos의 생각은 조금 달랐다. 그는 역사가 항상 더 나은 방향으로 발전한다고 보지 않았다. 헤시오도스는 〈노동과 나날〉에서 인간의 시대를 다섯 시대로 구분하면서 다음과 같이 적었다.

"크로노스가 다스리던 시대에 살던 황금의 종족은 아무런 걱정도 고통도 몰랐으며 삶은 축제의 연속이었다. 이 종족은 늙지도 않고 죽음도 두려워하지 않았다. 올림포스의 신들이 지배하기 시작한 시대, 은의 종족은 황금의 종족에 비하여 매우 열등했고 결국 제우스의 분노를 사서 멸망했다. 그 후에 살던 청동의 종족은 강하고 억센 마음을 지녔고 커다란 덩치에 엄청난 힘을 지닌 무적의 팔들을 갖고 있었다. 결국 자기들끼리 치고받고 싸우다가 멸망했다. 그 후에는 신神의 피를 가진 인간이자 청동의 종족보다 선량한, 영웅의 종족이 활약했다. 하지만 그들도 모두 이 세상을 떠났다. 그리고 현재는 철의 종족의 시대이다. 세상에 정의란 없다. 모든 신들은 인간을 포기했고, 정의의 여신 아스트라이아마저도 지상을 떠나고 말았다."

헤시오도스는 인간의 시대를 '황금의 종족-은의 종족-청동의 종족-영웅의 종족-철의 종족'으로 구분하고, 뒤로 갈수록 점점 열등해진다고 보았다. 시간이 지날수록 자기들끼리 치고받고 싸우며 멸망하기를 거듭하더니 정의마저 사라진 세상으로 변하고 말았다는 것이다. 그리하여 급기야 신들마저 인간을 포기하기에 이르렀다. 사탄의 유혹에 넘어가 낙원에서 쫓겨난 아담과 이브의 후손들이 점점 지옥으로 빠져드는 형국과 비슷하다.

그래서일까? 이성과 과학기술의 힘으로 문명의 천국을 건설했다고 믿는 인간 중에는 현재의 삶에 만족하지 않고 과거를 그리워하는 사람이 생겨나기 시작했다. 예컨대, 시인 정지용은 〈향수〉라는 시에서 "그곳이 차마 꿈엔들 잊힐 리야"라며 과거에 대한 추억을 노래했다. 이렇듯 과거를 그리워하고 고향으로 돌아가고 싶다는 생각은 인간의 뇌리에 깊숙이 각인된 본능인지도 모르겠다. 마치 강에서 태어난 연어가 먼 바다로 나가서 수년이 지난 뒤에도 기어이 모천母川으로 회귀하는 것처럼.

문명의 발달이 극에 달한 오늘날에도 과거로 회귀하려는 본능

은 어김없이 작동하고 있다. 바로 '레트로' 혹은 '뉴트로' 열풍이 그
것이다. 뉴트로란 새로움을 뜻하는 'new'와 복고를 뜻하는 'retro'를
합친 신조어로, 복고를 새롭게 즐기는 경향을 말한다. 레트로가 옛
날을 그리워하면서 과거에 대해 향수를 느끼는 것이라면, 뉴트로
는 과거 시대를 경험하지 못한 세대가 과거의 것을 새로운 것으로
받아들이는 것을 의미한다. 예컨대 베이비부머 세대가 자신이 젊
은 시절 자주 다녔던 고풍스러운 다방을 찾아가 그 시절 했던 대로
턴테이블에 LP판을 올려 음악 감상을 하는 낭만을 다시 느끼는 것
이 '레트로'라면, 교복 자율화 시대에 학창시절을 보낸 MZ세대가
부모님들이 입었던 검정색 교복을 입고 오래된 거리를 활보하면서
즐기는 것은 '뉴트로'에 해당한다. 둘 다 과거로 돌아간다는 면에서
는 동일하다. 하지만 레트로는 과거를 '있는 그대로' 즐기는 반면,
뉴트로는 '새롭게' 경험한다는 점에서 차이가 있다.

〰〰 우리는 왜 실패한 낙원으로 돌아가려 하는가? 〰〰

사람들은 왜 옛날을 그리워하고 과거로 돌아가고 싶어하는 것일
까? 그리스 철학자 헤라클레이토스_Heracleitos가 "만물은 유전한다"고
말했듯이, 세상은 본래 돌고 도는 것이기 때문일까? 영국 철학자
데이비드 흄_David Hume이 어딘가에서 "현재를 비난하고 과거를 추앙
하는 것은 인간 본성에 깊게 뿌리 박힌 것이다"라고 말한 바 있듯

이, 과거를 현재보다 좋게 평가하는 것은 인간의 유전자 깊숙한 곳에 각인된 본능인지도 모른다. '구관이 명관'이라는 속담도 있지 않던가! 심리학에서는 이런 경향을 '므두셀라 증후군Methuselah Syndrome'이라고 부르기도 한다. 므두셀라 증후군은 조지 버나스 쇼George Bernard Shaw의 1921년 작인 《므두셀라로 돌아가라》에서 유래한 표현인데, 옛것을 좋게 생각하고 과거에 대해 아련한 향수를 느끼는 경향을 일컫는 말이다. '어머니의 손맛'이나 '고향의 맛'을 그리워하는 심리가 여기에 해당한다.

사람들은 과거를 있는 그대로 기억하지 않고 좋게 포장하고 각색한 뒤에 추억하기도 한다. 첫사랑에 대한 기억을 아름답게 채색하여 평생 간직하는 사람도 적지 않다. 생각해보면 첫사랑과의 인연이 끊어진 배경에는 피치 못할 부정적 사건이 분명히 존재했을 테다. 하지만 사람들은 첫사랑에 대한 나쁜 기억은 모조리 망각하고 아련하고 아름다운 추억만 선별하여 장기기억 속에 저장해둔다. 이처럼 과거에 대한 기억의 왜곡 현상을 '좋았던 옛날에 대한 편향Good-Old-Days Bias'이라고 부른다. 이 개념은 캐나다 워털루 대학교 심리학과의 리처드 아이바크Richard Eibach 교수와 리사 리비Lisa Libby가 소개한 개념으로 과거에 대한 기억의 왜곡 현상을 뜻한다. 과거의 사건 중 좋았던 일만 기억하는 편향을 의미하는데, 말하자면 과거를 장밋빛으로 회고하는 현상의 일종이다.

왜 우리는 과거를 있는 그대로 기억하지 않고, 좋았던 것만 선별하거나 미화시킨 뒤에 기억하는 걸까? 일단 과거를 아름답게 기억

한다는 측면에서는 긍정적이라고 볼 수 있다. 하지만 냉정하게 말하면, 이는 과거에 대한 '역사 왜곡'에 해당한다. 자꾸만 과거를 미화시켜 기억하게 되면 현재를 부정적으로 평가할 가능성이 높아진다. 현재를 아름다웠던 과거와 비교하면서 불행으로 해석하는 것이다. 그리하여 과거 좋았던 시절을 그리워하기만 할 뿐 현재를 긍정하지도, 현실에 집중하지도 못한다. 이유가 무엇이건 간에 현재에 집중하고 몰입하는 태도는 삶에서 매우 중요하다. 우리의 인생은 늘 현재로만 존재하기 때문이다.

초기 기독교 교부 철학자인 아우구스티누스Augustinus는 《고백론》에서 우리에게 주어진 시간은 '현재뿐'이라면서 다음과 같이 말했다. "그러므로 과거와 현재와 미래라는 세 가지 시간이 있다고 말하는 것은 옳지 못하다. 차라리 과거의 현재, 현재의 현재, 미래의 현재, 이 세 가지의 때가 있다고 말하는 편이 옳을 것이다. 과거의 현재는 기억이고, 현재의 현재는 직관이며, 미래의 현재는 기대다." 사람들은 흔히 시간에는 과거-현재-미래라는 세 가지 형태가 있고, 시간은 과거에서 현재를 거쳐 미래로 이어진다고 생각한다. 하지만 우리가 체험하는 시간은 매번 현재뿐이다. 과거를 기억하는 것도 '과거의 현재'이고, 미래를 기대하는 것도 '미래의 현재'일 뿐이다. 따라서 과거의 기억에 매달려서 아름다웠던 과거를 기억하는 데만 시간을 사용하면 '과거의 현재'에만 몰두하느라 '현재의 현재'를 외면하는 결과를 낳고 만다. 과거에 사로잡혀 현재를 등한시하게 되는 것이다.

하버드 대학교의 슬라브 비교문학 교수인 스베틀라나 보임 Svetlana Boym은 오늘날을 "향수라는 세계적인 유행병의 시대"라고 진단하면서 이는 일시적인 질병이 아니라 삶의 근원적인 조건이라고 주장한 바 있다. "향수병은 21세기에 들어서면서 일시적인 질병에서 치유할 수 없는 현대 조건으로 바뀌었다. 20세기는 미래의 유토피아로 시작해 향수로 끝났다." 그녀의 진단에 따르면, 20세기만 하더라도 현대인들은 미래에 대한 희망인 유토피아를 꿈꾸기도 했다. 하지만 끝내 그것이 좌절되어 과거로 돌아가고 싶어하는 향수병에 걸리고 말았다는 것이다. 이처럼 과거를 그리워하고 과거로 회귀하려는 태도에는 모종의 위험이 내재되어 있는데, 보임은 이에 대해 다음과 같이 경고했다. "현실의 집과 상상 속의 집을 혼동하게 만드는 게 향수의 위험이다." 과거를 아름답게 포장하여 상상하는 향수가 과거와 현실을 혼동하게 만든다는 뜻이다. 말하자면 향수란, 과거를 그리워하는 마음의 상태가 아니라 상상과 현실을 구분하지 못하는 질병이라는 진단이다.

사회학자 지그문트 바우만 Zygmunt Bauman은 과거로 회귀하려는 현상을 '레트로토피아 Retrotopia'라고 명명하면서 이를 "실패한 낙원으로의 귀환"이라고 소개했다('실패한 낙원으로의 귀환'은 그의 책 《레트로토피아》의 부제이기도 하다). 그는 과거로 회귀하려는 경향을 "부족으로의 회귀, 자궁으로의 회귀, 홉스로의 회귀" 등으로 소개하면서 이러한 회귀의 원천은 현재의 불안과 미래에 대한 두려움이라고 진단했다. "분통 터질 정도로 변덕스럽고 불확실한 현재에 내재한 미래에 대한 두려움이 바로 그 원천이다." 끊임없이 유동하는 시대를 살아가는 현대인들이 양극화와 개인화에 시달리면서 불확실성과 불안에 내몰린 결과, 그에 대한 방어기제로 과거로의 회귀를 선택했다는 주장이다. 유토피아를 꿈꾸다가 기어이 디스토피아가 되어버린 미래를 견디지 못해 과거로의 회귀를 갈망한다는 얘기다. 보임과 마찬가지로 바우만도 레트로토피아를 꿈꾸는 태도를 부정적으로 본 셈인데, 그러한 상태가 "되돌릴 수 없는 파라다이스에 대한 향수일 뿐"이기 때문이다. 인류의 조상인 아담과 이브에 의해 이미 잃어버린 낙원이 되어버린 마당에 그곳으로 다시 돌아가고자 하는 것은 거짓 환상에 불과하다는 의미다.

레트로는 불확실한 미래에 대한 진통제일 뿐

이처럼 복고 열풍은 과거를 그리워하면서 현재에 집중하지 못한다는 점, 현실 속의 집과 상상 속의 집을 혼동하게 만든다는 점, 되돌릴 수 없는 파라다이스에 대한 거짓 환상에 몰두하게 한다는 점을 고려할 때 마냥 긍정적으로 해석할 수만은 없다. 우리가 시선을 과거로 돌린다고 해서 눈앞의 현실이 원하는 모습으로 바뀌지는 않는다. 고려 중기의 고승인 지눌知訥이 〈정혜결사문定慧結社文〉에 다음과 같은 진리의 말을 남겼다. "땅에서 넘어진 자는 반드시 땅을 딛고 일어나야 한다. 땅을 딛지 않고 일어나는 방법은 어디에도 있을 수 없다因地而倒者 因地而起, 離地求起 無有是處也." 현재에 어려움을 겪는 사람이 아무리 시선을 과거로 돌린다고 한들 현실은 결코 개선되지 않는다. 우리는 넘어진 곳을 딛고 일어나야 한다. 아무리 힘들고 어려워도 현실을 직면하지 않고는 벗어날 방법을 찾을 수 없다. 옛날에 대한 향수나 과거로의 회귀로는 현재의 문제를 해결할 수 없다.

복고 열풍이 상업주의의 표적이 된다는 것도 간과할 수 없는 문제다. 현대의 마케팅은 돈이 될 만한 곳이라면 어디든 가리지 않고 마수를 뻗는다. 인간이 욕망하는 것이라면 무엇이든 소비의 대상이 되고 마케팅은 이를 부추긴다. 행복을 위해서는 적극적으로 욕망하고, 그것을 반드시 소비해야 한다고 세뇌시킨다. 그 결과 현대인들은 자기도 모르게 무엇인가를 소비하도록 '훈육'된다. 이제 소비는 현대인의 의무이자 미덕으로 자리 잡았다. 신성한 행위이자 신의 구원을 담보하는 성스러운 행동이 된 것이다. 요컨대, 오늘날 마케팅은 소비를 종교의 수준으로 승화시켰다.

바우만은 그의 또 다른 저서 《지그문트 바우만, 소비사회와 교육을 말하다》에서 종교성으로 발전한 소비 행태에 대해 다음과 같이 적었다. "우리는 상점을 약국처럼 여기도록 요람에서 무덤까지 훈련받고 교육받았다. 약국에는 개인의 삶과 공동체의 삶에 존재하는 모든 고통과 질병을 치료하거나 최소한 완화시켜줄 수 있는 약이 가득하다. 상점과 쇼핑은 이런 식으로 완전히 종말론적인 차원을 획득하게 됐다. 조지 리처George Ritzer의 명언처럼 슈퍼마켓은 우리의 사원寺院이다. 그리고 한마디 더 하자면 쇼핑 리스트는 우리의 성무일도서이고, 동시에 쇼핑몰 산책은 우리의 성지순례나 마찬가지다." 오늘날 우리는 현실의 문제를 소비라는 이름의 약을 통해 해결하기를 즐긴다. 현재의 직업이 적성에 맞지 않아도, 그래서 아무런 재미와 열정을 느끼지 못해도, 월급으로 명품 가방을 살 수만 있다면 아무 문제가 없다는 식이다. 삶의 고통과 질병을 치료할 수 있는 백화점과 슈퍼마켓이 있는 한 삶은 구원을 받을 수 있다. 오늘날 우리에게 쇼핑이란 주일날 예배를 보는 것과 같이 성스러운 행위니까.

바우만은 우리가 얼마나 소비를 충만하게 하는지에 따라 존재 의미와 삶의 수준이 결정된다면서 다음과 같이 적었다. "충만한 소비의 기쁨은 충만한 삶을 의미한다. 나는 쇼핑한다. 고로 나는 존재한다. 쇼핑을 할 것인가 안 할 것인가는 더 이상 문제가 아니다. 돈이 없어서 쇼핑하지 않는 결함 있는 소비자란 신경에 거슬릴 만큼 곪아터진 낙인으로, 그들의 삶이 충만하지 않고 보잘것없으며 아무짝에도 쓸모없는 삶이라고 단정해버린다." 소비사회에서는 쇼핑의 수준이 곧 삶의 수준이며, 소비를 하지 못하는 삶은 아무짝에도 쓸모가 없다고 여겨진다. 이런 의미로 보자면, 현대인들은 물건의 쓸모 때문에 소비를 하는 것이 아니다. 자신의 존재를 '증명'하기 위해 소비한다. 아니, 소비를 해야 한다. 나는 쇼핑하기 때문에 나로 존재하기 때문이다.

소비가 일반화되고 신성시되는 사회에서는 옛것을 그리워하고 과거로 되돌아가고자 하는 욕망도 좋은 먹잇감일 수밖에 없다. 복고를 그리워하는 사람이 많을수록 옛것은 최신 유행의 상품 리스트로 둔갑한다. 1980~90년대 하이틴 영화에서나 볼 수 있었던 패션과 액세서리가 뉴트로 열풍을 타고 새롭게 등장하고, 20세기 초반 개화기 풍으로 꾸민 의상이나 오래된 풍경이 젊은 세대의 체험 대상이 된다. 기성세대에게 익숙한 가수인 프레디 머큐리의 삶을 소개한 영화 〈보헤미안 랩소디〉가 흥행 돌풍을 일으켰다. 한물간 노래로 여겨졌던 트로트가 방송을 타면서 인기를 끌자 트로트는 젊은층도 즐기는 국민음악으로 변모하였다. 자개장, 양철상, 브라운관 TV 등 자체 기능으로는 쓸모가 없어진 물건들이 고급 인테리어 소품으로 변신하고 을지로나 익선동의 오래된 한옥 골목이 핫플레이스로 떠오르기도 했다. 이처럼 옛것을 그리워하고 과거로 돌아가고자 하는 욕망은 이미 현대적 마케팅에 포섭되어 다양한 변주를 만들어내고 있는 중이다.

과거의 것이든 완전 새로운 것이든 간에 최신 유행을 따르는 것을 문제시할 수는 없다. 소비사회를 살아가는 개인이 무엇을 욕망하고 소비하든 그것은 전적으로 개인의 선택이니까 말이다. 개인의 취향 문제이며 자유의 영역이다. 하지만 최신 유행을 따라야만 존재가 증명되고 삶의 수준이 높아진다고 믿는 것에는 문제가 있다. 사람들은 흔히 최신 트렌드를 따르는 것이 가진 자의 특권이자 취향이라고 생각하지만 실상은 그 반대다. 오히려 최신 유행을 거부할 수 있는 사람이야말로 권력을 가진 자라 할 수 있다. 철학자이자 소설가인 움베르토 에코Umberto Eco는 1991년 발표한 에세이에서 당시 유행하던 핸드폰 사용에 대해서 다음과 같이 주장했다.

"권력은 전화를 받을 필요가 없다. 오히려 권력자는 항상, 관용적으로 쓰이는 말 그대로 회의 중이라 전화를 받지 못한다. (…) 따라서 휴대전화를 권력의 상징처럼 과시하는 사람은 오히려 많은 사람들에게 자신의 절박하고 낮은 위치를 공표하는 것이나 마찬가지다. 그런 위치에 있는 사람은 CEO한테서 우연히 전화가 오면 사랑을 나누다가도 잽싸게 차렷 자세를 취해야 한다. (…) 그가 과시하며 사용하는 휴대전화는 그가 그런 사실을 모르고 있다는 증거이며, 이는 하소연할 수 없을 정도로 사회에서 추방된 자신의 처지를 확인시켜준다."

휴대전화가 보급되기 시작하던 초창기에는 휴대전화를 보유한 것 자체가 부와 권력의 상징이었다. 하지만 진짜 권력자는 굳이 전화를 받을 필요가 없다. 예컨대, 국왕이나 대통령, 잘나가는 슈퍼스타는 휴대전화를 직접 소유하지 않는다. 주로 비서나 매니저가 대신 가지고 있다. 그들은 남들의 전화를 받지 않아도 불편하거나 문제될 일이 없기 때문이다. 반면, 누군가(주로 권력자나 중요한 고객, 혹은 비즈니스 파트너)로부터 전화를 기다리는 사람은 전화를 손에서 놓을 수가 없다. 따라서 휴대전화를 권력의 상징처럼 과시하려는 행위는 자신의 낮은 위치를 드러내는 것에 불과하다. 유행을 따르는 것도 이와 비슷하다. 사람들은 자신의 지위를 드러낼 목적으로 최신 유행을 따르지만 그것은 사실 자신이 별 볼 일 없는 존재임을 나타낼 뿐이다. 최신 유행으로 자신을 치장하지 않고서는 있는 그대로의 모습을 드러내기 민망하다는 의미이기도 하기 때문이다.

남들 다 따라 하는 유행을 좇는 게 무슨 문제인가 하고 반문하고 싶을지도 모르겠다. 사실 이미 자본주의가 극도로 심화된 시대를 살아가는 사람이 유행을 마냥 외면하고 살 수도 없다. 하지만 지나치게 유행에 민감하게 반응하는 것도 현명한 태도는 아니다. 바우만은 소비사회에서 상점에 진열된 '의약품'들이 왜 문제가 되는지 다음과 같이 지적했다. "소비시장의 의약품들은 외적인 용도나 개인을 초월한 현실에 적용하기 위해서가 아니라 개인적인(그리고 내적인) 용도로 만들어졌기 때문에, 섭취했을 때 자신이 겪고 있는 곤란함의 본질을 판단하지 못하게 만드는 데는 도움이 되지만 그 문제의 근원을 뿌리 뽑는 데는 도움이 되지 않는다." 과거를 그리워하고 옛날로 돌아가고픈 마음에 뉴트로나 레트로 상품을 소비하는 것 그 자체로는 크게 문제될 일은 없다. 그로 인해 현실에서 겪는 고통이 일시적으로 완화되는 경우도 있으니까 말이다. 하지만 바로 그 지점이 문제다. 상점의 의약품을 통해 해결책을 구하려는 사람은 그것 때문에 현실의 문제를 방치할 가능성이 높다. 문제의 근본 원인을 파악하고 근원적인 해결책을 찾기보다 고통을 완화하는 진통제에만 의존하게 되기 때문이다.

현실의 문제로 어려움을 겪거나 고통을 받고 있다면 과거의 향수를 달래주는 의약품의 힘을 빌릴 것이 아니라 지금 내가 왜 과거를 그리워하고 돌아가고 싶어하는지를 물어야 한다. 우리는 왜 과거를 그리워하고 그 시절로 돌아가고 싶어하는 것일까? 그것은 현재의 삶이 불확실하고 미래가 불안하기 때문이다. 뉴트로나 레트로는 그에 대한 반작용이자 도피처일 뿐이다. 우리가 아무리 과거에 매달린들 그것이 미래의 안녕과 확실성을 보장해주지는 않는다. 그런 의미로 보자면 최근 우리 사회를 강타하고 있는 뉴트로나 레트로 열풍은 일시적인 진통제나 환각제인지도 모른다. 지금 우리에게 필요한 것은 치료제다. 진짜 곪아 터진 상처는 방치한 채 잠시 고통을 잊게 만드는 진통제나 환각제를 찾는 것은 결코 현명한 처방이 아니다. 우리는 우리를 넘어지게 만든 땅을 직시해야 한다. 불확실하고 불안한 현실을 직면해야 한다. 그래야만 딛고 일어설 방법이라도 찾을 수 있으니 말이다. 과거가 현재나 미래의 도피처가 되어서는 곤란하다.

05. 감정대리인
인간의 감정을 누군가에게 대신 느끼게 할 수 있을까?

"당신은 해고야You're fired." 도널드 트럼프Donald Trump 전 미국 대통령이 대통령에 당선되기 전 출연한 〈어프렌티스〉라는 취업 리얼리티 쇼에서 유행시킨 말이다. '해고'라는 말이 당사자에게는 간담을 서늘케 하는 무시무시한 말일 텐데, 본인은 별일 아니라는 듯이 아무렇지도 않게 내뱉는 모습을 보면서 불편한 감정이 드는 것은 혼자만의 느낌일까? 실제로 트럼프는 미국 대통령에 당선된 이후에도 중앙정보국장과 백악관 국가안보회의NSC 보좌관을 연이어 전격 경질한 적이 있다. 문제는 두 인사의 경질 발표가 공식적인 절차를 밟지 않고 소셜미디어인 트위터를 통해 이루어졌다는 점이다. 상대방에게는 청천벽력이 될 수도 있는 발언을 얼굴도 보지 않고 하다니! 정말 놀라울 따름이다.

트럼프만이 이런 행동을 하는 게 아니다. 요즘에는 비슷한 일이 수시로 일어난다. 2022년 트위터를 인수한 테슬라의 CEO 일론 머스크Elon Musk는 트위터 전체 직원의 절반 가까운 3,700여 명에게 해고를 통보했다. 그가 대상 직원에게 해고 통보를 하기 위해 선택한 방식은 이메일이었다. 날벼락을 맞은 직원들은 구체적 사유도 없이 "오늘이 회사에서의 마지막 근무일"이라는 내용의 이메일을 받았고, 이후 회사 이메일 접근을 차단당했다. SNS나 이메일 등 온라인 소통 수단이 발달하면서 해고 통보마저 손쉽고 빠르게 이루어지고 있는 실정이다. 아닌 게 아니라 요즘에는 오랫동안 사귄 연인 사이에서도 갑자기 이별을 알리는 문자 메시지가 날아들기도 한다니, 세상이 참 많이 변했다는 생각이 든다.

〰 자신의 감정조차 스스로 결정하지 못하는 사람들 〰

상대방에게 청천벽력과도 같은 발언을 얼굴도 보지 않은 채 SNS나 이메일로 알리는 행태는 왜 일어나는 것일까? 얼굴을 마주 보고서는 도무지 곤란한 말을 할 자신이 없어서 그런 것일까? 그럴지도 모른다. 하지만 이를 바람직한 방법이라고 말하기는 어렵지 싶다.

메시지의 성격은 다르지만 과거에도 이와 비슷한 사례가 있었다. 17세기 프랑스에서 사랑하는 여인에게 연애편지를 써서 마음을 전하는 남성이 있었다. 하지만 그 편지의 내용은 다른 사람이 대신 써준 것이었다. 그 사실을 알 리 없는 여성은 편지 속 아름다운 글을 읽고 사랑을 키워나갔다. 편지에 담긴 절절한 심정이 그녀의 연심을 싹트게 만든 것이다. 이 대목에서 이런 의문이 든다. 그녀가 사랑에 빠진 대상은 편지를 전한 남성일까, 글을 대신 써준 사람일까? 이 이야기는 19세기 프랑스의 유명 극작가인 에드몽 로스탕 Edmond Rostand의 희곡《시라노 드 베르주라크》를 원작으로 한 조 라이트 감독의 뮤지컬 영화 〈시라노〉의 줄거리다. 영화는 극 중 주요 사건을 통해 여주인공이 진정으로 사랑했던 사람이 누구인지를 찾아가는 과정을 그린다. 이를 통해 타인이 써준 연애편지로는 결코 완전한 사랑에 이를 수 없음을 보여준다. 본디 인간의 감정은 대리할 수 없기 때문이다.

그렇지만 나폴레옹 보나파르트가 "내 사전에 불가능이란 없다"라는 유명한 말을 남겼듯이, 오늘날에는 도무지 불가능하다고 여겨졌던 일들마저 보란 듯이 가능해져 가고 있다. 지극히 사적 영역에 해당하는 감정마저 아웃소싱이 가능해진 것도 그중 하나다. 말하자면 감정의 외주화, 감정마저 대역代役을 사용하는 것인데, '감정대리인'이라는 표현이 등장한 것도 이와 무관하지 않다. 감정대리인이란 사람들의 감정을 대신 표현해주는 것을 뜻한다. 구체적으로는 감정을 대리해주는 사람뿐만 아니라 상품이나 서비스까지 포괄하는 개념이다.

오늘날 일상에서 감정을 대리하는 현상은 다양한 모습으로 나타난다. 가장 대표적인 것이 메신저에서 자주 사용하는 이모티콘이다. 이모티콘이란 감정을 뜻하는 'emotion'과 조각을 뜻하는

'icon'을 합쳐서 만든 말로, 감정을 이미지로 표현한 조각이다. 온라인 소통이 증가하면서 이모티콘은 감정을 대신 표현해주는 유용한 수단으로 자리 잡았다. 이제 우리는 행복하거나 즐거울 때, 누군가를 축하해주거나 감사를 표할 때, 짜증 나거나 우울할 때 해당 감정에 어울리는 이모티콘을 찾기만 하면 된다. 장황한 글보다는 직관적인 이모티콘이 당사자의 감정을 효과적으로 드러내주는 수단이 되기 때문이다. 이러한 이모티콘은 원래 채팅에서 자신의 감정을 빠른 속도로 표현하기 위해 개발되었다. 그러던 것이 점차 사용 범위가 확대되어 대화를 중단하고 싶거나 진짜 감정을 숨기기 위한 방편으로 사용되기도 한다. 예컨대, 내가 길게 한 말에 대해서 상대방이 웃는 얼굴의 이모티콘(☺) 하나만 달랑 보내면 이 반응을 어떻게 해석해야 할지 한동안 고민에 빠지기도 한다.

감정대리에 대한 수요가 많아지자 이를 겨냥한 TV 프로그램도 속속 생겨나고 있다. MBC의 〈나 혼자 산다〉나 〈전지적 참견 시점〉, SBS의 〈미운 우리 새끼〉와 같은 소위 '관찰형' 예능 프로그램이 인기를 끄는 것도 이와 유사한 맥락이다. 이러한 프로그램의 특징은 방송 안에 해당 영상을 관찰하는 패널들을 별도로 두고 있다는 점이다. 관찰 패널의 역할은 영상을 보면서 웃고, 화내고, 안타까워하는 등 시청자들의 감정을 대신 드러내는 일이다. 시청자들은 이 패널이 표출하는 감정을 보면서 자신의 감정을 결정한다. MBC의 〈복면가왕〉이나 TV조선의 〈미스트롯〉, MBN의 〈불타는 트롯맨〉과 같은 가요경연 프로그램도 포맷은 비슷하다. 출연자가 노래를 부르면 카메라는 가수가 노래하는 장면에 앵글을 고정하지 않고, 중간중간 심사위원석과 방청석을 비춘다. 그들이 놀라는 장면, 감동하는 장면, 안타까워하는 장면을 클로즈업해가며 특정 시점의 감정은 이러이러해야 한다는 식으로 제시해준다. 그 과정에서 시청자는 출연자의 노래를 듣는 데 그치지 않고 심사위원과 청중의 표정을 통해 선택된 감정을 수용한다. 한마디로 오늘날은 TV 프로그램 또한 감정대리인의 역할을 충실히 해내고 있으며 감정대리는 새로운 문화 코드로 자리 잡았다고 해도 과언이 아니다.

사람들은 왜 감정대리인을 내세우거나 의존하는 것일까? 가장 큰 이유는 시대의 변화와 관련이 있다. 요즘 젊은 세대는 세상에 나오면서부터 입에 스마트폰을 물고 태어난, 이른바 '디지털 네이티브'다. 이들은 대면 상황에서의 감정 표현은 서툰 반면, 감정대리인을 사용하는 데는 적극적이다. 비대면 디지털 환경은 소통 방식을 가볍고 짧은 대화 위주로 발전시켰다. 그 결과, 이들은 감정을 깊게 교환해야 하는 심도 있는 대화는 낯설어하거나 부담스러워하곤 한다. 타인의 감정을 이해할 때도 대리인의 도움을 받아야 하고 자신의 감정조차 잘 알지 못한다. 뉴스 기사를 읽을 때도 기사 내용보다는 댓글을 참조하여 자신의 감정을 결정한다.

정보의 양이 너무 많다는 것도 감정대리인의 필요를 부추긴다. 오늘날 현대인들은 매일 수없이 쏟아지는 정보의 홍수 속에서 감정적 피로감이 높다. 그래서 자신과 직접 관련되지 않은 사태에 대해서는 가급적 감정이입을 줄이려 하고 감정 에너지의 사용을 최소화하려 하는데, 이러한 상황은 더더욱 감정대리인을 필요로 한다.

감정도 사용하지 않으면 퇴화한다

감정대리인을 활용하여 감정을 대리하고 외주화하는 현상은 과연 바람직할까? 온라인과 비대면이 일상화된 상황에서 이것은 불가피한 선택일까? 결론을 내리기에 앞서, 원론적인 질문부터 해보자. '감정'을 '대리'한다는 것이 애초에 가능한 일일까? 예컨대, 마음에 드는 이성에게 사랑의 감정을 느꼈다고 치자. 그런데 감정을 표현할 용기가 없다. 이 상황에서 친구에게 나의 마음을 대신 전해달라고 말하는 것이 가능할까? 이런 경우는 어떨까? 오래 사귄 애인에게 마음이 떠나 이제 그만 결별 통보를 하고 싶다. 하지만 도저히 얼굴을 마주 보고서는 말할 자신이 없다. 이때도 친구에게 대신 자기 감정을 전달해달라고 요청할 수 있을까? 애매하다.

나아가 인간의 감정을 돈으로 사고팔 수 있는지도 생각해볼 문제다. 하버드 대학교의 마이클 샌델Michael Sandel 교수는 《돈으로 살수 없는 것들》에서 이렇게 주장한 바 있다. "세상에는 돈으로 살수 없는 것들이 있다. 하지만 요즘에는 그리 많이 남아 있지 않다. 모든 것이 거래 대상이 되고 있기 때문이다." 샌델이 보기에 오늘날에는 도무지 돈으로 살 수 없는 것들조차 시장에서 거래가 되고 있다. 그는 그러한 예로 여성의 대리모 서비스, 멸종위기 동물을 사냥할 권리, 대기에 탄소를 배출할 권리 등을 꼽았다. 이제 돈만 주면 대리모 여성을 통해 아이를 낳을 수도 있고, 지구상에 몇 마리 남지 않은 코뿔소를 사냥할 수도 있다. 지구온난화가 되든 말든, 환경이 파괴되든 말든 당당하게 탄소를 배출할 수도 있다. 돈만 지불한다면 말이다.

이처럼 본질에 있어 거래해서는 안 되는 재화까지 돈만 주면 '만사 OK'인 시대를 우리는 살고 있다. 샌델은 그 배경에 시장지상주의가 있다고 보았다. 모든 가치판단을 '보이지 않는 손'인 시장에 맡겨서 효용가치를 극대화하는 것이 최고의 미덕이라 생각하는 시장지상주의로 인해 우리는 과거 차마 거래에 포함시키지 않았던 것마저 보란 듯이 사고팔게 되었다. 이처럼 시장 논리가 가치의 중심에 자리하면서 도덕 규범은 주변으로 밀려나고 말았다.

감정이 처한 상황도 이와 유사하다. 본디 감정이란 개개인의 마음속에서 일어나는 주관적인 느낌이다. 그렇기 때문에 자기 외에 다른 사람에게 드러내는 것을 조심스러워했다. 첫눈에 반한 이성에게 차마 말조차 건네지 못한 이유도 바로 그 때문이다. 2000년에 방영된 KBS의 인기 드라마 〈가을동화〉에는 남자 주인공(원빈)이 여자 주인공(송혜교)에게 "얼마면 돼? 얼마면 되겠니?"라면서 구애하는 장면이 등장한다. 돈으로 사랑의 감정을 살 수 있다고 생각한 남자 주인공의 말투에 많은 사람들이 눈살을 찌푸렸는데, 그 배경에는 사랑이라는 감정은 돈으로 살 수 없다는 전제가 들어 있기 때문이리라. 게다가 감정이란 매우 조심스럽게 다루어야 할 그 무엇이다. 아무리 첫눈에 반한 이성이 있어도 무작정 쫓아가서 사귀자고 말한다면 본래 감정이 순수했다 하더라도 바람둥이처럼 비춰질 가능성이 높다. 그래서 순수한 감정조차 드러내기 무척 조심스러워했다. 그러나 감정에 대한 이러한 이야기도 이제 옛말이 되어버린 듯하다. 지금은 "쇼 미 더 머니, 돈을 보여줘! 그럼 사랑을 줄 테니" 하면서 사랑의 감정도 거래의 수단이 되고 말았으니 말이다.

감정과 달리 신체는 상황이 다르다. 역사적으로 살펴봐도 인간의 신체는 과거부터 거래의 대상이었다. 고전Classic의 어원이 되는 표현으로 '클라시쿠스Classicus'라는 단어가 있다. 이 말은 '함대艦隊'를 뜻하는 '클라시스Classis'에서 파생된 단어로, 클라시쿠스는 전쟁과 같은 위기 상황이 발생하면 국가를 위해 함대(클라시스)를 기부할 수 있는 부자를 뜻한다. 이와 반대로 전쟁 상황에서 자식(라틴어로는 '프롤레스Proles'라고 부름)밖에는 내놓을 게 없는 사람은 '프롤레타리우스Proletarius'라고 불렀다(여기서 무산계급을 뜻하는 '프롤레타리아'라는 말이 나왔다). 말하자면 부자는 돈으로 의무를 다하고 가난한 사람은 몸으로 때웠던 것이다. 우리나라에서도 예로부터 남성은 군대를 가야 하는 군역軍役의 의무를 졌다. 이때 양반이나 돈 많은 사람들은 군역을 대신해줄 사람을 돈으로 사기도 했다. 일종의 '용병'인 셈이다. 이렇듯 예로부터 신체는 거래의 대상이었다. 말하자면 신체는 사고팔 수 있는 상품의 범주에 속했다. 하지만 감정만은 예외였다. 감정은 거래 가능한 상품이 아니라 도덕적 범주에 속했기 때문이다.

그러나 샌델 교수의 진단처럼 시장지상주의가 팽배한 오늘날에는 모든 것이 거래 수단으로 전락하고 말았다. 여기에는 과거 도덕적 범주에 속했던 감정 또한 예외가 아니다. 감정마저도 돈으로 살 수 있다고 믿게 되면서 우리는 점점 도덕적 감수성이 무뎌지는 상태에 이르렀다. 가령, 지금껏 우리 사회에서 도덕이나 사회적 규범을 지키지 않은 사람에게는 어떤 형태로든 처벌이 가해졌다. 그리고 이러한 처벌 가능성은 도덕 규범을 지키게 만드는 기제로 작용했다. 죄책감이나 처벌에 대한 두려움 때문에 사람들은 되도록 공동의 질서나 규범을 지키며 살고자 노력했다. 그런데 이때 만약 죄책감이나 처벌을 누가 대신 책임져줄 수 있다면 어떻게 될까? 마이클 샌델은 이를 벌금과 요금의 개념으로 설명한다. 그에 따르면, "벌금은 도덕적으로 승인받지 못하는 행동에 대한 비용"이고, "요금은 도덕적 판단이 배제된 단순한 가격"이다. 둘 다 비용을 지불해야 한다는 면에서는 동일하지만 벌금에는 도덕적 지탄이나 죄책감이 부가된다는 차이가 있다. 따라서 도덕적으로 문제가 될 만한 일을 한 사람은 벌금과 함께 감정적 부담까지 져야 했다.

하지만 '돈으로 살 수 없는 것들'을 거래하기 시작하면서 벌금이 요금으로 대체되었다. 예컨대 감정적 부담을 대신 져줄 사람을 살 수 있다면, 벌금은 요금과 별반 다를 게 없어진다. "처음에는 벌금으로 인식되던 것이 점차 익숙해지면 벌금이 요금화되어 비용을 지불하는 것이 낫다고 판단하게 된다." 가령, 과거에는 도덕적 문제를 일으킨 사람에게 처벌과는 별개로 '주홍글씨'가 끝까지 따라다녔다. 그게 무서워 부자든 가난한 사람이든 비도덕적인 행위를 하지 않으려 했다. 하지만 지금은 상황이 사뭇 달라졌다. 돈만 있다면 도덕적 책임으로부터 어느 정도 해방될 수 있기 때문이다. 그 결과 잘못을 저질러도 '요금만 지불하면 그만'인 상황이 되어버렸다. 이러한 환경은 재력가에게는 자유를 선사해주었다. 타인의 감정을 살 수 있는 부자라면 별다른 거리낌 없이 부도덕한 짓을 자행해도 별 문제가 되지 않았다. 문제가 생겨도 돈으로 해결하면 그만이니까. 이처럼 감정이 거래의 수단이 되면서 도덕적 감수성은 점점 무뎌지고 말았다.

도덕적 감수성을 무디게 하는 것 외에도 감정대리인을 내세우는 상태가 의사소통을 심각하게 방해한다는 점도 문제다. 독일 철학자 위르겐 하버마스Jürgen Habermas의 《의사소통 행위이론》에 의하면, 의사소통이란 상호 이해를 바탕으로 서로 간의 동의에 기초하여 수행되는 행위를 말한다. 여기서 '상호 이해'란 화자와 청자 모두가 지금 하고 있는 의사소통이 어떤 조건에서 수용될 수 있는지를 잘 알고 있는 상태를 뜻한다. 즉 내가 어떤 발언을 했을 때 상대방이 어떻게 받아들일지를 알고 있어야 비로소 '상호 이해'에 도달하는 것이다. 가령, 오랫동안 사귄 연인 사이에서 한 사람이 갑자기 "우리 그만 헤어지자"고 말했을 때, 그 말을 상대가 어떻게 받아들일지를 알아야 상호 이해에 도달할 수 있다. 이를 위해서는 상대방의 반응을 살피고 상대방에게 반론의 기회를 주는 것이 전제되어야 한다. 반응을 살피거나 반론의 기회가 주어지지 않는다면 화자의 주장이 아무리 정당하더라도 올바른 의사소통 행위가 아니다. 따라서 문자 메시지로 헤어지자고 일방적으로 통보한 뒤 '수신 거부'를 눌러버리면 의사소통은 전혀 이루어지지 않은 것이다. 대리인을 내세워 감정을 대신 전달하는 것 또한 진정한 의사소통 행위가 아니다.

오래 사귄 연인이 결별 선언을 할 때 감정대리인을 내세운다는 말은 상대방에 대한 책임을 회피하는 일이기도 하다. 에리히 프롬 Erich Fromm 은 "진정한 사랑의 태도 속에는 상대방에 대한 주의, 책임, 존중, 지식 등이 들어 있어야 한다"고 주장했다. 여기서 그가 말하는 책임이란 상대방의 욕구에 대한 반응과 관련이 있다. 프롬이 말하는 사랑의 태도로서의 책임이란 다음과 같다. "내가 책임을 갖는다는 것은 그의 욕구, 그가 표현할 수 있는 욕구, 그리고 더 나아가서 그가 표현할 수 없거나 표현하지 않는 욕구에까지 반응을 보이는 것이다." 사랑하는 사이에서 책임이란 상대방의 욕구에 반응해주는 행위로 드러난다. 만약 상대방의 욕구에 아무런 반응을 보이지 않는다면 이는 더 이상 사랑하지 않는다는 뜻이기도 하다. 이때 반응해줘야 할 욕구는 상대가 나에게 표현한 것에 국한되지 않는다. 상대방이 표현할 수 없거나 어떤 이유에서건 표현하지 않은 욕구까지 포함한다. 이런 관점에서 볼 때 연인 사이에 감정대리인을 내세운다면 그건 상대방의 욕구를 알고 싶지 않거나 무시하려는 태도를 드러내는 것이다. 따라서 사랑하는 사람이 가져야 할 태도나 감정과는 거리가 멀다. 어떤 이유에서건 상대방에 대한 책임을

지지 않는 것은 진정한 사랑이 아니며 한때 사랑했던 사람에 대한 예의도 아니다.

우리가 감정대리인을 활용하게 되면 일부 편리함을 얻을 수 있기는 하다. 하지만 대개는 그로 인해 지불해야 하는 대가가 더 크다. 감정대리인을 자주 사용하면 우리는 자기도 모르게 도덕적 감수성이 무뎌진다. 게다가 의사소통 행위에서 진정성을 잃고 만다. 무엇보다 큰 문제는 감정 근육이 약화된다는 점이다. 19세기 초 활동했던 프랑스 진화론자인 장 바티스트 라마르크Jean-Baptiste Lamarck는 생물이 진화하는 과정에서 자주 사용하는 기관은 발달하지만 그렇지 않은 기관은 퇴화한다는 '용불용설用不用說'을 주장한 바 있다. 이러한 용불용설은 감정에도 동일하게 적용될 수 있다. 우리가 자신의 감정을 감정대리인에게 위탁해버리면 어느 순간 이른바 '감정 고자'가 될지도 모른다. 굳이 감정이라는 에너지를 소모할 필요가 없다고 생각하거나 감정적 대응이 귀찮다고 느낀다면 진화 과정에서 자연스럽게 감정이 도태하거나 퇴화할 가능성이 높다. 실제로 온라인이나 비대면 소통을 선호하는 젊은 세대 중에서는 감정 조절이나 감정적 표현에 서툰 사람의 비율이 점점 높아지고 있다. 최근 들어 분노조절장애나 히키코모리가 증가하는 현상도 감정 근육의 약화와 깊은 관련이 있다. 어쩌면 우리는 우리도 모르는 사이에 점점 감정을 잃어버려서 로봇이나 소시오패스로 변하고 있는지도 모른다.

이제 어떻게 해야 할까? 문제의 원인 속에 이미 답이 들어 있다.

지금의 문제는 감정대리인을 내세우느라 나의 감정을 사용하지 않기 때문에 발생한 것이다. 따라서 지금부터라도 감정을 직면하고 스스로 표현하려는 노력이 필요하다. 감정은 소모품이 아니다. 사용할수록 고갈되거나 감가상각이 되는 물건은 더더욱 아니다. 오히려 사용하면 할수록 발달하는 근육과 비슷하다(그래서 '감정 근육'이라고 부르기도 한다). 오늘날에는 몸매를 아름답고 튼튼하게 만들기 위한 목적으로 신체를 단련하는 데 열심인 사람이 많다. 하지만 감정에도 피트니스가 필요하다. 감정 근육을 유연하고 튼튼하게 만들기 위한 훈련이 필요한 것이다. 신체 근육을 키우기 위해 누군가가 나를 대신하여 운동을 해줄 수 없듯이, 대리인이 나의 감정 근육을 길러줄 수는 없다. 본인이 스스로 노력해서 가꾸는 수밖에 없다. 감정을 시장에서 사다가 이식한다면 이는 인간이 아니라 로봇에 불과할 테니 말이다.

PART 3

행복이라는 이름의
트렌드 상품

01. 소확행

'작지만 확실한 행복'으로 진정한 만족을 얻을 수 있을까?

인간은 기본적으로 행복을 추구하는 존재다. 그리스 철학자 아리스토텔레스는 《니코마코스 윤리학》에서 이런 말을 했다. "인간이 추구하는 모든 활동은 궁극적으로 행복을 얻기 위함이다." 우리가 매일 하는 노동이나 취미 활동, 게임이나 여가 활동 모두는 그것을 통해 행복을 얻기 위함이다. 우리는 노동을 통해 돈을 벌고, 그렇게 번 돈으로 하고 싶은 일을 하며 행복을 맛보고자 한다. 그렇기에 하기 싫은 노동도 참고 감내한다. 궁극적인 목적인 행복을 얻으려면 그래야 하기 때문이다. 아리스토텔레스는 행복이 여타의 것들과는 차원이 다른 목표라면서 이렇게 주장했다. "행복은 우리가 다른 어떤 목적을 위한 방편으로서가 아니라 그것 자체를 위해 추구하는 유일한 목표다." 한마디로 행복이야말로 최고의 선이자 사람들이 추구하는 궁극적인 목표라는 뜻이다.

행복은 모든 사람들이 추구한다는 면에서는 같지만 무엇을 가져야(또는 해야) 행복에 이를 수 있는지는 사람에 따라 다르다. 행복이라는 최종 목적에 대해서는 모두가 동의하지만 그것을 얻기 위한 수단에 대해서는 생각이 서로 다르다. 어떤 사람은 돈이 많아야 행복하다고 여기고, 어떤 사람은 쾌락을 즐기는 순간이 행복이라고 이야기한다. 쾌락주의자였던 에피쿠로스는 보통 사람들이 추구하는 방식과는 사뭇 다른 방향으로 행복을 얻고자 했다. 그는 "빵과 물만 있으면 신도 부럽지 않다"면서 욕망을 최소화하고 삶을 단순화하는 방법으로 행복에 이르고자 했다. 왜 그는 무언가를 많이 가지는 쪽을 선택하지 않고 덜 갖는 쪽으로 방향을 잡았던 것일까?

～～～ 전혀 사소하지 않은 '작지만 확실한' 행복 ～～～

에피쿠로스는 기대와 실제의 관계를 통해 행복의 공식을 만들었다. 행복이란 '실제'에서 '기대'를 나눈 값이다. 즉 '자신이 가지고 싶은 것'에서 '실제 가지고 있는 것'이 얼마인가로 측정된다. 분모인 '자신이 가지고 싶은 것'과 분자인 '실제로 가지고 있는 것'의 비율에 따라 행복과 불행이 결정된다는 뜻이다. 예컨대, 100억 원을 가진 사람이 1,000억 원을 바란다면 그는 10퍼센트밖에 가지지 못했으므로 불행한 사람이다. 반면, 수중에 100만 원만 있으면 족하다고 생각하는데 통장에 1,000만 원이 들어 있으면 기대한 것보다 열 배나 많이 가지고 있으므로 그는 행복한 사람이다. 이러한 에피쿠로스의 행복 공식을 적용하면 인간은 두 가지 방법으로 행복해질 수 있다. 바로 분모를 줄이거나 분자를 늘리는 방법이다. 가지고 싶은 것을 줄이거나 실제 가진 것을 늘리거나인데, 사람들은 둘 중 어떤 방법을 선호할까?

에피쿠로스는 분모를 줄이는 쪽으로 방향을 잡았다. 그는 무엇인가를 많이 갖기보다는 욕망을 최소화하여 기대치를 낮추는 전략을 선택했다. 아무래도 그 방향이 좀 더 손쉽다고 생각한 모양이다. 오늘날 현대인들은 에피쿠로스의 행복 공식 중에서 어떤 쪽을 선호할까? 개인차는 있겠지만 대체로 분모값(기대치)을 줄이기보다는 분자값을 늘리는 쪽을 선호한다. 즉 욕망을 줄이기보다는 더 많이 갖기를 원한다. 왜 그럴까?

가장 큰 요인은 수많은 미디어나 광고 등이 더 많이 갖도록, 더 많이 욕망하도록 우리를 부추기기 때문이다. 그 결과, 현대인들은 더 많은 돈, 더 좋은 집, 더 멋진 차, 더 고급스러운 옷 등을 끊임없이 추구한다. 이렇듯 현대인들은 한계를 정하지 않은 채 끝없는 욕망과 쾌락을 탐하도록 진화해왔다.

그런데 최근 들어서는 이와 반대 현상도 나타나고 있다. 욕망을 추구하기보다는 최소한의 것에 만족하는 삶을 살고자 하는 이들이 생겨났다. 바로 '소확행'을 추구하는 이들의 등장이다. 소확행이란 '작지만 확실한 행복'이라는 뜻으로 일상에서 느낄 수 있는, 작지만 확실하게 실현 가능한 행복 또는 그러한 행복을 추구하는 삶의 경향을 말한다. 이는 일본의 소설가 무라카미 하루키村上春樹가 자신의 수필에서 처음 쓴 표현인데, 그는 작지만 확실한 행복의 예를 다음과 같이 들었다. "갓 구운 빵을 손으로 찢어 먹는 것, 서랍 안에 반듯하게 접어 넣은 속옷이 잔뜩 쌓여 있는 것, 새로 산 정결한 면 냄새가 풍기는 하얀 셔츠를 머리에서부터 뒤집어쓸 때의 기분." 말하자면 행복은 크고 거창한 것이 아니라 일상에서 느끼는 작은 즐거움 속에 있다는 뜻이다.

소확행을 추구하는 사람은 바다가 내려다보이는 고급 별장을 구입한다거나 호화 크루즈선을 타고 세계일주를 하는 등 크지만 성취가 불확실한 행복을 좇기보다는 작지만 일상에서 성취하기 쉬운 소소한 행복을 추구하며 살아가자는 주의다. 일종의 인식 전환이라고 할 수 있는데, 행복을 가져다주는 대상이나 목표를 큰 것에서 작은 것으로 전환함으로써 그것을 쉽게 이루어보려는 취지라 하겠다. 그러나 한번 생각해보자. 소확행처럼 우리가 행복의 대상을 큰 것에서 작은 것으로 바꾸겠다고 '마음만 먹으면' 누구나 쉽게 행복에 이를 수 있을까? 개인이 처한 상황에 따라 다르겠지만 인식의 전환만으로 행복에 이를 수 있다는 믿음은 지나치게 순진한 생각이다. 행복은 단지 우리가 마음만 바꿔 먹는다고 쉽게 얻을 수 있는 성질의 것이 아니기 때문이다.

철학자 스피노자Spinoza가 쓴 《에티카》의 마지막 구절에는 이런 말이 나온다. "만일 행복이 눈앞에 있다면 그리고 큰 노력 없이 찾을 수 있다면, 그것이 모든 사람에게서 등한시되는 일이 도대체 어떻게 있을 수 있을까? 그러나 모든 고귀한 것은 힘들 뿐만 아니라 드물다." 스피노자에 따르면, 행복은 누구에게나 쉽게 주어지는 것이 아니다. 그것은 큰 노력을 들여야만 비로소 얻을 수 있는 것이다. 별다른 노력도 없이 '이제부터 소확행해야지' 하고 마음먹는다고 해서 행복이라는 파랑새가 알아서 날아와줄까? 절대 그렇지 않다. 행복은 그렇게 쉽게 주어지지 않는다.

물론 '작은 것에서 행복을 찾자'는 소확행의 취지는 충분히 공감할 만하다. 대大철학자 에피쿠로스도 그렇게 생각했으니까. 하지만 누구나 쉽게 소확행을 누리지는 못한다. 소확행은 말 그대로 '작지만 확실한 행복'인데, 세상에 모든 사람에게 '확실하게' 행복을 주는 일 같은 것은 존재하지 않는다. 행복은 '무엇을 하는가'가 아니라 '그 행위에서 당사자가 무엇을 느끼는가'에 따라 결정되기 때문이다. 행위의 특성이 아니라 사람에 따라 달라진다는 얘기다. 동일한 체험을 하더라도 사람마다 얻는 느낌이나 감정이 다를 수 있다. 매일 아침 출근 시간에 쫓겨 허덕이는 사람이 하루키가 예로 든 사례처럼 갓 구운 빵을 느긋하게 손으로 찢어 먹으면서 그 순간을 즐길 수 있을까? 아무래도 현실적이지 않다. 정신없이 출근 준비를 하느라 그러한 여유를 가질 겨를조차 없는 경우가 대부분이다.

사실 하루키가 말한 소확행의 사례들을 따라 한다고 해서 모두가 행복감을 느낄 수 있는 건 아니다. 하루키처럼 먹고사는 문제에 걱정이 없고, 일상에 여유가 있는 사람만이 느낄 수 있는 특별한 경우다. 알다시피 무라카미 하루키는 평범한 사람이 아니다. 세계적으로 잘나가는 베스트셀러 작가다. 그가 새 책을 내면 일본은 물론이고 전 세계 수십여 개의 나라에서 서로 수입을 하겠다고 난리다. 당연히 그는 경제적인 문제로 고민하는 일이 거의 없을 테다. 또 매일 출근해야 하는 직업도 아니니까 시간적 여유도 많다. 그렇게 여유가 넘치다 보니 일상에서 일어나는 사소한 행위에서도 소소한 행복을 발견할 수 있는 것이 아닐까(물론 이러한 분석이 현실을 잘못 해석한 것일 수 있다. 하루키도 새 책을 집필하기 위해서는 엄청난 노력과 시간을 투자해야 하기에 여유가 없을 수 있다. 그럼에도 직장에 얽매인 신분인 샐러리맨보다는 여유로운 것 또한 부정할 수 없는 사실이다).

불행히도 대다수의 평범한 사람들은 하루키처럼 살지 못한다. 대개는 경제적 문제로 고민이 많고 시간적 여유도 별로 없는 경우가 더 많다. 그렇기에 매일매일 시간에 쫓기며 하루를 바쁘게 사는 사람들은 동일한 행위를 하더라도 하루키와 같은 행복감을 맛보기 어려울 가능성이 높다. 요컨대 소확행도 삶에 여유가 있어야 누릴 수 있는 것이다.

또 하나 소확행의 문제는 행복을 '특정 순간'으로 환원한다는 데 있다. 그러나 진정한 행복이란 기본적으로 행복의 감정이 '지속'되어야 한다. 일상의 대부분의 시간을 불행하다고 느끼다가 특정 순간에 잠깐 행복감을 맛보았다고 해서 그를 행복한 사람이라고 보기는 어렵다. 잠깐의 행복과 긴 시간의 고통을 두고 행복한 상태라고 말하는 것은 아무래도 무리가 있다. 대부분의 일상이 행복으로 채워져 있고, 행복의 상태가 지속될 때라야 우리는 비로소 진정으로 행복에 이르렀다고 말할 수 있다.

솔직하게 말하면, 오늘날 사람들이 '소확행'을 강조하고 그것을 마치 새로운 트렌드인 것처럼 따라 하는 것은 그다지 바람직한 현상이 아니다. 소설가 헤르만 헤세Hermann Hesse가 이런 말을 했다. "그대가 행복을 추구하는 한, 그대는 언제까지나 행복해지지 못한다." 진짜로 행복한 사람은 살면서 '행복'이라는 단어를 떠올리지 않는다. 그냥 삶을 즐길 뿐이다. 반면, 평소 삶이 행복하지 않다고 느끼는 사람은 '어떻게 하면 행복할 수 있을까'를 고민한다. 사실 행복은 관찰의 대상도 의식의 대상도 아니다. 영국의 경제학자이자 철학자인 존 스튜어트 밀이 이런 말을 했다. "나는 지금 행복한가 하고 자기 자신에게 물어보면, 그 순간 행복하지 못하다고 느끼게 된다." 누군가가 행복을 의식하고 있다면 그는 지금 행복하지 않은 상태라고 봐도 틀리지 않다. 진짜 행복한 사람은 자신이 행복하다는 사실을 의식조차 하지 못한다. 행복은 의식하지 못한 채 단지 향유될 뿐이다. 이런 논리로 보자면, 우리가 소확행을 강조하고 그것을 따라 하려는 행위는 어쩌면 우리가 행복하지 않기 때문에 생긴 현상이 아닐까? 소확행을 추구하는 경향은 그 자체로 현대인들이 행복하지 못한 삶을 살고 있다는 반증이기도 한 것이다.

그렇다면 하루키가 아닌 평범한 사람들은 어떻게 해야 행복해질 수 있을까? 프랑스 철학자 에밀 샤르티에Émile Chartie는 《행복론》이라는 책에서 다음과 같이 적었다. "불행해지고 불만스러워지는 건 어렵지 않다. 사람들이 즐겁게 해주길 기다리는 왕자처럼 앉아 있기만 하면 된다. (…) 그러나 행복해진다는 것은 언제나 어려운 일이다. 분명한 것은 행복해지기를 원치 않으면 행복해질 수 없다는 것이다. 그러므로 우선 자기가 행복해지길 원하고 이를 만들어가야 한다." 샤르티에에 의하면, 불행해지기는 쉽다. 그냥 가만히 있으면 된다. 그러면 불행이라는 녀석이 찾아와서 나를 불행의 구덩이에 빠뜨려버린다.

그러나 반대로 행복해지기는 매우 어렵다. 행복해지려면 자신이 행복해지길 원하고 이를 만들어가야 한다. 샤르티에는 행복해지기 위한 방법으로 "삶에서 아름다움을 포착하는 안목을 배우라"고 조언한다. 이 말은 소확행의 취지와 일맥상통하는 것이기도 하다. 예를 들어보자. 직장 일로 바쁜 아빠가 아침에 출근을 하려는데 자녀가 안아달라며 조르고 있다. 이때 "지금은 아빠가 바쁘니까 퇴근 후에 안아줄게"라며 그냥 가버리는 아빠가 있는가 하면, 시간은 없지만 자녀를 꼭 껴안아주면서 아이를 달랜 후 출근하는 아빠가 있다. 둘 중 누가 더 행복한 사람일까? 당연히 후자다. 그는 삶에서 아름다움을 발견할 줄 아는 사람이다. 다시 말해 일상에서 일어나는 소소한 행복을 경험할 확률이 높다. 반면, 첫 번째 아빠는 삶에서 아름다움을 포착하는 안목이 없는 사람이다. 그는 일상에서 소소한 행복의 기회가 주어져도 그냥 지나쳐버리고 말았다. 경험해본 사람은 대체로 공감할 테지만, 자녀가 아빠를 찾으며 안아달라고 말하는 시기는 매우 짧다. 자녀가 초등학교 고학년이나 사춘기만 되어도 좀처럼 경험하기 힘든 일이다. 첫 번째 아빠는 그 잠깐의 시기에만 주어지는 인생의 중요한 순간을 놓치고 있는지도 모른다. 안타까운 일이다.

첫 번째 아빠는 왜 자녀가 안아달라고 말해도 그렇게 하지 않고 그냥 출근했을까? 물론 회사 일이 바빠서 그랬을 것이다. 하지만 보다 근원적인 이유가 있다. 바로 삶에 여유가 없기 때문이다. 평소 여유가 없고 바쁘게 사는 사람은 일상에서 소소한 행복의 기회가 주어져도 그냥 지나쳐버리고 만다. 결국 소확행이란 평소 불행한 사람이 행복을 얻기 위한 방법론이 아니다. 오히려 이미 행복하고, 여유 있게 살고 있는 사람이 누리는 '추가적인 행복의 기회'에 가깝다. 삶의 여유가 일상에서 만나는 사소한 것에서도 아름다움과 행복을 발견할 수 있게 도와주기 때문이다. 이런 이유 때문에 평소 소확행을 누리는 사람이라면 이미 행복한 삶을 살고 있을 가능성이 높다.

결국 소확행은 아무나 누릴 수 있는 행복이 아니다. 평소 삶에서 여유를 가진 사람만이 누릴 수 있는 특권에 가깝다. 따라서 현재 삶에 여유가 없고 만족스럽지 않은 사람이라면 무작정 소확행을 추구하는 것은 그다지 추천할 만한 일이 아니다. 그런 상태에서 맛보는 조그마한 행복이란 일시적인 만족이거나 진정한 행복을 맛볼 수 없는 데 대한 정신승리에 불과할 테니 말이다. 진정으로 소확행을 경험하고 싶다면 먼저 자신의 삶에서 여유를 갖는 일이 선행되어야 한다. 그런 다음에라야 삶에서 만나는 소소한 경험에서 행복의 감정을 맛볼 수 있다. 결국 우리가 추구해야 할 것은 '소확행'이 아니다. 그냥 '행복'이다. 소확행이 아니라 행복을 추구하도록 노력해야 한다.

02. 욜로족

소비가 채워주는 행복은 어디까지인가?

연세 지긋한 어르신들이 야유회 등에서 가무歌舞를 즐길 때면 빠지지 않고 부르는 노래가 있다. 노래 제목은 몰라도 가사는 누구나 한 번쯤 들어보았을 것이다. '노세 노세 젊어서 놀아/늙어지면은 못 노나니/화무는 십일홍이요 달도 차면 기우나니라/얼씨구절씨구 차차차/지화자 좋구나 차차차/화란춘성 만화방창/아니 노지는 못하리라 차차차' 가사를 들어보면 젊었을 때 마음껏 즐기자는 내용인데, 이미 흘러가 버린 세월에 대한 그리움이 한껏 묻어 있다. 어르신들은 가족의 생계를 책임지느라 제대로 놀지도, 즐기지도 못한 채 지나가 버린 인생에 대한 아쉬움을 신나는 멜로디에 담아 분풀이하듯 풀어내는 것이다. 하지만 아무리 목청껏 '노세 노세 젊어서 놀아'를 외쳐본들 만시지탄晩時之歎일 뿐이다. 흘러간 세월은 되돌릴 수 없고, 지나간 젊음은 붙잡을 수 없는 노릇이니 말이다.

그래서일까? 과거 어른들의 전철을 밟지 않기 위해 '젊어서 노세'의 철학으로 무장한 젊은이들이 등장하기 시작했다. 바로 '욜로족'의 출현이다. 욜로YOLO란 '인생은 한 번뿐이다'라는 뜻의 'You Only Live Once'의 앞글자를 딴 용어로, '현재-자신'의 행복을 가장 중요시하며 사는 것을 말한다. 쉽게 말해 '한 번뿐인 인생, 즐기면서 살자'라는 주의로, '노세 노세 젊어서 노세'의 현대 버전이라 할 수 있다.

욜로족은 어른들이나 기성세대의 인생관을 추종하지 않는다. 기성세대가 내일의 행복을 위해 오늘의 고통을 감수하며 살았다면, 욜로족은 이러한 태도에 반기를 든다. 이들은 내일의 행복을 위해 결코 오늘을 희생하지 않겠다는 태도를 지녔다. 그런 이유로 욜로족은 내 집 마련이나 노후를 위한 저축보다는 지금 당장의 행복을 위해 여행이나 취미활동, 여가활동에 시간과 돈을 아끼지 않는다. 기성세대의 관점에서는 잘 이해가 되지 않겠지만 욜로족의 소비는 자신의 행복을 적극적으로 추구한다는 점에서 충동구매와 분명히 구분된다.

그런데 욜로족의 출현은 현대에 들어 생긴 현상이 아니다. 인류 역사에서 최초의 욜로족이라 부를 만한 사람이 있다. 앞에서도 언급한 바 있는 그리스 철학자 에피쿠로스다. 그가 욜로족이었음을 추정할 근거는 그의 책 《쾌락》에 담긴 다음의 글에 잘 나타나 있다. "그대는 신이나 그의 사원을 위해, 국가나 강력한 문화를 위해 살고 있는 것이 아니다. 그대는 그대의 단 한 번뿐인 유일한 인생을 행복으로 가득 채우기 위해 존재한다." 오늘날 욜로족의 '인생은 단 한 번뿐'이라는 슬로건과 정확히 일치한다. 에피쿠로스는 국가나 자신이 속한 집단의 번영보다는 자신의 행복이 우선한다고 보았고, 그러한 이유로 개인의 쾌락을 유일한 선으로 간주했다.

그렇다면 에피쿠로스도 오늘날의 욜로족처럼 여행을 다니고 쾌락을 위해 적극적으로 소비에 가담했을까? 그렇지는 않다. 에피쿠로스는 개인의 행복과 쾌락을 무엇보다 중요하게 생각했지만 그렇다고 현대의 욜로족처럼 소비에 열중하지는 않았다. 그가 말하는 쾌락이란 '아타락시아Ataraxia,', 곧 '마음의 평정'을 뜻한다. 마음의 평정을 얻을 수 있는 상태가 최고의 쾌락이라고 본 것이다. 그런 이유로 그는 마음에 맞는 사람들과 공동체를 이루고 살면서 최소한의 쾌락만을 추구하며 소박하게 살았다. 소비를 오히려 줄이고 최소한의 쾌락만을 추구하는 절제의 삶을 산 것이다. 이렇듯 에피쿠로스와 욜로족은 개인의 행복을 중요시한다는 점에서는 철학적 지향점이 동일하지만 그것에 다가가는 실천 방식은 서로 다르다.

소비가 주는 행복의 치명적 단점

개인의 행복을 극대화하기 위해서는 에피쿠로스처럼 최소한의 쾌락만을 추구하는 것이 좋을까, 아니면 욜로족처럼 적극적인 소비 활동을 하는 편이 좋을까? 여기에는 정답이 없다. 무엇을 어떻게 소비하는가에 따라 행복의 정도가 달라지기 때문이다. 하지만 그럼에도 보편적인 관점에서 논의를 이어가면, 적극적인 소비 활동이 곧 진정한 행복으로 이어지는 경우는 많지 않다. 앞에서도 잠시 언급한 바 있듯이 아리스토텔레스가 "인간이 추구하는 모든 활동은 궁극적으로 행복을 얻기 위함이다"라고 했을 때, 그가 행복의 뜻으로 사용한 그리스어는 '에우다이모니아Eudaimonia'이다. 에우다이모니아는 무절제한 쾌락이 아니라 '절제를 통한 삶의 균형과 안정을 이룬 상태'를 의미한다. 에피쿠로스의 쾌락주의도 바로 여기에 바탕을 두고 있다.

욜로족의 생활방식이 개인마다 조금씩 달라서 일반화하기 어렵지만 오늘날 불고 있는 욜로 열풍이 당사자를 진정한 행복으로 이끄는지에 대해서는 한번 점검해볼 필요가 있다. 예컨대, 욜로족 직장인은 몇 달 치 월급을 모아 해외여행 한번 다녀오는 데 다 써버리기도 한다. 그러고는 "단 한 번뿐인 인생을 제대로 즐기며 살아야 한다"면서 욜로를 외친다. 그런데 현재 다니고 있는 직장이나 하는 일이 너무나 싫은 직장인이 월급을 모아 해외여행을 다녀왔다고 해서 인생이 갑자기 행복하게 바뀔까? 여행을 하는 순간에는 행복감을 맛볼지 모르나 여행이 끝나는 순간 그 행복도 신기루처럼 사라지고 만다. 욜로족에게 여행은 일장춘몽—場春夢일 가능성이 높다.

솔직하게 말하면 단 한 번뿐인 인생을 즐기기 위한 목적으로 선택하는 이러한 소비적 쾌락, 예컨대 해외여행을 다니거나 가끔씩 값비싼 물건을 사거나 하는 행위는 대체로 일시적인 행복만 가져다준다. 이는 진정한 행복 추구가 아닌 불행한 현실에 대한 임시 도피처를 찾는 것에 불과하다.

그러면 욜로 행위가 진정한 행복으로 이어지기 위해서는 무엇이 필요할까? 대략 다음의 두 가지 요소를 갖추어야 한다. 첫째는 그 행위가 즐겁고 재미있어야 한다. 두 번째는 그 행위를 지속할 수 있어야 한다. 사람은 즐겁고 재미있는 일을 지속할 때 행복하다고 느낀다. 앞서 예로 들었던 해외여행은 이 두 가지 조건을 충족시키는 활동일까? 대부분 즐겁고 재미있는 활동일 가능성이 높다. 하지만 그 상태를 지속하기는 쉽지 않다. 당사자도 몇 달을 아끼고 모아서 겨우 한 번 다녀왔을 뿐이다. 이처럼 아무리 재미있는 활동이라도 현실적으로 그것을 지속할 수 없다면 진정한 행복이라고 말하기 어렵다.

에피쿠로스도 소비적 쾌락이 진정한 행복은 아니라는 취지로 다음과 같이 주장했다. "인류는 영원히 무의미하고 무익한 고통의 희생자가 된다. 물건의 구입이나 순수한 쾌락의 증대에 어떤 제한이 있다는 사실을 모르는 탓에, 쓸데없는 불안으로 안달복달한다." 해외여행이나 명품 구입 등 소비적 쾌락은 설령 그것이 행복하기 위한 선택이었다 하더라도 현실적 제약이나 제한이 따르는 경우가 많다. 일단 경제적, 시간적 제약 때문에 지속하기가 어렵고, 원할 때마다 실행에 옮길 수도 없다. 그렇기 때문에 진정한 행복을 맛보기도 힘들다. 이런 행위는 일시적으로 행복하다는 느낌을 주기도 하지만 얼마 지나지 않아 그것 때문에 고통이 찾아오기도 한다. 과

소비의 결과로 생겨난 카드값을 갚느라 허리가 휠 수도 있다.

~~~~~~~~ 우리에겐 '소모적 행복'이 아닌 ~~~~~~~~
'마음의 평안'이 필요하다

소비적 쾌락이 아닌 진정한 행복에 이르려면 우리는 어떻게 해야 할까? 철학적 전통에서 행복을 추구하는 방식에는 크게 두 가지가 있다. 에피쿠로스주의와 스토아주의다. 에피쿠로스주의는 '행복을 위해서는 쾌락을 추구해야 한다'는 입장이고, 스토아주의는 '행복을 위해서는 절제를 해야 한다'는 입장이다. 그래서 사람들은 에피쿠로스주의를 '쾌락주의', 스토아주의를 '금욕주의'라고 부른다. 쾌락주의와 금욕주의는 어떻게 다를까? 둘의 차이를 쉽게 설명하기 위해 독일 철학자 루트비히 마르쿠제Ludwig Marcuse가 《행복론》에서 든 비유를 소개할까 한다. 내용은 이렇다.

두 사람이 파티에 초대를 받았다. 파티에 가면 행복한 일이 두 가지가 있다. 사람들과 대화를 나누는 것과 고급 술을 마시는 것이다. 그들은 두 가지 일 모두에 흥미를 가졌지만 둘 다 술은 마시지 않고 대화만 나누고 있다. 그런데 이유는 서로 달랐다. 첫 번째 사람은 금욕이 옳다고 배워서 술을 절제하고 대화만 나누었다. 두 번째 사람은 술 마시는 일보다 대화를 나누는 것이 더 즐거웠기 때문에 술을 마시지 않았다. 둘 중 누가 쾌락주의자이고 누가 금욕주의

자일까? 마르쿠제는 금욕을 하느라 술을 마시지 않는 사람은 스토아주의자고, 더 큰 즐거움을 위해 술을 마시지 않는 사람이 에피쿠로스주의자라고 했다. 이처럼 진정한 행복에 이르기 위해서는 두 가지 방법 모두가 유효하다. 스토아주의자처럼 불필요한 욕망을 억제함으로써 행복을 추구하든지, 아니면 에피쿠로스주의자처럼 더 큰 즐거움을 통해 행복에 이르든지.

그럼 오늘날 욜로족의 철학적 배경은 스토아주의(금욕주의)일까, 아니면 에피쿠로스주의(쾌락주의)일까? 욜로족의 슬로건이 '한 번뿐인 인생, 즐기자'이니까 쾌락주의라고 볼 수 있겠다. 최소한 외견상으로는 그렇다. 하지만 그 실천 방법에 있어서는 진정으로 에피쿠로스의 정신을 이어받았는지 의문이 들기도 한다. 에피쿠로스에 따르면, 진정한 쾌락은 무분별한 욕망의 추구나 소비에 있는 것이 아닌 불필요한 욕망을 최대한 절제하여 '아타락시아', 즉 마음의 평정 상태에 이르는 것이다. 진정한 행복은 소비적 쾌락이 아니라 마음의 평화에 있다는 뜻이다.

그러나 오늘날 욜로족이 추구하는 삶의 태도는 에피쿠로스가 지향했던 방식과는 차이가 있다. 욜로족은 오늘의 행복을 위해 소비적 쾌락에 몰두하는 경향이 강한데, 이러한 생활방식으로는 일시적인 행복감을 맛볼지는 모르나 장기적이고 지속적인 행복을 누리는 데는 한계가 있다. 마음의 평정을 통한 진정한 행복을 추구하기보다 일시적 쾌락을 통한 '소모적 행복'을 탐닉하고 있는 형국이다.

오늘날 젊은이들은 왜 소비적 쾌락에 쉽게 빠지는 것일까? 프랑스 철학자 알랭 바디우Alain Badiou는 《참된 삶》이라는 책에서 프랑스 소설가 폴 니장Paul Nizan의 문장 "나는 스무 살이었다. 나는 누구라도 그때가 삶에서 가장 아름다운 시기라고 말하도록 내버려두지 않을 것이다"를 인용하면서 젊음이 마냥 아름답지만은 않다고 주장했다. 젊음이 겉보기에는 아름답고 활력으로 가득 차 보이지만 속내에는 어두운 기운이 도사리고 있다는 뜻이다. 그는 또 "오늘날 젊다는 것은 하나의 장점인가 아니면 장애인가?"라고 질문하면서 젊음에는 장점 못지않게 장애도 많다고 보았다.

젊음이 가진 장애에는 구체적으로 어떤 것이 있을까? 바디우는 가장 먼저 '즉각적인 삶에 대한 열정'을 꼽았다. 즉각적인 삶의 열정이란 젊은이들이 즉각적으로 맛볼 수 있는 쾌락을 추구하는 경향을 뜻하는데, 바디우는 그 예로 "도박이나 쾌락, 순간적인 것, 한 곡의 음악, 일시적으로 지나가는 것, 대마초, 바보 같은 장난" 등을 들었다. 욜로족뿐만이 아니라 대부분의 젊은이는 즉각적인 쾌락을 추구하는 경향이 있다. 대체로 청춘들은 행복한 내일을 위해 오늘을 절제하고 인내하기보다는 눈앞의 쾌락을 우선시한다. 바디우는 이런 상황을 젊은이들이 반드시 거쳐야 할 불가피한 것으로 보았지만 그러한 행동의 배경을 순수하게 보지는 않았다.

젊은이들은 대체 왜 즉각적이고 일시적인 쾌락에 빠지는 것일까? 바디우의 진단에 따르면, 그들이 "미래가 보이지 않거나 완전히 불투명하거나 어떤 모종의 허무주의로 인해 단일화된 삶의 의미를 결여한 실존 상태"에 있기 때문이다. 아닌 게 아니라 요즘 젊은이들 중에는 게임이나 주식투자, 가상화폐 투자 등에 몰두하는 사람이 꽤 많다. 이러한 현상은 원래부터 그것을 좋아해서가 아니라 자신의 미래가 손에 잡히지 않고 진정한 삶의 의미를 찾지 못했기 때문에 그에 대한 반작용에서 비롯된 것이라고 해석할 수도 있다. 이처럼 젊은이들이 '즉각적인 삶에 대한 열정'으로 자극적인 쾌락에 몰두한다면 일시적으로는 단맛에 취할 수 있을지 모르겠지만 시간이 지나면 젊음만 낭비한 채 허무감만 느낄 가능성이 높다. 바디우는 그러한 모습을 "삶을 불사르는 열정"이라고 표현했다. 자기 젊음을 불태워가며 일시적인 쾌락에만 몰두하는 삶으로, 결코 긍정적인 모습이 아니다.

오늘날 욜로족이 소비적이고 일시적인 쾌락에 몰두하는 것도 이와 비슷한 논리로 설명할 수 있지 않을까? 욜로족이 내일의 행복을 위해 오늘을 양보하지 않는 이유는, 그들이 본래부터 소비적 쾌락을 좋아해서가 아니라 미래가 보이지 않거나 불투명하기 때문인지도 모른다. 모종의 허무주의로 삶의 의미를 찾을 수 없기 때문에 일시적인 쾌락에 빠져드는 것일 수도 있다. 다시 말해 일시적 쾌락을 선택한 욜로족은 진정한 행복을 찾아 나선 것이 아니라 미래에 대한 그 어떤 희망도 삶의 의미도 찾을 수가 없어 울며 겨자 먹기로 차선책을 선택한 것인지 모른다. 하지만 이러한 선택으로 젊은 나이에 행복의 기반을 준비하는 일을 외면하거나 소홀히 할 가능성이 높다. 이유가 무엇이건 간에 소비적이고 일시적인 쾌락으로는 진정한 행복에 이르지 못한다는 점은 자명한 사실이다.

결국 욜로족이 추구하는 행복은 매우 빈약한 논리에 기반하고 있다. '노세 노세 젊어서 노세'라는 구호는 반성적 의미로는 타당한 면이 없지 않지만 그 자체로 인생의 지혜를 오롯이 담고 있다고는 말하기 어렵다. 젊어서는 놀기도 해야 하지만 미래를 위해 준비도 해야 한다. 마냥 놀기만 해서는 얼마 지나지 않아 여러 가지 제약과 억압이 삶을 옥죄어올 수도 있으니까 말이다. '내일은 없다'면서 오늘을 불사르는 사람치고 안정된 삶이나 진정한 행복에 이르는 경우는 드물다. 결국 진정한 행복을 얻기 위해서는 일시적인 쾌락이나 소비가 아닌 자신이 정말로 좋아하고 즐길 수 있는 일을 찾고, 그것을 지속할 수 있어야 한다. 다시 말해 진정한 욜로족이 되기 위해서는 선택이 아닌 준비가 필요하다. 그렇게 준비된 자만이 진정으로 인생을 즐길 수 있다. 아주 오래도록.

03. 워라밸
일과 삶의 균형 잡기는 과연 가능한 일인가?

취업준비생이 오랜 구직 활동 끝에 두 군데 회사에 합격했다. 자신이 목표로 한 기업은 아니지만 두 곳 모두 나름 괜찮은 직장이어서 한 군데를 택하여 입사할 예정이다. 두 회사의 나머지 조건은 엇비슷한데, 급여와 근무 시간에서 다소간 차이가 있다.

(A) 연봉은 5,000만 원인데 야근이 잦다.

(B) 연봉은 4,000만 원인데 정시 퇴근이 가능하다.

당신이라면 둘 중 어느 회사를 선택하겠는가? 야근이 잦더라도 연봉이 1,000만 원이나 높은 A를 선택하는 사람도 적지 않을 것이다. 이런 사람은 기성세대일 가능성이 높다. 기성세대는 대체로 직장을 고를 때 경제적 가치를 최우선으로 고려하는 편이다. 반면,

요즘 젊은 세대는 돈보다는 삶의 질을 보다 중요시하는 경향이 강하다. 2022년 한국직업능력연구원이 8,353명의 청년들을 대상으로 '취업하고 싶지 않거나 퇴사의 사유가 될 수도 있는 일자리 특징'을 조사한 결과, 가장 기피하는 일자리는 '정시 근무가 지켜지지 않는 직장'이었다. 중소기업중앙회가 발표한 '2021년 청년 일자리 인식 실태조사'에서도 MZ세대가 직장 생활에서 우선적으로 고려하는 사항은 바로 '워라밸'이었다. 이러한 결과는 젊은 세대가 삶의 우선순위에서 기성세대와는 생각이 다르다는 것을 보여준다.

기성세대는 직업이나 직장을 선택할 때 무엇보다도 경제적 안정을 최우선으로 생각했다. 어느 정도의 경제력이 있어야 인간다운 삶도, 자녀교육도, 개인적 행복도 가능해지기 때문이다. 그래서 기성세대는 경제적 안정을 위해 조직에 헌신하고 야근이나 주말 근무도 군소리 없이 해내곤 했다. 경제적 안정을 보장해주는 직장 생활이 개인적 자유나 여가 시간보다 언제나 먼저였다. 그래서 기성세대는 조직을 위해서라면 온갖 희생도 마다하지 않았다. 회사도 개인이 얼마나 조직을 위해 충성을 다하고 희생하는가에 따라 승진과 보상에 차등을 두었다. 하지만 오늘날 젊은 세대들은 삶의 최우선 목표를 경제적 안정에 두지 않는다. 그들은 높은 지위나 많은 연봉보다는 시간적 여유를 가지면서 개인적 취미 활동이나 여가 생활을 즐기는 삶이 더 낫다고 생각한다.

그리하여 등장한 단어가 바로 '워라밸'이다. 워라밸이란 'work and life balance'를 줄인 말로, 일Work과 생활Life이 조화롭게 균형을 이루는 상태를 의미한다. 기성세대가 일상의 대부분을 '일'로만 채웠다면 오늘날 젊은 세대는 일과 '생활'을 분리하여 보기 시작했다. 그리고 이 두 가지의 균형과 조화를 중요하게 생각한다. 좀 더 정확히 말하면, 그들에게는 일보다는 생활이 더 중요하다. 이처럼 워라밸을 최우선 가치로 생각하는 젊은 세대는 아무리 연봉을 많이 주더라도 일상이 일로만 채워진다면 이는 행복한 삶이 아니라고 생각한다. 삶의 우선순위가 완전히 달라진 것이다.

본래 워라밸이라는 말은 일과 가정의 양립이 어려운 기혼 직장 여성의 문제에 한정되어 사용되었지만 최근에는 모든 근로자에게 확대되어 쓰이고 있다. 앞의 설문에서도 보았듯이, 요즘 직장인들은 일을 통해 얼마나 많은 돈을 벌 수 있는가보다는 워라밸이 얼마나 잘 지켜지는가를 더 중요하게 생각한다. 특히 젊은 세대는 높은 연봉을 주는 직장보다는 적당히 일하고 퇴근 후 자기가 원하는 시간을 가질 수 있는 직장을 선호한다. 연봉을 아무리 많이 받아도 개인적 자유나 여가 시간을 누릴 수 없다면, 그래서 '저녁이 없는 삶'을 산다면 이는 빛 좋은 개살구에 불과하기 때문이다.

일과 삶은 어떻게 대립하게 되었나?

사회 전반에 걸쳐 워라밸이 강조되고 있는 이러한 현상을 우리는 어떻게 바라봐야 할까? 이것이 과연 바람직하다고 볼 수 있을까?

워라밸의 중시는 일견 노동자의 삶의 질과 직결되므로 긍정적으로 해석될 여지가 있긴 하다. 그러나 조금만 달리 생각하면 직장 생활이 얼마나 재미없고 무의미한지를 보여주는 반증이기도 하다. 알베르 카뮈는 자신의 책 《시시포스 신화》에서 현대 노동자의 삶을 그리스 신화에 나오는 시시포스Sisyphos에 비유하면서 다음과 같이 말한 바 있다. "오늘날의 노동자는 그 생애의 그날그날을 똑같은 일에 종사하며 산다. 그 운명도 시시포스에 못지않게 부조리한 것이다." 시시포스는 그리스 신화에 나오는 코린토스의 왕으로, 신들을 기만한 죄로 죽은 뒤 커다란 바위를 산꼭대기로 밀어 올리는 형벌을 받는다. 하지만 그 바위는 정상 근처에 다다르면 아래로 굴러 떨어져서 다시 밀어 올리기를 끝없이 반복해야 한다. 끝도 없이 되풀이되는 형벌을 받고 있는 셈이다. 카뮈는 의미 없는 노동을 매일 반복하는 오늘날 노동자의 처지도 시시포스와 비슷하다고 보았다. 어쩌면 오늘날 직장인들이 워라밸을 강조하는 배경도 직장 생활이 시시포스의 형벌과 별반 다르지 않기 때문인지 모른다.

워라밸이라는 용어 자체에도 문제가 있다. 무엇보다도 개념적으로 명료하지 않다. 워라밸이란 일과 삶의 균형을 추구하는 사상인데, 본래 일과 삶은 대비되는 개념이 아니다. 엄밀하게 말하면 일은 삶을 구성하는 한 요소다. 그것도 매우 중요한 부분에 속한다. 우리의 삶 속에는 일하는 시간도 들어 있고, 취미나 놀이 시간도 있고, 공부 시간도 포함되어 있다. 그러나 워라밸을 지나치게 강조하다 보면 직장에서 일하는 시간은 자기 삶과 분리된 '무의미한 시간'

으로 해석될 여지가 있다. 그 결과, 직장에서 일하는 시간은 단지 무의미한 노동 시간이며 퇴근 이후라야 비로소 자기가 원하는 삶의 시간이 시작된다고 생각한다. 말하자면, 하루를 노동하는 시간과 삶의 시간(놀이나 공부하는 시간)으로 구분하고 있는 셈이다.

그러나 한번 생각해보자. 인류에게는 원래부터 노동하는 시간과 놀이하는 시간이 구분되어 있었을까? 그렇지 않다. 인류의 역사를 살펴보면 과거 원시시대에는 노동과 놀이가 구분되지 않았다. 요한 하위징아의 《호모 루덴스》에 따르면, 원시사회에서는 생활의 기본 활동인 사냥도 놀이 형태를 취했다고 한다. 원시인들은 사냥을 나갈 때도 마치 놀이하듯이 즐겁게 참여했고, 각종 제례나 의식도 놀이처럼 즐겼다. 당시에는 일상이 전부 놀이였기 때문에 노동과 놀이가 구분조차 되지 않았다. 당연히 '워라밸'이라는 개념도 존재하지 않았다.

하위징아는 현대로 오면서 사람들이 놀이의 정신을 잃어버렸다고 주장했다. 놀이의 정신을 잃어버린 현대인들은 놀이 대신 열심히 '노동'만 하며 살고 있다는 것이 그의 진단이다. 워라밸이라는 개념이 생겨난 이유도 이와 무관하지 않다. 현대인의 일상에 노동이 광범위하게 자리 잡고 있어서 행복과는 거리가 먼 삶을 살고 있기 때문에 그것에 대한 반작용으로 '워라밸'이라는 개념이 대두된 것이다. 독일계 프랑스 의사이자 사상가, 신학자인 알베르트 슈바이처Albert Schweitzer도 산업 시대 노동자의 모습을 보고 "지나간 몇 세대를 거치면서 여러 분야의 많은 사람들이 인간으로서가 아니라 일벌레로 살아가고 있다"고 말한 바 있다. 현대로 오면서 노동자들이 즐거움과 거리가 먼 맹목적인 노동에 매몰되어 살기 때문에 인간 본연의 모습을 잃어버린 채 살고 있다는 진단이다.

하루 평균 노동에 투여하는 시간만 봐도 오늘날 직장인들이 얼마나 많은 노동을 하고 있는지 확인할 수 있다. 역사적으로 볼 때, 현대인의 하루 노동 시간은 과거보다 늘었을까, 줄었을까? 대한민국의 경우, 주 52시간 근무제가 도입되면서 과거보다는 노동 시간이 많이 줄어들었다고 생각하기 쉽다. 하지만 어디와 비교하는지, 기준을 어디에 두는지에 따라 결과는 달라진다. 자본주의가 시작되고 산업혁명이 일어났던 초기에는 노동자의 일일 근무시간이 굉장히 길었다. 마르크스의 《자본론》에 의하면 19세기 중반 영국의 노동자들은 하루 18시간 이상 일하기도 했다. 거기에 비하면 지금 보통의 직장인이 행하는 하루 여덟 시간 노동은 아주 여유로운 편이다. 반면, 영국의 정치가이자 사상가인 토머스 모어Thomas More가 이상적인 국가상을 그린 저서 《유토피아》에는 하루에 여섯 시간만 일하면 모두가 행복하게 살 수 있다고 나와 있다. 《유토피아》는 지금으로부터 무려 500여 년 전인 1516년에 출간되었는데, 책에서는 당시 사람들이 하루에 여섯 시간만 일하면 나머지 시간은 자유롭게 맘대로 보낼 수 있었다. 지금의 노동자보다 훨씬 여유롭고 자유를 누릴 여지가 많았다.

사실 워라밸의 강조에서 가장 아쉬운 부분은 오늘날 노동자들이 직장에서 근무하는 시간을 '노동 시간'으로, 퇴근 후의 자유 시간을 '삶의 시간'으로 구분한 뒤 양자를 이분법으로 대립시킨다는 점이다. 직장에서는 의미 없는 노동으로만 시간을 보낸 뒤 퇴근 후에야 비로소 자신만의 삶의 시간을 갖는다면, 퇴근 이후의 시간을 아무리 가치 있게 보내도 반쪽짜리 워라밸밖에 되지 못한다. 직장에서건 가정에서건 하루 24시간을 모두 의미 있는 시간으로 채워야 진정한 워라밸이라 할 수 있다. 말하자면, 반쪽짜리가 아닌 완전한 워라밸을 위해서는 직장에서 보내는 시간도 의미 있게 보내야 한다. 어떻게 하면 될까?

명나라 사상가인 왕양명王陽明의 《전습록傳習錄》에 나오는 이야기를 통해 힌트를 얻어보자. 왕양명 선생에게 어느 날 제자가 찾아와서 다음과 같이 호소했다. "선생님, 저는 선생님의 가르침을 좋아합니다. 그런데 저는 지방 관리로서 잡무가 너무 많아 매일같이 이곳에 나와 선생님의 가르침을 배우고 따를 수가 없습니다. 전 그것이 너무 괴롭습니다." 제자는 공부가 너무 하고 싶은데, 직장 일이 너무 많아서 공부를 할 수 없다고 하소연하고 있다. 요즘 직장인 중에도 "회사 일이 바빠서 공부할 시간조차 없다"고 말하는 사람이 꽤 있는데, 이와 비슷한 상황이다. 제자의 하소연에 양명 선생은 뭐라고 답했을까?

양명 선생은 이렇게 대답했다. "누가 자네한테 책상에 앉아 공부하라고 하던가? 직장을 그만두라고 하던가? 내가 그러던가? 아니다. 우리의 도는 그런 것이 아니다. 네가 있는 그곳이 네가 공부할 곳이다. 관리라면 관리로서 자신의 소임에 따라 공부하면 된다.

송사에 억울함은 없는지, 구휼에 치우침은 없었는지, 제도에 미비한 점은 없는지 등등 자신이 구체적으로 부딪치는 곳에서 날마다 자신의 공부가 이루어진다." 양명 선생은 공부하는 장소나 시간이 따로 있지 않다며 제자를 꾸짖었다. 선생은 일하는 시간과 공부하는 시간을 구분한 제자를 못마땅하게 생각한 것이다. 선생이 보기에 공부는 직장 일을 마친 후에만 할 수 있는 것이 아니다. 공부는 직장 일을 하는 중에도 할 수 있으며 또 그렇게 업무를 통해 깨우치는 것이 진짜 공부라고 여겼다. 결국 양명 선생도 일과 공부, 일과 삶은 서로 분리되지 않는다고 본 셈이다.

워라밸의 핵심은 시간이 아닌 의미에 있다

밀란 쿤데라Milan Kundera의 소설 중에 《삶은 다른 곳에》라는 제목의 작품이 있다. 이 소설은 자신의 이상향이 '지금 여기'에 없고 '항상 다른 곳'에 있다고 생각하는 주인공을 조롱하는 내용이다. 어쩌면 워라밸을 생각하는 오늘날 직장인은 이 소설의 주인공처럼 '삶은 다른 곳에'를 외치고 있는지도 모른다. 직장에 있을 때는 퇴근 후를 생각하고, 퇴근 후에는 주말을 그리워하고, 주말이 되면 다시 월요일 출근을 걱정하면서 말이다. 입으로는 '워라밸'을 외치지만 실상은 어떤 시간도 밀도 있게 살지 못하는 경우가 대부분이다. 그렇게 되면 한 번도 현재를 향유하지 못하기 때문에 궁극적으로는 자신이 원하는 삶을 살 수도 없다.

평소 퇴근 후를 생각하고, 여유 시간을 그리워하는 사람에게 정말로 자유 시간이 주어지면 그 시간을 의미 있게 활용할 수 있을까? 그럴 것 같지만 장담할 수 없다. 과학 문명이 극도로 발달한 미래 세계를 그린 올더스 헉슬리Aldous Huxley의 《멋진 신세계》에서는 근로자들에게 노동 시간을 줄이고 여가 시간을 늘리는 상황에 대해 이야기하는 장면이 나오는데, 헉슬리는 늘어난 여가 시간이 행복의 원천으로 활용되지 않는다면서 이런 식으로 적었다. "기술적으로 작업 시간을 하루 서너 시간으로 줄이는 건 쉽지. 하지만 그렇다고 사람들이 더 행복해질까? 그렇지 않을 거야. 벌써 한 세기 반전에 아일랜드에서는 네 시간 노동제를 실시했었지. 그 결과? 불안과 소마(한 알만 먹으면 불쾌감을 없애주는 환각제의 일종) 소비량만 늘어났네. 세 시간 반이나 여가 시간이 늘어났지만, 그게 행복의 원천이 되기는커녕 그 여가로부터 도망칠 방법을 찾는 데만 사람들은 강박적으로 사로잡히고 말았지."

상식적으로는 늘어난 여가 시간만큼 행복한 일상을 보내야 하는데 현실은 정반대였다는 얘기다. 긴 여가 시간이 되려 인간을 불안하게 만들었고, 그 불안에서 벗어나기 위해 소설 속 인물들은 더 많은 약물을 찾게 되었다. 늘어난 여가가 행복의 증대로 이어지지 않고 약물 의존성만 높인 것이다. 오늘날 우리의 경우도 비슷하지 않을까? 주 52시간제의 시행으로 일상에서 여유 시간이 늘어나고, 사람들은 삶을 풍요롭게 만드는 데 더 많은 시간을 할애할 것이라고 믿었다. 하지만 현실은 늘어난 여가 시간 때문에 불안해하면서 '어떻게 하면 그것으로부터 도피할 수 있을까'를 고민하게 되었고, 그 결과 스마트폰이라는 21세기 '소마'를 하루도 빼놓지 않고 처방받는 신세로 전락하고 말았다. 게다가 중독성이 강해서 시간이 지날수록 더욱더 소마에 의존하게 되었고, 급기야 '스몸비(스마트폰과 좀비의 합성어로, 스마트폰을 들여다보며 길을 걷는 사람을 뜻하는 신조어)'족까지 생겨났다. '멋진 신세계'가 아니라 '권태의 신세계'가 도래한 것이다. 유토피아가 아니라 디스토피아로 변해버린 셈이다.

결국 워라밸의 핵심은 노동 시간을 줄이고 여가 시간을 늘리는 데 있지 않다. 노동 시간이든 여가 시간이든 얼마나 그 시간을 알차고 의미 있게 보내는지에 달렸다. 오늘날 직장인이 추구하는 워라밸은 그런 의미에서 보자면 불완전한 개념이며, 반쪽짜리 행복에 불과하다. 거듭 강조하는 바지만, 우리의 일과 삶은 분리되지 않는다. 삶을 충실하게 살고 싶다면 노동하는 시간에서도 나만의 재미와 가치를 찾아야 한다. 그러기 위해서는 '지금 여기'의 삶에 집중하는 자세가 필요하다. 일을 하든, 놀이를 즐기든, 공부를 하든 간에 각각의 활동에서 재미와 가치를 발견해야 진정한 워라밸을 이룰 수 있다.

04. 러스틱 라이프
속세를 떠난 삶은 왜 로망이 되었는가?

MBN의 인기 시사교양 프로그램인 〈나는 자연인이다〉를 보면, 거기에 나오는 출연자들의 공통점을 하나 발견할 수 있다. 방송에 나오는 대부분의 출연자가 "자연으로 들어온 지금이 인생에서 가장 행복하다"고 말한다는 점이다. 그들은 과거 속세의 삶은 너무나 고달프고 불행했는데, 그곳을 떠나 자연의 품에 안기니 하루하루가 행복하다고 이야기한다. 프로그램 취지가 그래서인지 모르겠지만 (〈나는 자연인이다〉의 홈페이지에는 '자연으로 돌아가고 싶어 하는 현대인들에게 힐링과 참된 행복의 의미를 전하는 프로그램'이라는 소개글이 있다) 그들은 예외 없이 모두 '행복'을 외친다. 그런 그들의 모습이 도시에서 살아가는 중년 남성에게는 로망이 되기도 한다.

그래서일까? 현실에서도 자연에서의 삶을 꿈꾸는 사람이 의외로 많다. 산업화의 영향으로 대한민국 사람 대부분이 도시에서 살고 있지만 언젠가는 자연의 품에 안기고 싶다는 꿈을 꾸는 것이다. 개중에는 실제 실행에 옮기는 사람도 있다. 요즘 회자되는 '러스틱 라이프Rustic Life'도 그것의 일종이다. 러스틱 라이프란 '시골 특유의' 라는 뜻의 영어표현 'rustic'과 '생활'을 뜻하는 'life'의 합성어로, 도시를 떠나 시골 고유의 매력을 즐기면서 편안한 삶을 살고자 하는 시골향 라이프 스타일을 의미한다. 오래전에 프랑스 사상가 장 자크 루소Jean-Jacques Rousseau가 "자연으로 돌아가라"고 말한 바 있는데, 드디어 루소의 말을 실천에 옮기는 사람들이 등장한 셈이다. 이들은 도시에서의 시끌벅적한 삶을 뒤로하고, 자연으로 들어가 조용하고 편안하게 노후를 보내고자 한다.

자연인의 삶을 동경하지만 여러 현실적인 문제 때문에 완전히 도시를 등질 자신이 없는 사람도 있다. 현실과 이상의 괴리를 느낀 이들은 절충점을 찾기도 하는데, '5도 2촌'의 라이프 스타일도 그중 하나다. '5도 2촌'이란 일주일 중 5일은 도시에서 2일은 촌(시골)에서 보내는 삶으로, 도시와 자연을 번갈아 가며 장점을 취하는 생활 방식이다. 주중에는 도시에서 직장 생활을 하다가 주말이 되면 시골에 가서 여가와 휴식을 즐긴다. 자연을 그리워하지만 자녀 교육 문제나 가족의 반대 등으로 도시를 떠날 수 없는 상황에서 차선책으로 선택한 삶의 방식이다. 주로 은퇴한 중장년이 선택하는 귀촌歸村과 달리 '5도 2촌'의 삶을 추구하는 사람 중에는 한창 경제활동을 하고 있는 젊은 세대도 의외로 많다.

러스틱 라이프를 지향하고 '5도 2촌'을 꿈꾸는 사람이 많다는 것은 그만큼 도시에서의 삶이 만족스럽지 못하다는 의미로 해석할 수도 있다. 대체로 도시의 삶은 경제적·문화적으로는 편리하고 윤택한 측면이 있지만 하루하루가 바쁘고 여유가 없어서 행복을 누리기가 쉽지 않다. 그래서 자연에서의 삶을 준비하여 결행에 옮기거나 그게 아니면 TV 속 〈나는 자연인이다〉를 보면서 대리만족을 느끼는 것이다. 이들은 모두 속세에 찌든 도시적 삶보다는 자연에서의 삶이 더 행복하다는 믿음을 가진 사람들이다. 그런데 이 대목에서 한번 생각해보자. 자연으로 돌아가면, 즉 러스틱 라이프를 실천하면 누구나 행복을 얻을 수 있는 것일까? 속세를 떠나 자연의 품에 안긴 뒤 "지금이 내 인생에서 가장 행복하다"고 하는 그들의 말은 진실일까?

～～～～ 삶의 핵심 요람이 되는 곳, 집 ～～～～

카메라 앞에서 '지금이 가장 행복하다'고 말하는 사람의 마음속까지 들어갈 방법이 없기에 이들이 진실을 말하는지 거짓을 말하는지 확인할 길은 없다. 하지만 추정은 가능하다. 행복의 속성에 비추어보면 자연인의 말이 진실인지 아닌지 어느 정도 판단이 가능하다는 얘기다. 그렇다면 행복은 어떤 속성을 가졌는가? 프랑스 철학자 테오도어 아도르노Theodor Adorno는 행복의 속성에 대해 이렇게 말했다. "사람은 그것(행복)을 가지는 것이 아니라 그 안에 존재하는 것이다. 행복이란 어머니 품속에 있던 포근함을 본뜬, '둘러싸여 있는 상태'와 다르지 않다. 그러나 그런 이유로 행복한 사람은 자신이 행복한 줄 알지 못한다. 행복을 보기 위해서 그는 이미 어머니 뱃속에서 나온 사람처럼 행복에서 나와야만 할 것이다."

아도르노에 따르면, 행복은 향유의 대상일 뿐 인식의 대상이 아니다. 행복에 겨운 사람은 마치 어머니 품속에 둘러싸여 편안함을 느끼고 있을 뿐, '지금 내가 행복을 경험하고 있다'는 식으로 인식하지는 못한다. 진짜 행복한 사람은 자신이 행복한 줄도 모른다. 행복을 즐기는 것에 이미 정신이 팔려 있기 때문이다. 반면, 누군가가 '행복'이라는 단어를 의식하고 있다면 그는 지금 행복한 상태에 있지 않을 가능성이 높다. 따라서 주변의 누군가가 "요즘 사는 게 너무너무 행복해 죽겠어"라고 말한다고 해서 그 말을 너무 곧이곧대로 믿을 필요는 없다. 그냥 '그다지 불행하지는 않은가 보구나' 정도로 해석하면 그만이다.

인간 생활의 필수 요소인 의식주 측면에서 보더라도 자연인은 생활에서 행복을 느끼기 좀처럼 쉽지 않다. 수도도 전기도 없는 곳에 살면서, 며칠씩 같은 옷을 입고, 손수 식재료를 마련하고 씻고 다듬은 후에 장작불을 피워서 식사를 준비하는 과정을 통해야만 겨우 한 끼 식사를 해결하는 일상을 매일 반복해야 한다면, 그 속에서 매번 행복을 느낄 수 있을까? 가혹한 생활 조건 속에서 삶의 여유와 행복을 느끼기란 좀처럼 쉽지 않을 것이다. 특히 영하 20~30도를 오르내리는 혹한의 날씨에 변변한 난방 장치도 없이 겨

울을 나기란, 생각만으로도 진저리가 난다. 게다가 아무도 없는 산속에서 홀로 24시간을 보내며 외로움과 고독을 견디는 것 또한 결코 쉽지 않은 일이다.

무엇보다도 주거 측면에서 자연인의 거처는 집으로서의 본래 기능을 다하지 못할 때가 많다. 사실 인간에게 집이란 단순한 거주지 그 이상의 의미를 갖는다. 인간에게 집이란 무엇일까? 한국의 철학자 박이문 선생은 집의 의미와 기능에 대해 다음과 같이 정의했다. "집은 삶의 가장 핵심적 요람이며 확장을 필요로 하는 삶의 원심적 시점이다. 낯선 남녀가 만나 자리를 함께 하여 가장 근본적인 생리적 기능을 통해서 인류라는 '피'를 이어가는 곳은 집안이다. 집은 동물적 인간이 인간적 인간으로, 자연적 동물이 문화적 동물로 창조적 변화를 일으키게 하는 모체다."

당연한 말이지만 모든 인간에게는 집이 반드시 필요하다. 집도 절도 없는 인생은 결코 녹록치 않다. 무엇보다도 집은 안식처로서의 역할을 한다. 벌거벗은 채 태어난 인간이 무덤에 눕기 전까지의 인생에서 유일하게 쉴 수 있는 곳이다. 박이문 선생의 표현을 빌리면, "집은 삶의 가장 핵심적 요람"이다. 하지만 집은 단지 휴식만을 목적으로 하지 않는다. 한편으로 집은 확장의 공간이다. 집은 "확장을 필요로 하는 삶의 원심적 시점"이다. 집은 기존의 나를 새로운 나로 거듭나게 만드는 곳이다. 오늘에 만족하지 않고 새로운 내일을 위해 준비하고 기획하는 장소다. 한마디로 '칼'을 가는 공간인 것이다. 자고로 칼은 집에서만 갈아야 한다. 남들 보지 않는 곳에서 말이다.

한편, 집은 생성의 공간이기도 하다. "낯선 남녀가 만나 자리를 함께 하여 가장 근본적인 생리적 기능을 통해서 인류라는 '피'를 이어가는 곳"이다. 집은 인간이라는 종족이 역사를 만들고 그것을 후대로 이어가는 장소다. 인류에게 집이 없었다면 역사도 기록되지 않았을 것이다(동물들처럼!). 집은 변화와 나눔의 공간이다. "집은 동물적 인간이 인간적 인간으로" 탈바꿈하는 장소다. 가면을 쓰고 연기를 하던 동물적 인간이 비로소 가면을 벗고 맨얼굴을 내보이는 곳이다. 나아가 집은 "자연적 동물이 문화적 동물로 창조적 변화를 일으키게 하는" 곳이다. 약육강식의 법칙이 지배하는 자연에서는 야수의 발톱을 드러낸 채 쫓고 쫓기는 혈투를 벌였지만 집으로 돌아오면 그곳에서는 자연법칙이 아닌 문화적 가치를 중요시하는 동물로 변모한다. 가족이라 불리는 다른 동물들과 정을 나누고 배려하고 헌신한다.

이렇듯 인간에게 집이란 다양한 의미와 가치를 지닌 소중한 곳이다. 집은 단지 비바람을 막고 잠자고 밥 먹는 주거 공간으로서의 기능만 하지 않는다. 집은 휴식과 확장과 생성과 변화의 공간이다. 그런 의미로 보자면, 자연인이 기거하는 곳은 집으로서 본연의 기능을 다하지 못한다고 봐야 한다. 최소한의 문화시설도 없고 가족도 없고 공부를 위한 서재 공간도 없는 곳이 대부분이기 때문이다. 휴식을 취할 수는 있겠으나 확장과 생성과 변화를 위한 시도를 하기에는 턱없이 부족하다. 속세의 번잡함을 잠시 피할 수는 있겠지만 그렇다고 새로운 인생을 설계하거나 극적인 삶의 변화를 만들어 내기란 쉽지 않다.

자연인의 거처와 달리 '5도 2촌'을 추구하는 사람의 집은 약간 다르기는 하다. 첩첩산중에 위치해 문명과는 거리가 먼 삶을 살아가는 자연인의 주거 공간과 5도 2촌의 방식을 선택한 사람의 집은 외형이나 편리성, 안정성이나 문명과의 거리감에서 큰 차이가 있다. 전자의 경우가 원시적 형태에 가깝다면 후자는 현대적이다. 5도 2촌의 경우, 시골집도 건물 자체로는 도시에 있는 집과 별반 다르지 않다. 주변 경관만 차이가 날 뿐이다. 날 것 그대로나 다름없는 자연인의 집과는 천양지차다. 5도 2촌으로 살아가는 사람의 시골집은 전원의 낭만을 즐길 수도 있고, 본연의 기능인 확장과 생성, 변화를 시도하는 것도 가능하다.

그럼에도 한계는 있다. 처음에는 매주 도시와 시골을 번갈아 가며 살면서 일상의 단조로움도 피하고, 도시와 시골의 맛을 골고루 느낄 것이다. 하지만 그것도 어느 정도 시간까지. 처음 몇 달 혹은 몇 년은 새로운 공간이 주는 효용 때문에 이동에 대한 부담이 크게 느껴지지 않겠지만 시간이 지날수록 효용은 감소하는 반면 이동에 대한 부담은 점점 크게 느껴진다. 심지어 도시에서 시골로, 시골에서 도시로 매주 이동하는 것이 귀찮게 느껴질 수도 있다. 집이 두 군데면 어느 한 곳에도 정착하지 못한 상태가 된다는 것도 문제다.

'5도 2촌'으로 살아가는 사람은 순수한 자연인과는 달리 문명의 혜택을 충분히 누리고 살기 때문에 행복하다고 느끼기 쉽다. 하지만 오직 문명의 삶이 인간을 행복하게 만들어주는 것은 아니다. 《톰 소여의 모험》으로 우리에게 잘 알려진 미국 소설가 마크 트웨인Mark Twain은 문명의 정의를 이렇게 내렸다. "문명이란 불필요한 생활 필수품을 끝없이 늘려 가는 것이다." 마크 트웨인에 따르면, 사람들은 생활에 별로 필요하지도 않은 물건들을 필요한 물품으로 둔갑시켜놓고 살면서 이를 문명이라고 포장한다.

인류는 지금까지 기술 발전을 통해 문명의 진보를 이루어왔다. 그리고 그 과정에서 생활 필수품이라고 여기는 물건들이 점점 많아졌다. 1960~70년대만 하더라도 한국인에게 자동차는 생필품이 아니었다. 상당한 부유층만 사용할 수 있는 전형적인 사치품이었다. 하지만 점점 일반용품으로 바뀌더니 지금은 당당히 생활 필수품의 반열에 들어섰다. 요즘은 누구나 손에 쥐고 있는 휴대전화도 마찬가지다. 초기의 휴대전화는 자동차에 장착된 카폰Car-phone 형태였다. 당시 휴대전화는 보통 사람들은 엄두도 내지 못하는 대단한 사치품이자 부의 상징이었다. 그런데 지금은 어떤가? 초등학생도 모두 가지고 다니는 생활 필수품이 되었다.

당연한 말이지만, 문명의 혜택을 누리기 위해서는 대가를 지불해야 한다. 점점 늘어나는 생활 필수품을 구입하기 위해 쉼 없이 일해야 하는 경우도 생긴다. '5도 2촌'을 추구한다면 평균적인 도시인보다 두 배의 대가를 치러야 한다. 도시 생활에 필요한 필수품도 구입해야 하고 시골 생활에 필요한 필수품도 추가로 사야 하기 때문이다. 도시와 시골 모두에서 문명의 혜택을 누려야 하므로 사야할 물건도 배로 증가한다. 만약 시골에서 필요한 생필품을 구매하지 않으면 '2촌'의 삶은 궁핍해진다. 그렇게 되면 날 것으로 살아가는 자연인과 별반 다를 게 없다. 점점 시골에서의 삶을 기피하게 되고 급기야 철수하기도 한다. 실제로 전원주택을 지어놓고 몇 년 못가서 다시 도시로 돌아오는 사람도 부지기수다. '5도 2촌'의 삶이 겉으로는 낭만적으로 보이지만 실상은 후회로 점철되는 경우도 적지 않다. 찰리 채플린의 명언처럼 "인생은 멀리서 보면 희극이지만 가까이서 보면 비극"일 때가 많은 것이다.

문명의 혜택을 최소한으로 줄이고 생활을 단순화시키면 되지 않느냐고 반문할 수도 있다. 맞다. 자연과 가까이 살려면 일차적으로 생활을 단순화할 필요가 있다. 아니, 그래야 한다. 시골에 살면서 도시에서의 문명 생활을 여전히 고집한다면 우물에서 숭늉을 찾는 것만큼이나 어리석은 짓이다. 시골에 살면서 도시와 동일한 문화생활을 누리려면 훨씬 많은 비용을 지불해야 한다. 영화를 한 편보려 해도 읍내까지 30분을 차 타고 나가야 하고, 저녁에 간단히 치킨이라도 시켜 먹을라치면 배달비가 훨씬 많이 나온다. 차를 타고 도시에 나와서 친구와 모처럼 술 한잔 걸치면 집으로 돌아갈 방법도 막막하다. 그렇기에 시골을 선택하는 순간 문명의 혜택은 상당 부분 포기해야 한다. 일상을 단순화시킬 자신이 없다면 차라리 도시에 남는 편이 현명하다.

생활을 단순화하는 것에도 부작용은 존재한다. 시인 김달진 선생은 《산거일기山居日記》에서 이렇게 적었다. "생활을 단순화하라. 그러나 창조를 갖추지 않은 단순은 무료無聊와 권태를 동반하는 위험이 있다." 1934년, 스물일곱의 나이에 현실의 안온함을 버리고 산에 들어가 자연 속 삶을 선택했던 시인은 생활을 단순화할 것을 권했다. 하지만 그 때문에 생길 수 있는 위험에 대해서도 경고했다. 창조를 갖추지 않은 상태에서의 단순함은 무료함과 권태를 불러오기 때문이다. 도시의 소음을 피해 사람의 발자국 소리조차 듣기 힘든 산속 오두막에서 '자연인'의 삶에 만족하며 살 수 있는 사람이 몇이나 될까? 하루 이틀이면 모를까 그 상태로 지속적인 행복을 맛보기란 결코 쉬운 일이 아니다. 대부분 며칠 못 가서 무료함과 권태를 견디지 못하고 백기투항하고 만다.

그렇기 때문에 자연으로 돌아가 삶을 단순하게 만드는 것만으로는 부족하다. 단순해진 일상으로 생긴 여유 시간을 창조적 활동으로 채우지 못하는 사람에게는 하루 24시간이 지나치게 길게 느껴질 수 있다. 그에게 여유 시간이란 누려야 할 축복이 아니라 견뎌야 할 재앙이 될 가능성도 높다.

결국 단순한 삶, 자연에 가까운 삶을 추구하기 위해서는 자연으로 거처를 옮기고 물건을 없애는 것만으로는 충분치 않다. 삶의 우선순위를 재조정하고 그러한 생활 양식에 익숙해지는 과정을 거쳐야 한다. 삶에 대한 철학과 일상의 습관까지 바꿔야 한다. 만약 그럴 자신이 없다면 차라리 지금처럼 '지지고 볶으며' 사는 편이 더 나을 수도 있다.

05. 오하운
나를 위한 관리인가, 보여주기 위한 집착인가?

현대인들은 과거보다 건강에 관심이 많아서 그런지 신체를 가꾸고 단련하는 일에 투자를 많이 하는 편이다. 한강을 나가 보면 남녀노소 구분 없이 자전거를 타는 사람들이 많고, 헬스클럽은 운동하는 사람들로 넘쳐난다. 굳이 헬스클럽을 가지 않고 집에서 '홈트'를 하기도 한다. 그러다 보니 유튜브에는 운동 관련 채널로 수백만의 구독자를 가진 인플루언서도 생겨났다. 직업적인 운동선수가 아님에도 마치 올림픽 선수촌을 방불케 할 정도로 과학적이고 체계적인 운동 프로그램을 소화하는 사람들도 적지 않다. 한마디로 대한민국 전체가 '태릉선수촌'이다.

운동이 일상화된 현대인의 모습을 단적으로 보여주는 표현이 있다. 바로 '오하운'이라는 신조어다. 오하운이란 '오늘 하루 운동'의 약자로, 하루도 빠짐없이 운동을 해야 직성이 풀리는 사람들의 생활습관을 나타낸 말이다. 오하운과 짝을 이루는 표현으로는 '오하완'이 있다. '오늘 하루 완료'라는 뜻으로 자신이 정해놓은 하루 운동량을 완료했다는 의미다. 말하자면, 오늘날 젊은 세대는 '오하운'을 생활신조로 여기고 매일 '오하완'을 외치는 일과를 반복한다. 이러한 경향은 규칙적인 자기관리로 스스로 만족감을 얻고 행복을 성취하려는 생활 태도가 반영된 결과다.

매일 '오하운'과 '오하완'이라는 규칙을 정하고 이를 지키며 사는 것은 일견 좋아 보인다. 신체를 아름답게 가꾸고 단련한다는 측면에서 나쁠 게 없다. 평균 수명이 점점 늘어나는 마당에 건강하게 오래 살기 위해서는 평소 건강 관리를 해야 한다. 아무리 오래 살아도 건강하지 못한 상태라면 장수가 축복이 아닐 수도 있으니까 말이다. 하지만 올림픽에 출전하는 국가대표도 아닌데 빡빡한 훈련 프로그램을 설계한 뒤 하루도 빠짐없이 지키며 사는 모습을 보면 '굳이 저렇게까지 해야 할까?'라는 생각이 들기도 한다. 지나침을 넘어서 측은하다는 느낌을 지울 수가 없다.

왜 사람들은 직업적인 운동선수가 아님에도 불구하고 저토록 열심히 운동에 매진하는 것일까? 단지 건강하게 오래 살기 위한 목적 때문일까? 철학적 관점에서 사람들이 운동하는 이유를 설명하자면, 우선 떠오르는 말이 있다. "건강한 신체에 건강한 정신이 깃든다." 이 표현은 영국 사상가 존 로크John Locke가 한 말로 유명한데, 몸이 건강해야 일상생활을 즐겁고 밝게 할 수 있으니 덩달아 정신도 건강해진다는 뜻이다. 이러한 로크의 주장에는 쉽게 동의할 것이다. 아무래도 몸이 아프면 정신을 맑게 유지하기가 힘들다.

조금 더 파고 들어가면, 사실 존 로크의 이 말은 고대 로마의 시인 유베날리스Juvenalis의 말에서 가져온 것인데, 그 뉘앙스는 지금과 조금 다르다. 사연은 대략 다음과 같다. 로마 시대에는 검투사라는 직업이 있었다. 이들은 콜로세움과 같은 원형경기장에서 상대 검투사와 싸움을 했고 시민들은 그들의 경기를 관람했다. 당시 검투사의 경기를 관람하던 로마 시민들은 싸움의 과정과 경기 결과뿐만 아니라 운동으로 다져진 검투사들의 몸매를 감상하는 것에도 큰 관심을 가졌다고 한다. 그 결과, 당시 젊은이들 사이에서는 근육을 키워 검투사와 같은 몸매를 만드는 일이 유행처럼 번졌다. 그로 인해 젊은이들 중 일부는 공부는 등한시한 채 몸매를 만드는 일에만 정신이 팔렸다. 이런 세태를 보고 평소에 입바른 소리를 잘하기로 유명했던 유베날리스가 다음과 같이 말했다. "건강한 육체에 건전한 정신까지 깃든다면 더 바람직할 것이다." 유베날리스의 이 표현은 건강한 육체보다는 건전한 정신을 강조하면서 했던 말이었다. 육체만 가꾸지 말고 정신도 함께 단련하라는 조언이었다. 하지만 그 말이 존 로크에 와서 와전되어 정신보다는 건강한 신체가 우선인 듯 소개된 것이다.

역사를 살펴보면 신체를 단련하는 것은 그다지 고귀한 행위로 취급되지 않았다. 예로부터 신체 단련은 상류계급의 일이 아니었다. 로마 시대에 운동을 통해 신체 단련에 힘쓴 대표적 집단은 검투사였다. 그들은 대부분 전쟁포로나 노예 신분이었고, 자유민은 소수에 불과했다. 이처럼 신체를 단련하는 운동은 예로부터 하층민들의 활동에 속했다. 게다가 그들이 열심히 운동을 하는 이유도 잘 가꾼 신체를 자랑하기 위해서가 아니라 생존에 필요했기 때문이었다. 그들에게 운동이란 건강해지거나 건전한 정신을 갖기 위해서가 아니라 싸움에서 살아남기 위한 행동일 뿐이었다. 말하자면, 생존을 위한 처절한 몸부림이었다.

그런데 현대로 넘어오면서 운동의 목적이 사뭇 달라졌다. 오늘날에는 검투사라는 직업도 없고 전쟁포로나 노예 신분도 사라졌다. 따라서 살아남기 위해 운동을 해야 할 필요는 없다. 그럼에도 현대인들은 과거 검투사 못지않게 운동을 통해 신체를 강하고 아름답게 만들고자 노력한다. 왜 그런 것일까?

〰〰〰 21세기 콜로세움에서 싸우는 검투사들 〰〰〰

오늘날 현대인들이 신체를 단련하는 이유는 사람마다 제각각일테지만 '인정 욕망' 때문이라는 추정이 가장 설득력 있다. 독일의 철학자 게오르크 헤겔Georg Hegel은 인간이 사회적 인정에 따라 자기 자신을 의식하기 때문에 소위 '인정 투쟁'에 목숨을 건다고 주장했다. 헤겔의 주장에 기대어 해석하면, 소위 '몸짱'이 되기 위한 노력은 타인을 향해(특히 이성을 향해) '나의 잘 가꾸어진 멋진 몸을 좀 인정해줘'라며 인정 투쟁을 벌이는 과정이라 할 수 있다. 건강을 위해서가 아니라 타인으로부터 인정받기 위한, 목숨을 건 투쟁의 일환이다. 이는 마치 수컷 공작새가 암컷에게 구애하기 위해 불편하기 짝이 없는, 크고 화려한 꼬리날개를 가꾸는 것과 유사하다.

인정 투쟁의 방법으로 신체를 단련하는 행위는 '외모지상주의'가 낳은 현대적 현상이다. 외모가 최고의 가치라고 생각하는 외모지상주의는 아름다움을 추구하는 인간의 본성과 관련이 있어서 그 자체로는 잘못된 것이 없다. 다만 외모지상주의가 팽배하면 외모와 관련이 없는 영역에서까지 외모를 기준으로 상대를 차별하거나 존중하지 않는 경우가 발생한다는 것이 문제다. 그러다 보면 직장에서 직원을 채용할 때 업무 능력보다는 외모를 우선 고려하거나 배우자를 고를 때 키가 일정 수준 이하면 나머지 조건과 무관하게 아예 배제하는 경우도 심심치 않게 발생한다. 이것이 심해지면 신체나 외모로 서열을 매기고, 신체적 조건이 계급으로 변질되기도 한다. 외모나 신체가 뛰어난 사람은 인정받고 그렇지 못한 사람은 '루저'로 전락한다. 그 결과, 2,000년이 흐른 오늘날에도 세상은 외모나 몸짱 대결에 나서는 검투사들로 가득하다. 현대의 검투사들은 타인에게 인정받기 위해 죽기 살기로 외모 가꾸기에 열을 올린다. 어쩌면 21세기 대한민국은 또 다른 모습의 콜로세움인지도 모르겠다.

한번 생각해보자. 현대의 검투사들이 몸매를 잘 가꾸면 그것으로 타인의 인정을 받는 데 성공할 수 있을까? 얼마나 열심히 노력했는지, 또는 얼마나 아름답게 가꾸었는지에 따라 결과는 달라질 것이다. 하지만 평균적으로 보자면 몸짱이 되기 위해 들인 노력은 많은 데 비해 실제 인정을 받는 일은 극히 드물다. 타인의 인정이란 지극히 상대적이어서 나보다 더 멋진 몸매를 가진 사람이 옆에 있으면 좀처럼 돋보이기가 어렵기 때문이다. 예전에 어떤 개그맨이 "1등만 기억하는 더러운 세상"이라며 오늘날의 세태를 비판한 적이 있는데 외모나 몸짱 대결도 1등만 기억하는, 전형적인 승자독식 게임이다. 말하자면 오늘날 벌어지는 외모 대결은 극소수의 승자와 대다수의 루저를 낳는 구조일 수밖에 없다.

외모가 중요한 연예인이나 배우, 모델이 아닌 일반인의 경우에는 더더욱 결과가 비관적이다. 외모지상주의가 팽배한 오늘날 대다수 일반인들도 어쩔 수 없이 외모 대결에 참전은 했지만 그들은 처음부터 승리와는 거리가 먼 상태에서 경쟁에 임하고 있다. 대체로 일반인이 외모를 가꾸는 데 들이는 투자 대비 효과는 미미한 편이다. 일반인은 아무리 노력해도 몸매 가꾸는 일을 직업적으로 하는 사람, 가령 모델이나 배우들의 수준을 능가하기가 힘들다. 아무리 노력해도 "나쁘지 않네"라는 정도의 평가를 받을 뿐이다. 각종 미디어가 발달한 탓에 평범한 사람의 눈높이가 이미 잘나가는 배우나 모델에 맞추어져 있기 때문이다.

그나마 나이가 젊다면 몸짱을 위한 노력이 조금은 효율적인 편이다. 신체가 젊은 덕분에 노력한 만큼 결과가 나오기 때문이다. 하지만 몸매를 가꾸는 일은 나이가 들수록 노력 대비 효과가 떨어진다. 나이가 들수록 아무리 노력해도 젊은 사람처럼 몸매가 좋아지기는 힘들다. 따라서 외모 가꾸기 대결에서는 나이가 들수록 불리하다. 아무리 좋은 유전자와 본바탕을 타고났더라도 그렇다. '나이가 깡패'라는 말은 외모나 몸짱 대결에서는 절대 불변의 원칙이다. 이런 이유로 나이가 든 사람이 여전히 타인의 인정을 받을 목적으로 몸매 가꾸기에 몰두하는 모습을 보면 애잔한 느낌마저 든다. 이는 마치 콜로세움에서 중년의 검투사가 쌩쌩한 젊은이들과 힘을 겨루는 모습을 연상시킨다.

루소가 이런 말을 했다. "인간은 사회적 가치평가를 추구하면서부터 자연 상태의 평화로운 삶을 보장했던 저 고요한 자기 안정을 상실하기 시작했다." 우리가 사회적 가치평가, 즉 타인의 인정을 받기 위해 노력하면 할수록 개인적 안정이나 평화로운 삶은 기대하기 힘들다는 뜻이다. 외모지상주의 때문이건 개인의 인정 욕망 때문이건 간에 몸짱 대결에 참전하는 순간 개인적 안정이나 평화로운 삶은 물 건너가기 십상이다. 건강 관리를 위한 목적이라면 모를까 나이가 들어서까지 젊은 사람들과 몸매 대결에 나서는 것은 무모한 도전이 아닐까 싶다. 나이가 들수록 사회적 인정에 집착하지 않는 편이 삶의 안정이나 평화에 도움이 된다.

그렇다면 나이가 들면 인정 욕망을 무조건 없애야 하는 것일까? 그렇지는 않다. 인정 욕망이란 인간이라면 누구나 가지는 본성이기 때문에 이를 갖지 않기란 불가능에 가깝다. 다만 나이가 들면 인정받는 '대상'을 바꾸려는 노력은 필요하다. 가령, 외모나 몸매로 인정받겠다는 생각은 젊은 사람에게는 적합할지 모르겠지만 나이 든 사람에게는 적합하지 않다. 들뢰즈는 젊음에 대해 이런 말을 남겼다.

"노년기의 젊음이란 청춘으로 돌아가는 것이 아니다. 자기 세대에 맞는 청춘을 매번 새롭게 창조하는 것이다." 들뢰즈에 따르면, 노년의 젊음은 젊은이처럼 몸매를 가꾸는 데 있지 않다. 노년이 되면 몸에 노화가 오는 것이 자연의 법칙이자 순리다. 노화를 운동으로 극복하겠다는 생각은, 좋게 보면 젊게 살려는 노력의 일환으로 해석할수 있겠지만, 실상은 순리를 거스르는 안타까운 몸부림에 가깝다. 나이가 들어서까지 젊은 시절의 외모나 몸매에 집착하면 필히 고통이 따른다.

젊은 사람은 어떨까? 한창 이성을 만나고 배우자를 선택해야 하는 시기라면 외모에 투자하는 것이 필요하지 않을까? 외모가 뛰어날수록 이성의 선택을 받는 데 유리한 측면이 있다. 실제로 아름다운 외모나 몸매를 가진 사람은 이성의 눈과 마음을 쉽게 사로잡는다. 하지만 아름다운 외모가 곧 사랑의 성공을 의미하지는 않는다. 사랑이라는 주제를 깊이 연구했던 스페인 철학자 호세 오르테가 이 가세트José Ortega y Gasset는 《사랑에 관한 연구》에서 이렇게 적었다. "나는 외모가 완벽한 여자를 남자들이 오히려 진심으로 사랑하지 않는 것을 많이 보아왔다. 정확히 말하면 진심이 생기지 않는 것이다. 어떤 사회든지 '공개적인 아름다움'이란 것이 있다. 연극이나 파티에서 사람들이 엄지손가락을 드는 그런 얼굴 말이다. 그런 여자들에 대해 이상하게도 남자들은 개인적이고 진지한 애정을 주려하지 않는다." 사람들은 흔히 남성들이 외모가 완벽한 여성을 더많이 사랑한다고 믿지만 오르테가에 따르면 그것은 사실이 아니다. 대체로 남성이 이성을 선택할 때 외모를 고려하지 않는 경우는 거의 없다. 하지만 아이러니하게도 남성들이 외모가 완벽한 여성을 사랑하는 일은 극히 드물다. 오르테가가 지적했듯이, "외모가 완벽한 여자를 남자들이 오히려 진심으로 사랑하지 않는" 경우가 더 많다. 바비인형처럼 완벽한 외모의 여성(오르테가는 TV 화면에서 자주 접하게 되는 전형적인 미인상을 '공개적인 아름다움'이라고 표현했다)은 "감상의 대상이 될지는 몰라도 사랑의 대상은 아니다." 외모가 완벽한 그녀에게 뭇 남성들이 눈길을 보내는 이유는 감상하기 위해서지 사랑해서가 아니다. 눈길만 보낼 뿐 가까이 다가서지는 않는다. 항상 거리감을 두고 관찰할 뿐 진지한 애정을 주지 않는다. 그녀는 관찰 대상일 뿐 사랑의 대상은 아니기 때문이다. 실제로 빼어난 외모의 여성이 의외로 사랑에는 실패하는 경우도 적지 않다.

사실 아름다운 외모는 이성을 선택하는 데 있어 중요한 요소이긴 하다. 사람은 가급적 아름답고 매력적인 상대에게 호감을 갖기 마련이니까. 하지만 지나치게 빼어난 외모는 역효과를 유발한다. 완벽한 외모는 거리감을 만들어서 상대로 하여금 진지하게 다가서려는 마음을 얼어붙게 만든다. 결국 사랑에 있어 외모는 결정적인 요소가 아니다. 외모는 사랑의 감정을 유발하는 단 하나의 요소에 불과하다. 따라서 완벽한 외모에 집착하고 외모로 서열을 매기는 외모지상주의는 배격해야 할 태도다. 더불어 지나치게 아름다운 외모를 가꾸거나 몸짱이 되려고 노력할 필요도 없다. 그러한 노력의 결과는 진지한 구애자가 아니라 바람둥이만 불러 모을 가능성이 높다.

결국 오늘날 현대인들이 매일같이 반복하는 '오하운'이나 '오하완'은 지나친 측면이 있고 부작용의 가능성도 높다. 이러한 태도는 건강이나 외모를 가꾼다는 핑계로 자기도 모르는 사이 외모지상주의를 확산시키는 결과를 낳을 우려도 있다. 특히 나이가 들어서도 신체 단련이나 몸매 가꾸기에만 열중하는 것은 그다지 현명한 태도가 아니다.

로마 시대의 사상가 키케로Cicero는 《노년에 대하여》라는 책에서 다음과 같이 주장한 바 있다. "소년은 허약하고 청년은 저돌적이고 장년은 위엄이 있으며 노년은 원숙한데, 이런 자질들은 제철이 되어야만 거두어들일 수 있는 자연의 결실과도 같은 것이다." 키케로는 나이에 따라 개발해야 할 능력이 다르다고 보았다. 그에 따르면, 노년에는 신체적 아름다움에 집착하기보다는 지혜의 원숙미를 가꾸는 것이 더 중요하다. 요컨대, 직업적인 필요성을 가진 사람이 아니라면 운동을 하더라도 몸짱에 도전하기보다는 건강 유지를 목적으로 '가볍게' 하는 것이 좋다.

지금까지의 논의를 '운동을 하지 말아야 한다'는 식으로 해석하지 않았으면 한다. 적당한 운동과 규칙적인 습관은 신체를 단련하고 삶을 건강하게 만드는 데 반드시 필요하다. 하지만 신체를 가꾸는 일 못지않게 지적 단련이나 원숙미를 갖추려는 노력도 필요하다. '오하운'만 할 것이 아니라 '오하독(오늘 하루 독서)'도 병행하면 어떨까? 수많은 동물 종種 중에서 신체적으로 가장 열등한 인간이 우두머리에 오를 수 있었던 배경에는 신체적 우위가 아닌 지적 능력의 우위가 있었다. 즉 인간을 인간답게 만드는 것은 신체 단련이 아닌 지혜의 단련이다. 그런 의미에서 지금 우리에게 필요한 것은 '몸짱 열풍'이 아니라 '지식의 향연'이다. 우리는 콜로세움에 싸우러 들어간 검투사가 아니니까.

86. 한 달 살기
여행은 어떻게 고유한 경험에서 상품이 되었나?

대한민국에서 중산층에 속하려면 무엇이 필요할까? 직장인을 대상으로 설문을 한 결과, 대략 다음의 다섯 가지가 충족되면 중산층이라고 부를 수 있다. 첫째, 부채 없이 30평대 이상의 아파트를 소유하고 있을 것. 둘째, 월 급여가 500만 원 이상일 것. 셋째, 2,000cc 이상의 중형 자동차를 소유할 것. 넷째, 예금액 잔고가 1억 원 이상일 것. 다섯째, 1년에 한 차례 이상 해외여행을 다닐 것. 앞의 세 가지가 재무 상태와 관련된 것이라면, 나머지 두 가지는 소비 패턴과 연관이 있다. 자산이나 수입이 아무리 많아도 자린고비처럼 아끼기만 해서는 중산층이 아니라고 본 것이다.

과연 다른 나라도 중산층을 평가하는 기준이 우리와 비슷할까? 다음의 표는 다른 선진국에서 중산층을 평가하는 기준을 소개한 것이다. 표에서 보듯이, 나라마다 중산층의 기준이 사뭇 다름을

각국의 중산층 기준		
프랑스인이 생각하는 중산층	1. 외국어를 하나 정도는 할 수 있어야 하고 2. 직접 즐기는 스포츠가 있어야 하고 3. 다룰 줄 아는 악기가 있어야 하며 4. 남들과는 다른 맛의 요리를 만들 수 있을 것 5. '공분'에 의연히 참여할 것 6. 약자를 도우며 봉사활동을 꾸준히 할 것	퐁피두 대통령이 규정한 중산층의 기준
영국인이 생각하는 중산층	1. 페어플레이를 할 것 2. 자신의 주장과 신념을 가질 것 3. 독선적으로 행동하지 말 것 4. 약자를 두둔하고 강자에 대응할 것 5. 불의, 불평, 불법에 의연히 대처할 것	옥스퍼드 대학교에서 제시한 중산층의 기준
미국인이 생각하는 중산층	1. 자신의 주장에 떳떳하고 2. 사회적인 약자를 도와야 하며 3. 부정과 불법에 저항하는 것 4. 정기적으로 받아보는 비평지가 있을 것	공립학교에서 가르치는 중산층의 기준

알 수 있다. 대체로 서구 선진국에서는 중산층을 평가할 때 자산이나 수입 등 재무적 가치를 별로 중요하게 생각하지 않는다. 오히려 가치관이나 삶의 태도와 관련된 항목이 많다. 계급을 구분할 때 경제력이나 부富보다는 철학이나 취향을 더 중요하게 보는 셈이다.

재미난 것은 유독 대한민국에서만 중산층의 기준에 '해외여행' 항목이 포함되어 있다는 점이다. 한국인이 유독 여행을 좋아하기 때문일까? 아니면 그동안은 여유가 없어서 여행이라곤 꿈도 꾸지 못했었는데 조금 살 만해지니까 여행에 대한 욕구가 증가한 탓일까? 이유가 무엇이건 간에 한국인들이 여행에 대해 모종의 로망을 가지고 있는 것만은 분명한 사실인 듯하다. 추석이나 설 명절에 공항을 가보면 한국 사람이 얼마나 여행을 좋아하는지 단번에 알 수 있다.

여행을 좋아하는 민족이라 그런지 여행의 방식도 과거와는 사뭇 달라지고 있다. 최근 들어서는 '한 달 살기'나 '호캉스' 등이 새로운 여행 트렌드로 자리 잡았다. '한 달 살기'란 일주일 미만의 단기 일정으로는 여행의 참맛을 느끼지 못한다고 생각하는 일부 사람들이 한곳에 터를 잡고 한 달간 느긋하게 여행을 즐기는 방식을 말한다. 호캉스란 호텔Hotel과 바캉스Vacance를 합친 말로, 호텔에서 휴가를 보내는 것을 말한다. 도심지 호텔에서 느긋하게 휴식을 즐기면서 도시의 라이프 스타일을 체험하는 방식이다. 호캉스족은 해외나 유명 휴양지를 찾아가는 것이 여행이라는 전통적 관념에서 벗어나 '휴식이 곧 휴가'라고 인식하는 사람들인데, 이러한 인식을 가진 이들이 꾸준히 증가하는 추세다. 호캉스는 이곳저곳 돌아다니는 여행 뒤에 찾아오기 쉬운 후유증을 피할 수 있으며 편안하고 안전하게 여가를 즐길 수 있다는 장점이 있다.

한 달 살기나 호캉스 등 새로운 여행 방식이 늘어나고 있는 현상은 어떻게 보는 게 좋을까? 일단 선택의 다양성이 생겼다는 점에서는 환영할 만하다. 개인마다 여행에서 얻고자 하는 혜택이 다르기 때문에 자신의 목적을 달성할 수 있는 선택지는 많을수록 좋다. 시대마다 사람들이 선호하는 여행 방식이 달라지는 것도 자연스러운 현상이다. 과거에는 주로 유명 관광지를 둘러보는 것이 여행의 주된 방식이었다면 지금은 시간에 쫓기지 않고 느긋하게 즐기는 여행을 선호한다. '한 달 살기'나 '호캉스'도 그러한 추세의 일환이다.

그렇다면 여행에서 편안함을 최우선으로 고려하는 것은 타당할까? 여기에는 정답이 없다. 여행의 가치나 목적은 전적으로 당사자의 선택이니까. 하지만 그럼에도 편안한 여행이 가치 있다고 말하기는 어렵다. 소설가 알랭 드 보통은《영혼의 미술관》에서 이렇게 적었다. "가치 있는 여행이 쉬우리라고는 기대하지 말라!" 보통은 쉽고 안전하고 편안한 여행에서 가치를 느끼기란 쉽지 않다고 보았다. 어렵고 힘든 여행일수록 묘미가 더 크다는 입장이다. 그의 말은 옳을까? 성급히 결론을 내리기보다는 먼저 여행의 가치가 무엇인지 생각해보자. 대체 우리는 왜 여행을 떠나는 것일까? 여행을 통해 우리가 얻을 수 있는 가치는 무엇일까?

당신의 여행은 '트래블'인가 '투어'인가?

사람들이 여행을 떠나는 목적이야 개인마다 다를 것이다. 여행의 본질에 비추어 대답하면, 우선 떠오르는 것이 단조롭고 지루한 일상에서 벗어나 색다른 체험을 하기 위함이다. 말하자면 여기저기를 돌아다니며 구경하는 '유람遊覽'이나 다른 지방이나 나라의 경치나 명소를 구경하는 '관광觀光'이 주된 목적이다. 유람이나 관광을 목적으로 한 여행도 충분히 의미는 있다. 여행을 전혀 하지 않으면 자신이 보고 듣고 경험한 세상에만 갇힐 위험이 있기 때문이다. 여행은 새로운 것을 보면서 시야를 넓히는 좋은 기회가 된다.

초기 기독교의 대표적인 교부인 아우구스티누스도 여행을 긍정적으로 생각했는데, 그는 여행의 가치를 다음과 같이 표현했다. "세계는 한 권의 책이며, 여행을 하지 않는 사람에게 이 세상은 단 한 페이지만 읽은 책과 같다." 여행을 할수록 세상이라는 책의 여러 페이지를 읽을 수 있기 때문에 식견이 넓어진다는 뜻이다. 아무래도 여행을 떠나면 평소와는 다른 환경과 문명, 그리고 평소에는 만나기 힘든 사람들을 접하면서 새로운 경험을 하게 된다. 그리고 그 과정에서 새로운 시각을 가질 수 있고 삶이 풍요로워지는 느낌을 받기도 한다.

사람들이 다니는 여행을 자세히 들여다보면 디테일에서 차이가 난다. '투어Tour'를 다니는 사람이 있는가 하면, '트래블Travel'을 떠나는 사람도 있다. 투어와 트래블은 어떻게 다를까? 투어는 회전을 뜻하는 라틴어 '토너스Tornus'에서 유래한 말로, 잠깐 동안 둘러보고 돌아오는 여행을 뜻한다. 우리말로는 '관광'이나 '순회'라고 번역한다. 트래블은 '고생', '고난'을 뜻하는 라틴어 '트리팔루스Tripalus'에서 유래한 말이다. '집 떠나면 고생이다'라는 속담에 어울리는 여행은 투어가 아니라 트래블이다. 말하자면, 투어가 관광을 목적으로 편하게 잠깐 다녀오는 여행이라면 트래블은 고생할 걸 뻔히 알면서도 떠나는 여행이다.

투어와 트래블 중 어느 쪽이 여행자의 삶을 풍요롭게 만들까? 당연히 트래블이다. 투어는 미리 목적지를 정해두고 그곳을 둘러보고 오는 여행이기 때문에 모든 동선과 일정에 대한 계획이 사전에 잘 짜여 있다. 각 목적지를 언제 어떻게 이동할지, 무엇을 어디에서 먹을지, 잠은 어디서 잘지 등 상세한 스케줄을 세워두고 그것에 따라 움직인다. 투어에서는 사전에 정해진 일정대로 진행되지 않으면 잘못된 여행이 된다. 이처럼 투어는 목적지와 동선이 사전에 분명히 정해져 있기 때문에 애초에 기대한 것 외에 추가로 뭔가를 얻기가 어렵다. 반면, 트래블은 이와 다르다. 물론 트래블에서도 목적지나 대략적인 계획은 있다. 하지만 그 계획이 굉장히 느슨하고 반드시 지켜야 하는 것도 아니다. 가봐서 마음에 들면 조금 더 머물기도 하고 어떤 지점은 그냥 지나치기도 한다. 때로는 계획에 없던 옆길로 빠지기도 한다. 그로 인해 엉뚱한 고생을 할 때도 있지만 생각지도 못한 경험을 얻기도 한다. 그래서 투어보다는 트래블을 할 때 더 많은 것을 느끼고 배우게 된다.

투어를 즐기는 사람이 목적지에 도착하면 반드시 해야 할 일이 있다. 바로 사진 찍기다. 투어에서는 목적지에 도착하면 일단 사진부터 찍어야 한다. 그래야만 제대로 관광을 했다는 '증거'를 남길 수 있기 때문이다. 이에 반해, 트래블에서는 사진 찍기가 특별히 중요한 활동이 아니다. 예기치 못한 사건과 조우하다 보니 사진 찍을 겨를조차 없는 경우도 많다. 투어에서는 주로 카메라에 인상을 담지만 트래블에서는 마음속에 인상을 남긴다. 이런 의미로 보자면 투어는 다분히 수동적인 여행이다. 목적지를 정해두고 편하게 가서 사진 찍고 돌아오는 게 대부분이기 때문이다. 반면, 트래블은 굉장히 능동적인 여행에 해당한다. 고생을 하더라도 예측 불가능한 모험에 자신을 내던지겠다는 자유의지가 있기 때문이다.

과거보다 여행을 많이 다니는 현대인들은 투어와 트래블 중 어느 쪽을 많이 할까? 대부분 투어다. 미국의 역사학자 대니얼 부어스틴Daniel Boorstin은 《이미지와 환상》이라는 책에서 지난날 일종의 모험이자 '수고로운 일'로서의 고유한 경험이던 여행Travel이 대중화와 상품화로 누구나 구매할 수 있는 관광Tour으로 변했다고 지적한 바 있다. 특정 계층의 전유물이었던 트래블이 대중화되면서 투어로 변질되었다는 뜻이다. 그 결과 미지의 모험이자 예측 불가능한 경험의 연속이라는 여행의 본질은 사라지고, 모든 과정이 예측되고 통제되는 준비된 상품으로서만 여행이 소비되고 있다는 얘기다. 그렇다 보니 여행을 많이 다녀도 특별히 달라지는 게 없는 경우도 많다. 예측 가능하고 안전한 여행에서는 큰 위험도 없지만 애초에 계획한 것 이상의 가치를 기대할 수도 없다.

여행을 통해 우리가 얻을 수 있는 최고의 수확은 무엇일까? 프랑스 소설가 마르셀 프루스트Marcel Proust는 이런 말을 남겼다. "진정한 여행은 새로운 풍경을 보는 것이 아니라 새로운 눈을 가지는 데 있다." 진정한 여행을 하면 여행 전과 후의 시선과 관점이 달라지게 되는데, 이를 위해서는 색다른 사건에 노출되는 경험이 많을수록 좋다. 관광용 투어보다는 모험적인 트래블이 그런 면에서 새로운 눈을 선사할 가능성이 높다. 이런 의미로 보자면, 현대인들은 여행의 횟수는 증가했지만 질적인 면은 퇴보했다고도 볼 수 있다. 수고로움과 위험을 동반한 트래블이 안전하고 계획적인 투어로 바뀌면서 여행의 진짜 경험은 사라지고 '사진 찍기용 이벤트'로 퇴색해버린 것은 아닌지 자문하게 된다. 어느 정도의 수고로움과 위험이 수반되어야 진정한 여행의 경험을 얻을 수 있고 새로운 눈을 가질 수 있는 법이다.

〜〜〜 '내 안의 신세계'를 발견하는 여행을 해야 할 때 〜〜〜

그렇다면 요즘 트렌드가 되고 있는 '한 달 살기'나 호캉스는 진정한 여행이라고 볼 수 있을까? 둘 다 투어는 아니겠지만 그렇다고 트래블이라고 보기도 어렵다. 힘든 노동으로 지친 심신에 휴식을 줄수는 있지만 색다른 것을 경험하거나 새로운 눈을 가지는 데는 한계가 있어 보인다. 특히 호캉스는 여행이라기보다 휴식이라고 부르는 편이 타당할 것이다. '한 달 살기'는 색다른 경험으로서의 여행 가능성이 있긴 하다. 하지만 편안함을 추구한다는 점과 한곳에 오래 머물면서 생활한다는 측면에서는 '미지의 모험과 예측 불가능한 경험의 연속'으로서의 트래블과는 거리가 있다. '한 달 살기'가 의미 있는 여행이 되려면 다음의 조건이 충족되어야 한다.

우리가 여행을 통해 얻을 수 있는 수확은 바깥에 있는 색다른 무엇을 경험하는 것만이 아니다. 보다 궁극적으로는 내면의 질적 변화를 이루어야 한다. 시대를 불문한 많은 현자들 또한 여행은 바깥이 아니라 자기 안을 둘러보는 것이라고 말했다. 예컨대, 문명과는 거리가 먼 원시부족 마을을 자주 여행하면서 인류학자로서의 명성을 쌓은 클로드 레비스트로스Claude Lévi-Strauss는 《슬픈 열대》에서 참된 여행의 의미를 다음과 같이 회고한 바 있다. "여행이라는 것은 나를 둘러싸고 있는 이 황야를 탐사하는 것이 아니라 오히려 내 마음속의 황야를 탐색하는 것이로구나." 그가 오랜 여행을 통해 궁극적으로 얻게 된 것은 외부의 사물이 아니라 낯설었던 자기 마음에 대한 새로운 발견이었다.

월든 호숫가에서 통나무집을 짓고 자연과 벗하며 살았던 헨리 데이비드 소로Henry David Thoreau도 진정한 여행은 밖으로가 아니라 안으로의 여행이라고 보았다. 그는 "당신 자신을 탐험하라"면서 다음과 같이 조언했다. "진실로 바라건대 당신 내부에 있는 신대륙과 신세계를 발견하는 콜럼버스가 되라. (…) 각자는 하나의 왕국의 주인이며, 그에 비하면 러시아 황제의 대제국은 보잘것없는 작은 나라, 얼음에 의해 남겨진 풀 더미에 불과하다." 소로에 따르면 모든 사람의 내부에는 여태껏 발견되지 않았던 수많은 미지의 세계가 여전히 존재하고 있다. 그곳 세계에 비하면 바깥 세상은 아주 작고 미미한 수준이다. 우리 내부에 있는 신대륙에 비하면 러시아 황제의 대제국도 보잘것없는 작은 나라에 불과하다. 따라서 자기 안에 있는 거대한 "하나의 왕국"을 내버려둔 채 바깥 세상을 떠도는 것은 알맹이가 빠진 여행일 뿐이다.

인도의 민족 지도자인 마하트마 간디Mahatma Gandhi도 비슷한 말을 했다. "가장 위대한 여행은 지구를 열 바퀴 도는 것이 아니다. 단 한 차례라도 자기 자신을 돌아보는 여행이다." 진정한 여행은 외부

풍경 감상이 아닌 자기 자신을 돌아보는 것이어야 한다. 파리 에펠탑 철기둥 앞에서 사진을 찍는 일이 뭐 그리 대단한 일일까? 나이아가라에서 쏟아져 내리는 폭포수의 파편을 직접 맞아보는 일이 인생을 얼마나 가치 있게 만들어줄까? 세계 방방곡곡을 누비며 세상을 탐험하는 것이 색다른 체험을 얻는다는 면에서는 분명 의미가 있겠지만, 그보다 중요하고 필요한 일은 안으로 눈을 돌려 자기 내부에 존재하는 신세계를 발견하는 것이다. 진정한 여행은 자기 내부로 떠나는 여행이니까.

레비스트로스나 소로, 간디의 주장이 옳다면 우리는 여행을 위해 굳이 짐을 싸서 떠날 필요가 없다. 집 안에서도 충분히 여행이 가능하기 때문이다. 어떤 방법이 있을까? 가장 좋은 방법은 '독서'다. 독서를 통해 사색의 시간을 갖는 것은 세계 방방곡곡을 누비고 다니는 것만큼이나, 아니 그보다 더 의미 있는 여행이다. 자신에게로 떠나는 여행이 세계 일주보다 더 가치 있을 수도 있다. 독서와 여행의 연관성을 나타내는 표현 중에 "독서는 앉아서 하는 여행이고, 여행은 서서 하는 독서다"라는 말이 있다. 결국, 여행과 독서는 깊은 사색을 통해 자기 자신을 돌아본다는 면에서 유사한 행위인 것이다.

'한 달 살기'가 진정한 의미의 여행이 되려면 한 곳에서 한 달 동안 머무는 것으로는 부족하다. 한 달 동안 자신의 내면과 조우할 수 있는 시간을 가져야 한다. 독일의 문호 괴테Goeth는 이탈리아를 22개월 동안 여행하고는 《이탈리아 여행기》라는 책을 썼다. 그에게 있어 여행이란 한곳에 오래 머물면서 관찰하고 사색하는 활동이다. 괴테는 자신의 이탈리아 여행을 이렇게 표현했다. "나를 다시 태어나게 하고, 혁신시키고, 충실을 기할 수 있게 한 일대 사건이었다." 이탈리아에서의 장기간 여행이 자신을 변화시키고 성장시키는 중요한 계기였다는 고백이다. '한 달 살기'도 이래야 하지 않을까? 자신을 다시 태어나게 하고 혁신시키는 계기가 되어야 한다. 그러려면 이곳저곳 관광을 다니기보다 자기 자신을 성찰하고 사색하는 시간을 많이 가져야 한다.

니체는 사색의 시간으로서의 독서를 이렇게 표현했다. "독서는 나를 나 자신으로부터 해방시키고, 다른 사람의 혼魂 속을 거닐게 한다." 이 얼마나 멋진 여행이란 말인가! 독서를 하면 타임머신을 타고 과거로 여행을 떠날 수도 있다. 책 속으로 들어가 비극의 주인공 '햄릿'이 될 수도 있고, 자유로운 영혼의 '조르바'가 되어볼 수도 있다. 책을 통해 그들의 혼 속을 거닐 수 있으니까. 이렇게 말할 수도 있겠다. "독서는 낯선 곳으로 떠나는 지적 여행이다." 결국 여행의 형식은 중요하지 않다. 얼마나 가치 있는 경험을 하는지가 핵심이다.

PART 4

'진짜 나'로
살고자 하는 사람들

01. 멀티 페르소나

본캐 vs. 부캐, 진짜 나는 누구인가?

'페르소나_{Persona}'라는 말이 있다. 고대 그리스의 연극배우들이 무대 위에서 썼던 가면을 뜻하는 말인데, 배우는 무대에서 자신에게 주어진 가면을 쓰고 그것에 맞는 역할을 연기해야 한다. 가령 왕 역할을 맡은 배우는 왕처럼 생긴 가면을 쓰고 마치 자신이 왕인 것처럼 행동해야 하고, 거지 가면을 쓴 배우는 거지인 것처럼 연기해야 한다. 관객들은 배우의 본래 모습보다는 그가 쓴 가면을 보고 그 사람을 인식한다. 이러한 페르소나는 자신에게 주어진 역할에 따른 정체성으로, 타인에게 드러내는 '외형적 인격'에 해당한다. 페르소나는 사람을 뜻하는 단어 'person'과 성격을 뜻하는 단어 'personality'의 어원이 되는데, 심리학에서는 타인에게 보여지는 외적 자아를 의미한다. 즉 본래 자신의 성격이 아니라 타인에게 보여주기 위한 성격이나 정체성을 뜻한다.

페르소나는 연극배우만 쓰는 것일까? 그렇지 않다. 스토아 학파의 철학자인 에픽테토스Epiktētos는 모든 인간이 연극배우라면서 다음과 같이 주장했다. "인간은 저마다 연극 속의 배우이고, 신이 배역을 정해놓았기 때문에 그 배역이 무엇이든 우리의 배역을 훌륭하게 연기하는 것이 우리의 의무다." 그에 따르면, 인생은 한 편의 연극이며 우리는 연극 속 배우다. 우리 개개인은 신이 정해준 배역을 훌륭하게 연기해야 하며 이는 개인에게 주어진 의무다. 선택 사항이 아닌 의무이기 때문에 개인은 이를 거부하거나 피할 수가 없다. 무조건 따라야 하는 것이다. 예컨대, 임금의 아들로 태어난 사람은 왕자라는 신분에 맞게 연기를 해야 한다. 왕족으로서의 체통을 지키며 궁중의 법도에 맞게 행동해야 한다. 장차 왕이 될 수도 있으니 공부도 열심히 해야 하고 언행에도 각별히 신경을 써야 한다. 그것이 귀찮다고 해서 평민이나 노예의 자식들처럼 행동해서는 안 된다. 그것은 의무를 저버린 행위니까 말이다.

오늘날 현대인들도 가면을 쓰고 연기를 해야 한다는 점은 과거와 동일하다. 다만 달라진 점이 있다. 현대인은 더 이상 신이 개인에게 정해준 단 하나의 배역으로만 살아갈 수가 없다. 사회가 복잡다단해지면서 사람들은 여러 개의 가면을 상황에 맞게 바꾸어 가면서 연기를 해야 한다. 집에서 쓰는 가면과 직장에서 쓰는 가면이 다르다. 동호회에서 쓰는 가면이 다르고, SNS에서 드러내는 가면도 평소 모습과는 딴판이다. 말하자면 오늘날 현대인은 여러 개의 가면을 동시에 가진 '멀티 페르소나Multi Persona'의 소유자가 된 것이다.

멀티 페르소나는 다중적 자아나 다수의 정체성으로 살아가는 사람을 일컫는 말인데, '본캐(본래 캐릭터)' 외에 여러 개의 '부캐(부수적 캐릭터)'를 가진 상태를 뜻한다. 몇 년 전, 국민 MC라 불리는 유재석은 트로트 가수인 '유산슬', 드러머인 '유고스타', 치킨을 만드는 '닭터유', 하프를 치는 '유르페우스' 등 다양한 부캐 활동을 통해 멀티 페르소나의 전형을 보여주었다. 이처럼 유명 연예인들이 여러 가지 '부캐'를 만들어 인기를 얻으면서 이른바 '부캐 열풍'이 불기 시작했다.

부캐를 통해 여러 개의 페르소나를 갖는 것은 유명 연예인들만의 전유물이 아니다. 지금은 평범한 일반인도 부캐를 갖는 것이 낯선 풍경이 아니다. 오늘날 사람들은 직업 세계, SNS나 온라인 활동, 취미나 소비 활동 등 삶의 여러 영역에서 다양한 페르소나를 가짐으로써 다중 정체성을 나타내는 데 익숙하다. 직업 영역에서도 본업 외 부업을 하면서 서로 다른 페르소나를 갖는 경우도 있고, 자신이 좋아하는 취미 활동을 할 때는 평소 직업 활동에서 전혀 볼 수 없었던 페르소나를 드러내기도 한다.

부캐의 끝판왕은 뭐니 뭐니 해도 온라인 활동에서다. 이미 많은 사람들이 여러 개의 SNS 계정을 가지고 있고, 게임이나 메타버스에서는 자신만의 페르소나를 통해 전혀 다른 세계를 구축하기도 한다. 활동하는 세계가 많아지다 보니 직장에서 막내 신입사원인 친구가 게임 세계에서는 '마스터(리그오브레전드 게임에서 최상위 랭크)'나 '군주(리니지 게임에서 최상위 계급)'인 경우도 있다. 부캐의 모습이나 지위가 본캐와는 천양지차인 케이스다. 심지어 본캐와 부캐의 구분마저 모호해지는 경우도 있다. 취미로 시작한 유튜브 방송이 큰 성공을 거두자 본캐를 버리고 부캐를 새로운 직업으로 선택하는 사람도 생겨났다. 본캐와 부캐의 주객전도가 이루어진 셈이다.

이처럼 현대인들은 다양하게 분리된 정체성을 갖고 살아간다. 직장에서의 모습과 취미 활동을 할 때, SNS를 할 때의 정체성이 서로 다르다. 카카오톡이나 인스타그램, 유튜브에서 각기 다른 정체성을 가진다. 심지어 동일한 SNS에서 동시에 여러 계정을 사용하면서 자신의 모습을 여러 가지로 바꾸어 가며 살아가기도 한다. 한마디로 오늘날 멀티 페르소나는 현대판 '아수라 백작(남성과 여성의 얼굴이 반반인 양성 인간)'이라고 불러도 과언이 아니다.

이러한 멀티 페르소나, 부캐 열풍을 우리는 어떤 시각으로 바라봐야 할까? 현대인이 여러 페르소나를 갖는 것은 불가피한 측면이 있다. 사회적 동물인 인간은 무인도에서 혼자 사는 게 아니라 여러 사람과 어울리며 살기에 항상 타인의 기대나 사회적 위치에 영향을 받을 수밖에 없다. 그런 이유로 사회적 지위에 의해 투사된 외적 성격인 페르소나를 마냥 무시한 채 살 수 없는 것이다. 니체가 "모든 심오한 존재는 가면 쓰기를 즐긴다"라고 말한 바 있듯이, 연극배우인 인간은 상황에 맞게 주어진 배역을 잘 연기해야 한다. 따라서 여러 개의 페르소나를 사용하는 것은 결코 이상한 일이 아니다.

페르소나는 사회에서 개인이 타인과 만나는 접점이다. 페르소나가 있기에 개인은 사회 속에서 자신의 역할을 수행할 수 있고, 주변 세계와 원만한 상호관계를 맺을 수 있다. 정신의학자이자 정신분석학자인 카를 구스타프 융Carl Gustav Jung은 《인격과 전이》에서 페르소나를 다음과 같이 정의했다. "페르소나는 '참다운 것'이 아니다. 페르소나는 인간이 '무엇으로 보이느냐'에 관한 개체와 사회 간 타협의 한 소산이다." 다시 말해 페르소나는 자신이 하고 싶은 것과 사회적 역할 사이의 타협점이라는 얘기다. 페르소나는 자신의 진정한 자아와 사회적 요구 사이에서 적절한 타협점을 찾음으로써 개인이 사회에 적응하는 데 도움을 준다.

〜〜〜〜 가면이 너무 많아도, 너무 없어도 문제 〜〜〜〜

한편, 페르소나를 잘못 사용하면 문제가 발생하기도 한다. 페르소나를 무시하거나 지나치게 남용하면 부작용이 뒤따른다. 어떤 부작용이 있을까? 먼저 페르소나가 진정한 자아가 아니고 '외적 인격'이라고 해서 무시해버리면 문제가 생긴다. 가령 직장에서 상사가 부당한 지시를 내린다고 해서 상사가 보는 데서 인상을 찌푸리거나, 고객이 부당한 요구를 할 때 "내가 이런 일을 하고 있다고 우습게 보입니까?" 하면서 버럭 화를 내는 행동은 그다지 현명한 처사가 아니다. 이는 자신의 자아를 지나치게 중시하여 사회적 역할에 따른 페르소나 쓰기를 거부한 상태다. 마치 배우가 연극 무대에서 가면 쓰기를 거부하고 평소 자기 모습대로 연기하는 것과 같다. 이런 사람은 독불장군처럼 자기 생각이나 가치만을 고집하는 유형이라 할 수 있는데, 당사자 속은 편할지 몰라도 관객 입장에서는 그다지 보고 싶은 장면이 아니다. 이처럼 페르소나를 무시하는 것은 세상과 타협하기를 거부하는 태도로 사회생활에 심각한 장애를 가져올 수 있다.

두 번째 부작용은 특정한 페르소나만을 지나치게 고집하는 경우다. 특정한 페르소나를 진정한 자아라고 생각하여 어딜 가더라도 그 가면만을 고집하는 것이 여기에 해당한다. 예컨대, 유치원 선생님으로 오래 일한 사람이 동창 모임에 가서도 친구들을 유치원생 대하듯 대한다고 해보자. 혹은 유명한 연예인이 가족이나 친구를 만나는 사적인 자리에서도 여전히 스타 행세를 한다고 해보자. 이는 특정한 페르소나를 진정한 자기 모습으로 착각한 상태다. 이처럼 단 하나의 가면만을 고집하는 사람이 원만한 사회생활을 하기란 쉽지 않다. 이는 배우가 단 하나의 가면으로 여러 연극에 출연할 수 없는 것과 같은 이치다. 이처럼 자신을 하나의 페르소나로만 고정해두면 타인과 좋은 관계를 맺기도 어렵고 사회생활에서 융통성을 발휘하기도 힘들다. 그럴듯한 페르소나를 갖는 것도 필요하지만 때와 장소에 맞게 사용할 줄도 알아야 한다.

세 번째 부작용은 지나치게 많은 페르소나를 갖는 경우다. 개인이 여러 개의 페르소나를 가지면서 동시에 관리하기란 결코 쉽지 않다. 관리 범위의 한계 때문이다. 여러 이성을 동시에 만나는 바람둥이가 한 사람 한 사람에게 시간과 정성을 쏟지 못하는 것과 같은 이치다. 앞서 예로 들었던 유재석의 경우에는 여러 개의 부캐를 가져도 큰 문제가 없었다. 그가 여러 영역에서 나름의 캐릭터를 구축할 수 있도록 여러 사람들이 도와주었기 때문이다. PD와 작가, 해당 분야의 멘토와 방송국의 여러 스태프 등 수많은 조력자들이 무대를 꾸미고 가면을 만들어주었기에 가능했다. 그가 한 일이라고는 잘 차려진 밥상에 숟가락을 얹고 맛있게 먹은 것뿐이다. 유재석과 같은 도움을 받을 수 없는 일반인이라면 단 하나의 부캐를 만드는 데도 상당한 시간과 노력을 들여야 한다. 예컨대, 게임에서 최상위 계급의 캐릭터를 만들려면 엄청난 시간과 공을 들여야 한다. 학생이라면 부모님의 잔소리를 감내하고, 공부할 시간을 포기해야 한다. 그럴듯한 부캐를 만드는 것에도 엄청난 투자가 필요한 법이기에 여러 페르소나를 가진 사람은 항상 시간에 쫓기고 여유가 없을 가능성이 높다.

네 번째 부작용은 다양한 부캐를 관리하다 보면 정작 본캐를 가꾸는 일에 소홀해진다는 점이다. 개인이 자신만의 캐릭터를 구축하기 위해서는 오랜 시간과 노력이 필요하다. 자신이 만들고 싶은 이미지를 가꾸기 위해서는 치밀하게 계획을 세워서 하나하나 실천해 나가야 한다. 중간에 옆길로 새거나 가만히 내버려둔 채 방치하면 기대한 캐릭터는 절대 만들어지지 않는다. 기업이 자사만의 고유한 브랜드를 만들기 위해 엄청난 비용과 오랜 시간을 투자하는 이유도 그 일이 그만큼 어렵기 때문이다. 이처럼 부캐를 만드는 일에 지나치게 정성을 쏟으면 불가피하게 본캐를 가꾸는 일을 등한시하게 된다.

〜〜〜 현실 감각을 잃지 않는 신데렐라가 되려면 〜〜〜

이런 여러 이유들 때문에 오늘날의 부캐 열풍을 마냥 긍정적으로 바라보기는 어렵다. 멀티 페르소나는 자신의 캐릭터를 다양하게 드러내는 수단이 되었지만, 정체성의 기반을 매우 불안정한 상태로 몰아넣었다. 다양한 SNS의 등장으로 새로운 캐릭터를 만들 수 있는 기회는 많아졌지만 현실 세계에 대한 관심은 외려 줄어들었다. 잊지 말아야 할 점은 온라인상의 캐릭터가 아무리 멋지고 대단해도 그것을 현실로 가져올 수는 없다는 점이다. 온라인 게임 세상에서 아무리 뛰어난 최상위 계급이라도 로그아웃을 하는 순간 초라한 현실이 기다리고 있다. 무도회장에서 멋진 구두와 드레스 차림으로 왕자의 마음을 사로잡았던 신데렐라가 12시를 알리는 종이 울리자 허겁지겁 현실로 돌아오는 것과 마찬가지다(동화 속에서는 왕자가 구두의 주인공을 찾기 위해 현실로 찾아오지만 온라인에서는 그런 일이 벌어지지 않는다. 간혹 화난 사람이 '현피' 뜨자고 달려드는 경우를 제외하면).

융은 페르소나에 너무 몰입해서 자신의 본모습을 잃어버린 상태를 '페르소나의 팽창'이라고 불렀다. 페르소나가 팽창해서 자아를 가두어버린 상태를 말한다. 이처럼 페르소나에 지나치게 몰입해서 자아를 외면해버리면 그 자아는 '그림자'가 되어 무의식으로 숨어버린다. 융은 그림자를 '페르소나에 의해 억압된 또 다른 자아'라고 불렀는데, 이러한 그림자는 신체적, 정신적 문제를 발생시키는 원인으로 작용한다. 요즘은 인터넷이나 SNS에서 도무지 이해할 수 없는 행동을 하는 사람들을 간혹 보게 된다. 유튜브나 아프리카TV 등 개인방송을 하는 플랫폼을 보면, 카메라 앞에서 속옷 차림으로 아슬아슬한 장면을 연출하는 사람도 있다. 차마 맨정신으로는 하기 힘든 행동일 텐데, 아마도 자신을 에로 배우나 누드모델로 착각하는 게 아닌가 싶은 의심이 들 정도다. 문제는 이러한 행동을 자주 하다 보면 현실 감각이 떨어진다는 점이다. 소위 '벗방'을 자주 하면 정상적이었던 현실적 자아가 무의식 뒤에 숨어버린다. 그다음부터는 노출 수위가 높아져도 별다른 창피함을 느끼지 못하는 지경에 이른다. 이러한 경우도 페르소나가 팽창된 상태라 하겠다.

페르소나의 팽창을 겪는 사람은 온라인에서의 삶과 현실의 삶, 배우로서의 자기와 실제 자기를 구분하지 못한다. 이런 사람일수록 가상과 현실의 차이를 이해하고, 진정한 자신의 본모습을 찾으려는 노력이 필요하다. 융은 이러한 상태를 '자기 실현'이라 불렀다. 자기 실현이란 페르소나와 자아가 균형과 조화를 이룬 상태, 부캐를 관리하되 본캐의 본질을 잃어버리지 않는 상태, 가장 건강한 상태를 의미한다. 이를 위해서는 지나치게 많은 부캐를 가지거나 그것을 관리하는 데 너무 많은 시간을 빼앗기지 않아야 한다. SNS나 메타버스라는 가상공간에서 도낏자루 썩는 줄도 모르고 신선놀음에 빠져서는 곤란하다. 현실에 발을 딛고 있으면서 어떤 경우라도 현실 감각을 잃지 말아야 한다.

일반화의 오류 가능성이 있음을 전제로 논하자면, 부캐가 필요한 사람은 본캐로는 만족하지 못하는 경우가 대부분이다. 본캐에 만족하는 사람은 특별히 새로운 부캐를 필요로 하지 않는다. 본캐만으로도 충분한 긍지와 자부심을 가질 수 있기 때문이다. 반면, 본캐 외에 부캐에 열중하는 사람은 이도 저도 아닌 경우가 많다. 그리스 철학자 아리스토텔레스가 이런 말을 했다. "누구에게나 친구는 어느 누구에게도 친구가 아니다." 친구를 사귀는 일에도 시간과 정성이 필요한데, 만나는 사람마다 친구가 되려는 사람은 정작 어느 누구에게도 시간과 정성을 쏟을 수 없다는 뜻이다. 페르소나를 만드는 일도 이와 유사하다. 본캐 외에도 여러 가지 부캐를 관리하는 사람은 정작 어떤 캐릭터에도 애정을 쏟지 못할 가능성이 높다.

오늘날 다원화되고 디지털화된 시대를 살아가는 현대인들은 하나의 페르소나에 집중하지 못하고 멀티 페르소나를 가진 채 살 수밖에 없는 운명이다. 하지만 그 상태를 유토피아라고 부르기는 민망하다. 여러 곳에 살림을 차린 사람이 매일 이 집, 저 집을 다니면서 '닦고 조이고 기름치는' 삶을 이상적이라고 볼 수 있을까? 당연히 그렇지 않다. 중요한 것은 멀티 페르소나를 관리하면서도 진정한 자아를 잃지 않고 참된 '나다움'을 가꾸는 일이다. 그러기 위해서는 부캐보다는 본캐에 집중해야 한다. 부캐는 허상이고 본캐가 본질이기 때문이다. 멀티 페르소나 시대를 살아가는 현대인에게도 '선택과 집중'은 여전히 필요하다.

82. 레이블링 게임

MBTI는 진짜 나의 모습을 나타내줄까?

요즘이야 지하철을 타면 다들 스마트폰 화면을 쳐다보느라 여념이 없지만 1980~90년대만 하더라도 지하철에는 스포츠 신문을 읽는 사람이 많았다. 전날 벌어졌던 주요 스포츠 경기의 결과를 세세하게 점검하는 일은 오늘날 주식 투자자가 전날 밤 미국 주식시황을 체크하는 것만큼이나 중요한 일과였다. 당시 신문에는 스포츠 관련 기사 외에도 꽤나 읽을거리가 많았는데, '오늘의 운세'도 빠짐없이 읽는 인기 콘텐츠 중 하나였다. 12간지에 해당하는 띠별로 그날의 운세를 알려주는데, 믿거나 말거나 읽는 재미가 쏠쏠했다. 오늘의 운세를 100퍼센트 믿는 경우는 드물었지만 어느 정도 참고하는 사람은 꽤 있었다. 당일 운세가 나쁘게 나왔으면 그날은 언행에 조금 조심하고, 횡재수가 나오면 복권이라도 사보는 식이었다.

그런데 생각해보면, 신문에서 고정 지면을 차지하고 있었던 '오늘의 운세'는 상당히 비과학적인 측면이 있다. 수많은 사람을 열두 가지 띠로 나누어 각 띠별로 그날의 운세를 알려주는데, 결국 띠가 같으면 당일 운세도 같을 수밖에 없다는 결론에 이른다. 이는 현실적으로 있을 수 없는 일이다. 가령, 수능 시험날 아침 고등학교 3학년 수험생이 신문에서 오늘의 운세를 찾아봤다고 해보자. 그곳에는 "드디어 긴 터널을 빠져나와서 대운이 찾아올 운세"라고 적혀 있다. 신문을 읽은 학생은 필시 대학입시에서 좋은 결과가 나올 것으로 짐작할 것이다. 하지만 그 운세는 그날 수능시험을 치르는 모든 고3 학생들에게 똑같이 적용되는 내용이다. 당연히 그런 일은 일어날 수 없다. 게다가 신문사마다 띠별 운세의 내용이 다르기도 해서 한쪽에서는 대운이 찾아온다고 적혀 있지만, 다른 신문에서는 액운을 조심하라고 하기도 한다. 한마디로 과학적 근거가 없고 믿을 만한 게 못 된다.

그래서일까? 요즘은 오늘의 운세를 찾아보고 참조하는 사람이 과거보다 확연히 줄어들었다. 지금도 신문사 홈페이지를 찾아보면 어디엔가 오늘의 운세 코너가 운영되고 있기는 하지만 찾기도 힘들고 찾아서 읽는 사람도 거의 없다. 아마도 과학기술이 발달하면서 오늘의 운세에 과학적·합리적 근거가 부족하다고 여기는 사람이 많아진 탓일 것이다. 이처럼 오늘의 운세는 시대의 뒤안길로 사라져가고 있지만 그 대신 새로운 경향이 생겨나 그 자리를 차지하기 시작했다. 바로 '레이블링Labeling 게임'이라는 새로운 트렌드의 등장이다.

레이블Label이란 사물에 정보를 표시하는 표식이나 사람의 성격을 묘사하는 딱지를 뜻한다. 즉 레이블링 게임은 자기 정체성을 특정 유형으로 딱지를 붙인 뒤 그 유형이 갖는 라이프 스타일에 동조하거나 추종하는 경향을 말한다.

대표적인 레이블링 게임은 사람을 혈액형으로 분류한 뒤 'A형 여자는 소심하고, B형 남자는 자유분방하다'는 식으로 딱지를 붙이는 행위다. 이를 '혈액형 성격설'이라 부르는데, 혈액형으로 인간의 성격을 추정하는 방식이다. 사람들은 같은 혈액형끼리 묶어서 유형을 분류하고, 혈액형별 성격이나 행동 특성을 규정한다. 그래서 특정한 행동을 보이면 '역시 B형 남자군' 하면서 혈액형 성격설에 빗대어 상대를 평가한다. 나아가 어떤 혈액형을 가진 사람이 자신과 잘 맞는지 연애 궁합으로까지 발전시키는 경우도 있다. 이는 심심풀이로는 좋을지 모르나 과학적 근거는 상당히 부족한 게 사실이다. 수많은 사람을 단 네 가지의 혈액형으로 구분 짓고, 같은 유형에 속한 사람은 성격도 비슷하리라고 가정하는 것은 아무래도 억지스럽다.

사람에게 특정 레이블을 붙여서 구분하고 분류하는 행위는 과거에도 흔했다. 우리나라에서는 예로부터 성씨를 가지고도 사람을 분류하고 평가하기도 했다. 가령, '강 씨나 최 씨는 고집이 세다'는 식으로 나머지 요소는 깡그리 무시한 채 이름 앞에 붙은 성씨로만 사람을 판단하는 일도 종종 있었다. 집안과 가문을 중요하게 생각하는 어른 중에는 자녀의 배우자를 고를 때 성씨가 맘에 안 든다면서 퇴짜를 놓기도 했다. 이 역시 혈액형 성격설과 유사한 레이블링 게임인데, 과학적 근거나 타당성 측면에서는 허접하기 짝이 없는 논리다.

그래서일까? 최근에는 보다 정교해진 레이블링 게임이 생겼다. 바로 'MBTI'라는 분류 기준이다. MBTI는 마이어스-브릭스 유형 지표The Myers-Briggs-Type Indicator를 줄인 표현인데, 작가인 캐서린 브릭스 Katharine Briggs와 그녀의 딸 이자벨 마이어스Isabel Myers가 카를 융의 초기 분석심리학 모델을 바탕으로 1944년에 개발한 자기보고형 성격유형 검사의 일종이다. MBTI에서는 두 개의 태도 지표(외향-내향, 판단-인식)와 두 개의 기능 지표(감각-직관, 사고-감정)를 근거로 성격 유형을 총 열여섯 가지로 분류한다. 대한민국에는 1990년경 도입이 되어 학생들의 진로 파악이나 기업의 채용 등에 참고 자료로 사용되다가 코로나19 이후 소셜미디어를 통해 대거 확산하면서 MZ세대 사이에서 대중적인 인기를 끌었다.

대중적 확산에도 불구하고 MBTI 테스트를 믿을 수 있는가에 대한 지적은 꾸준히 있었다. MBTI는 성격 유형을 열여섯 가지로 분류하기 때문에 혈액형 등 다른 분류 기준보다는 정교해 보이기는 한다. 하지만 통계적 신뢰성이나 타당성이 확실히 검증되었다고 보기는 어렵다. 예컨대, 성격을 '유형'의 관점에서 분류하려면 세상 사람들의 성격 분포가 뚜렷하게 구분되어야 한다. 여러 유형이 혼재되어 있거나 상황에 따라 다르게 표출되는 경우는 없어야 한다. 가령, 외향-내향을 구분할 때도 외향적인 사람은 누가 보더라도 명백하게 외향적이고, 내향적인 사람은 내향적이어야 한다. 외향성과 내향성을 둘 다 어느 정도 갖추거나 상황이나 환경에 따라 내향-외향이 바뀌는 경우는 없어야 한다. 하지만 현실에서는 외향-내향이 칼같이 구분되지 않을 때가 더 많고, 상황이나 관계에 따라 성향이 변할 때도 많다. 신입직원이 직장 상사 앞에서는 내향적으로 행동하다가 친구들과 만나는 사적인 자리에서는 외향적으로 돌변할 수도 있다. 업무를 할 때는 내향적이다가도 술자리 회식 때는 외향적인 경우도 있다. 본래는 내향적인 성격이었지만 사회생활을 하다 보니 어쩔 수 없이 외향적으로 행동하기도 한다. 인간은 본디 상황에 맞게 가면을 쓸 줄 아는 동물이다. 그렇기 때문에 개인의 성격을 분명하게 구분한다는 것은 매우 어려운 일이다.

같은 유형을 가진 그룹 내에서 개인차를 제대로 설명할 수 없다는 것도 한계다. 조사에 따르면, MBTI 테스트에서 가장 비율이 높은 유형은 INFP인데 전체 중에서 무려 13.39%에 달했다. 이를 대한민국 전체 국민으로 환산하면, 대략 670만 명이 넘는다. 이들을 모두 같은 성격으로 보는 것이 타당할까? 아무래도 어색하다. 측정 방식에도 문제가 있다. MBTI 테스트는 기본적으로 각 문항에 대해 응답자가 스스로 판단하여 점수를 매긴다. 이러한 자기보고Self-report식 검사는 기본적으로 한계를 가질 수밖에 없다. 니체가 "인간은 자기 자신에게서 가장 먼 존재"라고 말한 바 있듯이, 우리는 자기 자신을 잘 모른다. 내가 나를 잘 알지 누가 나를 알까, 라고 생각할지 모르겠지만 실제로는 그렇지 않다. 내가 나를 안다 해도 불분명할 때가 많다. 사람은 대체로 '실제 자기의 모습'과 '자기가 기대하는 모습'이 다르기 때문이다. '내가 생각하는 나'와 '타인이 생각하는 나'에 차이가 있는 경우도 허다하다. 이런 이유 때문에 나에 대해 스스로 평가한 결과를 가지고 '나는 이런 유형의 사람이다'라고 단정하여 말하는 것은 장님이 코끼리를 만지는 격이다.

이러한 여러 한계나 문제점에도 불구하고 이미 많은 사람들이 실생활 곳곳에서 MBTI를 활용하고 있는 실정이다. 혈액형 성격론과 마찬가지로 심리전문가가 아닌 일반인도 쉽게 검사를 할 수 있다는 점과 직관적이라는 것이 대중화에 크게 기여하지 않았나 싶다. 하지만 그럼에도 MBTI를 지나치게 오남용하는 것에는 문제가 있다. 최근 어떤 기업에서는 채용 공고 단계에서 MBTI 결과를 요구하기도 했다. 자기소개서 항목에 '자신의 MBTI 유형의 장단점과 어느 직무에 어떻게 살릴 수 있는지에 대한 근거를 설명하라'거나 아예 대놓고 '특정 유형은 채용하지 않겠다'고 명시해 논란이 일었다. 이렇게 MBTI가 단순한 재미나 호기심을 넘어 다양한 영역에서 검증된 평가도구처럼 인정받는 분위기 속에서 취업 준비생들은 가뜩이나 치열한 구직 경쟁에서 MBTI라는 새로운 '스펙'을 하나 더 만들어야 하는 이중고를 겪고 있다.

채용에서 MBTI 테스트 결과로 후보자의 성격을 파악하는 방식은 바람직할까? 전혀 그렇지 않다. 실제로 MBTI 테스트를 만든

단체인 마이어스 브릭스 재단에서는 채용 과정에서 지원자를 선별할 때 구직자에게 MBTI 검사를 받도록 요구하는 것은 비윤리적이며 불법이라고 분명히 고지하고 있다. 사실 성격 유형과 직무수행 여부와의 상관성은 통계적으로 밝혀진 바가 없다. 인간은 기본적으로 외부 환경에 적응하는 동물이다. 내향적인 사람이 외향성을 필요로 하는 직업에서 성공하는 경우도 적지 않다. 항상 관객을 웃겨야 하는 코미디언 중에 내성적인 성격의 소유자도 의외로 많고, 감정적이지 않아야 하는 판사 중에 활달하고 외향적이며 감정적인 사람도 꽤 많다. 따라서 MBTI 성격 유형을 근거로 직원을 채용하는 일은 혈액형으로 배우자를 선택하는 것만큼이나 어리석다.

사람들은 왜 개인에게 특정한 딱지를 붙이는 이러한 레이블링 게임을 즐기는 것일까? 김난도 교수는 《트렌드 코리아 2021》에서 레이블링 게임이 "실존적 불안이 늘어난 현대인들이 자기 정체성을 찾기 위한 노력의 일환"으로 진행된 것이라고 분석한다. 코로나 팬데믹으로 실존적 불안이 가중되는 와중에 "MBTI 테스트를 필두로 '꼰대레벨 테스트', '대학교 학과 테스트', '샌들로 성격 테스트' 등 다수의 자기진단 심리 테스트가 인기를 끌며 자신의 성격 유형을 분석해 인증하는 과정이 유행처럼 퍼졌다"고 말이다. 멀티 페르소나의 시대에 여러 정체성을 갖기 시작한 현대인들이 진정한 나를 찾기 위한 방법으로 레이블링 게임에 몰두하게 되었고, 유동하는 정체성을 고형화하기 위한 자구책으로 이를 채택하게 되었다는 얘기다. 다시 말하면 현대인들이 '너무나 많은 나' 속에서 '내 안의 나'

혹은 '진정한 나'를 찾기 위한 방법으로 레이블링 게임에 몰두하게 되었다는 것이다.

〰〰 삶에는 완성이 없다. 현재 진행형만 있을 뿐 〰〰

MBTI와 같이 간단한 심리테스트를 통해 '내 안의 나', '진정한 나', 즉 진정한 자기 정체성을 확인할 수 있을까? 이는 어불성설이다. 정체성正體性이란 '어떤 존재의 변하지 않는 성질'을 뜻한다. 다른 말로 '자기동일성自己同一性'이라고도 하는데, 이 개념은 인간에게는 세월이 아무리 흘러도 변함없이 동일하게 유지되는 그 무엇이 있음을 전제로 한다. 이는 '현재의 나'는 언제나 '과거의 나'와 같으며 '미래의 나'와도 이어진다는 생각에 근거한 개념이다. 다시 말해, 세월이 아무리 흘러도 '변하지 않는 나'의 모습이 있다는 의미다. 가령, 연애 시절에 친절하고 양보심 많았던 남자 친구가 결혼 이후에도 계속 그러하리라고 믿는 것도 이러한 자기동일성(정체성)에 대한 믿음 때문이다.

정체성, 다시 말해 자기동일성은 누구나 가지고 있는 것일까? 이는 개인마다 다르다. 자신의 정체성을 지키려고 노력하는 사람이 있는가 하면, 끊임없이 변신하려는 사람도 있다. 그렇다면 두 유형 중에서 어느 쪽이 더 나은 것일까? 대체로 사람들은 정체성이 명확한 사람을 선호한다. 그가 가진 고유한 성질 때문에 행동을 예측하기가 쉽고, 그 결과 안정감을 느낄 수 있기 때문이다. 반면, 정체성이 모호한 사람에게는 불편함을 느낀다. 고정된 그 무엇이 없어 행동을 예측하기 힘들기 때문이다. 심한 경우 당혹감도 느낀다. 어릴 때부터 만난 동성 친구가 갑자기 성_性 정체성이 모호하다고 생각될 경우를 상상해보면 쉽게 이해가 갈 것이다.

사람들이 정체성이 명확한 상태를 선호한다면, 우리도 자신의 정체성을 명확히 하는 것이 바람직하지 않을까? 여기에 대해서는 사람마다 생각이 다르다. 소설가 앙드레 지드_{André Gide}는 개인이 고유한 정체성을 갖는 데 대해 부정적인 태도를 보였다. 그는 《새로운 양식》에서 "영원불멸인 것에는 향기가 없는 법"이라고 주장하면서 변하지 않고 영원히 지속되는 상태를 단호히 거부했다. 그 이유는 정체성에 대한 태도가 개인의 성장과 밀접한 관련이 있기 때문인데, 그는 이렇게 말한다. "인류는 자기의 배내옷을 귀중하게 여긴다. 그러나 인류는 그것을 벗어버리지 않고는 성장하지 못한다." 지드는 우리가 태어나면서 처음으로 가진 배내옷조차 던져버려야 한다고 주장했다. 그것이 우리의 성장을 가로막기 때문이다. 우리가 과거에 집착할수록 새로운 성장에 방해가 된다는 논리다.

그는 또한 소크라테스의 유명한 말을 애벌레의 비유를 들어 비판하면서 자신만의 고유한 정체성을 찾으려는 사람들에게 경고의 말을 남겼다. "'너 자신을 알라!' 위험한 동시에 추악한 격언이다. 스스로를 관찰하는 자는 누구든 발전을 멈춘다. '자신을 잘 알려고' 애쓰는 애벌레는 절대로 나비가 되지 못할 것이다." 알다시피 소크라테스는 자신을 잘 아는 것이 곧 '앎'이자 지혜라고 사유했다 ('너 자신을 알라'는 표현은 소크라테스가 맨 처음 한 말이 아니다. 당시 델포이 신전 기둥에 새겨져 있던 글귀다. 하지만 소크라테스도 이 말을 중요하게 생각했고 여러 차례 인용한 적이 있으므로 그가 한 말이라고 해도 큰 문제는 아니지 싶다). 하지만 지드에게 그러한 태도는 자신의 발전을 가로막는 "비겁한 짓"에 불과하다. 그는 그렇게 해서는 절대로 애벌레에서 나비로 성장할 수 없다고 보았다. 사람들은 흔히 자기 자신에 대해 많이 알고 확고한 정체성을 갖는 것이 좋다고 생각하지만, 지드는 오히려 그것이 개인의 발전을 가로막는다고 보았다. 실제로도 주변을 둘러보면 자신의 정체성을 맹신함으로써 새로운 시도를 포기하는 사람들을 종종 보게 된다. 가령, "나는 원래 성격이 내성적이어서 많은 사람들 앞에서 말하는 직업은 어울리지 않는다"라고 말하거나 "나는 원래 성격이 활달해서 책을 보는 것 같은 정적인 일은 적성에 맞지 않는다"라고 하면서 미래의 가능성을 스스로 차단해버리는 경우가 여기에 해당한다.

"도대체 인간이란 무엇인가?" 이 물음은 단순하지만 쉽게 답할 수 없는 질문이다. 인간의 본성 자체가 그러하기 때문이다. 많은 사상가들이 인간은 고정된 존재가 아니라 끊임없이 변화하는 존재라고 증언한다. 존 스튜어트 밀도 《자유론》에서 인간의 본성을 나무에 비유하면서 이렇게 설명한 바 있다. "인간은 본성상 모형대로 찍어내고 그것이 시키는 대로 따라 하는 기계가 아니다. 그보다는 생명을 불어넣어주는 내면의 힘에 따라 온 사방으로 스스로 자라고 발전하려 하는 나무와 같은 존재다." 밀도 인간의 고유성을 부정한 셈이다. 인간은 내면의 힘에 따라 끊임없이 자라고 발전하는 나무와 같은 존재다. 잠재력과 가능성이 무궁무진하다는 뜻이다. 따라서 우리는 특정 시점에 칼로 무 자르듯 재단하여 단정적으로 표현할 수 없는 존재다.

프랑스 철학자 앙리 베르그송_{Henri Bergson}도 《창조적 진화》에서 인간의 존재 방식을 다음과 같이 표현했다. "존재한다는 것은 변화하는 것이고, 변화한다는 것은 성숙한다는 것이며, 성숙한다는 것은 자신을 무한히 창조하는 것으로 이루어진다." 베르그송에 의하면, 고정된 상태로 존재하는 것은 '물질'이지 '생명'이 아니다. 생명은 끊임없이 변화하고 창조적으로 진화하는 특징을 지녔다. 생명을 가진 인간도 끊임없이 변화하고 성숙하고 무한히 창조하면서 존재한다. 사람은 죽으면 물질로 변하고 만다. 변화를 멈추는 순간 더 이상 생명이 아니기 때문이다. 따라서 인간에게 특정한 레이블을 붙이는 일은 생명성을 부정하고 인간을 물질처럼 대하는 행위다. 표현이 적절한지 모르겠지만, 도축한 돼지고기에 파란색 도장을 찍는 것과 다르지 않다.

자신의 진정한 정체성을 찾는 일은 평생을 바쳐야 하는 필생의 과업이다. 우리는 살면서 한 번도 '완성된 자기'를 경험하지 못한다. 인간은 언제나 현재 진행형으로만 존재하기 때문이다. 평생에 걸쳐 '나는 누구인가?'를 끊임없이 질문하고 성찰하는 과정에서 생의 마지막 순간에라도 그 답을 찾을 수 있다면 그나마 다행일 것이다.

니체는 인간의 정체성이 끊임없이 변해야 한다면서 이렇게 주장했다. "인간은 극복되어야 할 그 무엇이다. 그대들은 인간을 극복하기 위하여 무엇을 했는가?" 니체는 인간을 스스로 극복해야 할 대상으로 보았다. 니체에 따르면, 지금까지 인간은 벌레에서부터 시작하여 인간에 이르기까지 스스로를 극복하면서 새로움을 창조해 온 존재다. 이러한 자기극복의 과정은 언제나 현재 진행형이다. 완성이 없기 때문이다. 니체는 인간이라면 누구나 자기극복을 통해 진화해야 한다는 점에서는 어떠한 예외도 두지 않았다. 모든 면에서 뛰어난 초인(위버멘쉬Übermensch)조차도 말이다. "최상의 인간일지라도 아직 극복되어야 할 존재인 것이다." 니체가 보기에 인간의 자기극복에는 그 어떤 예외도, 끝도 없다. 만약 어느 단계에서라도 자기극복을 멈추면 더 이상 초인이 아니기 때문이다.

결국 인간은 고정된 그 무엇이라고 특정할 수 없는 존재다. 인간은 끊임없이 변화하고, 가능성을 실현하고, 과거의 자신을 극복하면서 존재하기 때문이다. 이러한 변화와 자기실현과 자기극복은 생의 마지막 순간까지 지속해야 할 과제인지도 모른다. 지금 우리에게 시급한 일은 레이블링 게임을 통해 자기 정체성을 확인하는 것이 아니다. 오히려 스스로 '나는 누구인가?'를 끊임없이 묻고 성찰하면서 자신의 가능성과 잠재력을 발견하는 것이다. 현재의 나를 아는 것보다 미래의 나를 찾아가는 과정이 더 중요하다.

03. 혼밥혼술족
고독을 선택한 신인류의 탄생인가, 사회적 병리인가?

사회적 동물인 인간은 혼자 있는 것을 좀처럼 견디지 못한다. 왜 그럴까? 그 원인을 추적하려면 원시시대로 거슬러 올라가야 한다. 열등한 신체조건을 타고난 인간은 야생에서 홀로 남겨지면 생존을 장담하기 어려웠다. 혼자서는 무자비한 포식자의 공격을 감당할 수가 없었기 때문이다. 그리하여 인간은 집단을 이루고 공조共助를 하기로 결정했다. 생존을 위한 불가피한 선택이었는데 결과는 대성공이었다. 양육강식의 법칙이 지배하는 야생에서도 이른바 '쪽수의 법칙'이 통한 것이다. 인간은 개인으로는 연약한 동물이지만 뭉치면 두려울 게 없었다. 이제 덩치가 큰 동물조차 인간을 무서워하고 인간이 다가가면 도망치기에 급급했다. 집요함을 타고난 인간은 도망치는 동물에게도 관용을 베풀지 않았다. 지구 끝까지 쫓아가서 그들을 몰살시켰다. 그 결과, 지구상에서 인간에게 위해를 가할 만한 존재는 사라지고 말았다. 이제 인간은 혼자서도 마음대로 거리를 활보할 수 있게 되었다.

그러나 주변에 자신들을 위협할 만한 동물이 다 사라진 상황에서도 인간은 과거의 습성을 버리지 못했다. 지금은 혼자 다녀도 별다른 위험이 없음에도 인간은 단독으로 행동하는 것을 꺼린다. 포식자의 위협에 대한 공포가 여전히 DNA 속에 각인된 탓일까? 포식자의 위협에서 벗어난 지 오랜 시간이 흘렀으므로 그렇지는 않을 것이다. 오히려 지금은 공포와 두려움의 '대상'이 달라졌다고 보는 편이 타당하다. 바로 고독이다. 대체로 인간은 혼자가 되었을 때 생길 수밖에 없는 고독이나 외로움의 무게를 감당하지 못한다. 현대인에게 고독이란 포식자의 위협보다도 더 무서운 존재다. 그래서 여전히 홀로 남겨진다는 것은 공포스러운 일이다.

하지만 최근 들어서는 그 양상이 조금씩 달라지기 시작했다. 고독이나 외로움에 내성을 가진 족속들이 생겨나기 시작한 것이다. 바로 '혼밥혼술족'이라 불리는 사람들이다. 혼밥혼술족이란 혼자서 밥이나 술을 먹는 사람을 뜻하는데, 타인과의 불편한 관계에서 벗어나 혼자만의 자유와 여유를 즐기고 싶어하는 태도를 가진 사람을 말한다. 이들은 사회적 동물인 인간의 본성을 거부한 채 집단생활보다는 각자의 동굴에서 지내기를 선호한다. 혼밥혼술족이 늘어나면서 이들을 위한 비즈니스도 동시에 증가했다. 편의점 도시락이 다양화·고급화되고, 마트에서는 간편식이나 밀키트 제품을 판매하는 매대가 확장되었다. 식당이나 술집에서도 혼밥혼술족을 배려한 칸막이 좌석이 마련되었고 1인용 메뉴도 대폭 늘어났다. 이러한 인프라 때문에 오늘날 혼밥혼술족은 최소한 의식주 측면에서는 별다른 어려움을 겪지 않게 되었다.

사회적 동물이었던 인간이 오늘날에는 왜 혼자가 되기를 선택한 것일까? 이 역시 생존본능으로 해석할 수 있다. 앞서도 말했듯이, 신체적으로 연약한 인간이 다른 인간과의 공조를 통해 만물의 영장에 올라선 이래로 이제 동물 중에서 인간을 위협할 만한 존재는 지구상에서 사라졌다. 하지만 그럼에도 인간을 위협하는 존재가 완전히 사라지지는 않았다. 유일하게 남은 대상이 있는데, 바로 '인간'이다. 이제 인간을 위협하는 존재는 다름 아닌 또 다른 인간들인 것이다.

17세기에 철학자 토마스 홉스Thomas Hobbes가 자연상태를 설명하면서 "인간이 인간에게 늑대"라는 표현을 쓴 바 있는데, 자본주의적 경쟁이 치열한 지금 21세기에도 과거 자연상태와 비슷한 현상이 벌어지고 있다. 오늘날 현대인들은 공부 경쟁, 입시 경쟁, 취업 경쟁, 성과 경쟁 등 다양한 형태의 생존경쟁에 내몰린 채 살아간다. 누군가를 이기고 쓰러뜨려야 자신이 살아남는 '데스매치'를 매일같이 겪는 것이다. 가히 문명 이전의 자연상태의 재현이라고 할 만하다. 사태가 이렇게 돌변하자 인간의 협력을 이끌었던 공조 시스템이 무너지기 시작했다. 협력의 시대는 저물고 각자도생의 시대가 도래했다. 그 결과 사람들은 자신을 위협하는 '늑대인간'으로부터 보호하기 위한 일을 급선무로 생각하게 되었다. 그렇게 무리에서 벗어나 안전한 자기만의 동굴을 만들어 피신하는 사람들이 생겨났다. 혼밥혼술족도 그런 부류에 해당한다. 결국 인간이 공조를 선택한 것도, 결별을 선택한 것도 모두 생존을 위한 조치였던 것이다.

당신은 당신만의 '골방'을 가졌는가?

늘대를 피해 자기만의 동굴로 피신한 혼밥혼술족은 드디어 안전을 도모하게 되었을까? 그 선택으로 인해 그들의 삶은 행복해졌을까? 모든 세상 일에는 반대급부가 있기 마련이다. 자기만의 동굴 속으로 들어온 인간은 일단 다른 늑대의 공격으로부터 자신을 보호하는 데는 어느 정도 성공했다. 하지만 그로 인해 대가를 지불해야 했다. 바로 '고독과 외로움'이라는 만성 질병이다. 다른 인간과의 결별을 선택한 사람이 겪는 심정은 프랑스 시인 오르텅스 블루 Hortense Vlou가 지은 〈사막〉이라는 시에 잘 드러난다. 내용은 이렇다.

그 사막에서 그는

너무 외로워

때로는 뒷걸음질로 걸었다

자기 앞에 찍힌 발자국을 보려고

시를 읽으면 홀로 된 사람의 외로움이 절절하게 느껴진다. 이렇듯 현대를 살아가는 우리 앞에는 두 갈래의 길이 놓여 있다. 실존적 외로움을 견디며 안전한 사막을 걸어갈 것인지, 아니면 늑대의 소굴에서 조심하며 생존을 이어갈 것인지. 선택은 각자의 몫이다.

늑대를 피해 사막을 선택한 사람은 이제부터 자기 혼자서 실존을 감당해야 한다. 필연적으로 뒤따르는 고독과 외로움이라는 가공할 공포를 견뎌야 하는 것이다. 고독과 외로움을 견디는 일은 집단에서 떨어져 나온 '독고다이'에게 주어지는 첫 번째 시련이라 할 수 있다. 그런데 여기서 두 가지 감정을 구분할 필요가 있다. 흔히 사람들은 고독과 외로움을 비슷하게 생각하지만 둘은 엄연히 다른 감정 상태다. 어떻게 다를까? 고독孤獨은 '홀로 떨어져 있는 것'을 말하지만 외로움은 '마음이 쓸쓸한 상태'다. 군중과 떨어져 혼자가 되면 고독해진다. 그 상태가 되면 외로움을 느끼기도 한다. 말하자면 고독과 외로움은 상관관계가 높은 감정이지만 그렇다고 동일한 감정은 아니다.

고독은 세상과 떨어져서 홀로 있는 것이고 외로움은 홀로 되어 마음이 쓸쓸한 상태다. 고독이 '세상과의 단절' 때문에 생긴 감정이라면 외로움은 '관계의 단절'에서 찾아오는 감정이다. 핵심은 세상과의 분리냐 인간관계의 단절이냐의 차이다. 로빈슨 크루소처럼 무인도에 혼자 있으면 고독에 빠지기 쉽다. 하지만 외로움은 느끼지 않을 수도 있다. 반대로 군중 속에 있으면 고독하지는 않지만 외로움을 느낄 수는 있다. 즉 여러 사람과 함께 있지만 관계가 단절된 경우라면 외로움을 느끼기도 한다. 집단으로부터 따돌림을 당하고 있다면 필시 외로움을 느낄 수밖에 없다. 권태기에 들어선 부부가 같은 집에 살면서 하루 종일 한마디도 하지 않으면 외롭다는 느낌이 절로 들 것이다.

고독과 외로움을 느끼는 상태는 무조건 나쁜 것일까? 사람들은 이 둘을 동일한 개념으로 간주하여 둘 다 좋지 않은 감정으로 생각하는 경향이 있다. 이는 잘못된 판단이다. 우선 외로움은 부정적인 감정이라고 보는 편이 타당하다. 집단에 속해 있으면서도 외로움을 느낀다면 이는 인간관계에 문제가 있다는 신호이기 때문이다. 관계 단절의 사유가 무엇이든 간에 긍정적인 상황은 절대 아니다. 하지만 고독은 다르다. 고독은 단지 세상과 떨어져서 홀로 있는 상태에서 발생하는 감정이다. 따라서 반드시 나쁘다고 볼 수는 없다. 때로는 홀로 떨어져 고독의 시간을 갖는 경험이 필요하다. 가끔씩은 무리에서 벗어나 혼자만의 시간을 가져야 한다. 혼자 골방에 들어앉아 일기도 쓰고 홀로 산책을 하면서 사색에 잠기기도 해야 한다. 어떤 이는 억지로라도 혼자 있는 시간을 만들려고 노력하기도 한다. 이처럼 주체의 자발적 선택으로 고독한 상태에 처하면 외로움은 동반되지 않는다.

그렇다면 혼밥혼술족의 감정은 어떤 상태일까? 그들은 외로울까, 고독할까? 알 수 없다. 인간관계에 전혀 문제가 없지만 개인적 필요에 의해 자발적으로 선택한 경우라면, 그는 '고독한 늑대'에 해당한다. 반면 평소 인간관계로 괴로워하거나 다른 사람들로부터 따돌림을 당해서 어쩔 수 없이 혼자가 되었다면, 그는 '외로운 늑대'다. 전자의 홀로됨은 주체의 자발적이고 능동적인 선택이다. 따라서 잠시 고독의 시간을 가진 후에는 다시 무리로 돌아가 보다 발전된 관계를 맺을 수 있다. 그에게 홀로 있는 시간은 삶을 되돌아보고 성찰하는 재충전과 성숙의 과정이다. 그러나 후자의 경우는 인간관계가 끊어져서 무리에서 추방된 상태이기 때문에 혼자 있는 시간을 아무리 가져도 다시 복귀하기가 쉽지 않다. 점점 더 자기만의 동굴 속으로 빠져들어서 '은둔형 외톨이'가 될 가능성이 높다.

사실 현대인에게 문제가 되는 부분은 고독이 아니라 외로움이다. 오늘날 혼자가 된 도시인들의 상황은 무인도에 홀로 남겨진 로빈슨 크루소가 겪은 상황과는 그 종류가 다르다. 도시에 사는 현대인들은 대체로 고독하지는 않다. 항상 주변에 사람이 넘쳐난다. 그런데 마음은 외로움을 느낄 때가 많다. 이는 주위에 사람이 없어서가 아니라 마음을 주고받을 사람이 없기 때문이다. 세상과 떨어져서가 아니라 관계의 단절에 따른 외로움 때문에 고통스러운 것이다.

고독은 나쁜 것도 아니고 피해야 할 상태는 더더욱 아니다. 하이데거는 고독이야말로 자신의 존재 의미를 확인할 수 있는 계기가 된다면서 다음과 같이 말했다. "타인의 지배 아래에 놓여 있는 일상세계로부터 떨어져 나온 유한하고 고독하며 불안으로 가득 찬 세계, 그곳이야말로 우리의 본래적인 세계이며, 그곳에서 비로소 우리는 존재의 의미를 밝힐 수 있다." 하이데거에 따르면, 집단 속에서 타인과 어울리면서 눈치를 보는 상태는 진짜 세계가 아니다. 외려 그러한 일상세계로부터 떨어져 나와 혼자가 되었을 때 비로소

'진짜 삶'이 시작된다. 직장에서 다른 사람들과 함께 있을 때가 아니라 집으로 돌아와 조용히 혼자 있을 때가 진짜 자기 모습이라는 뜻이다. 고독의 시간은 진정한 자신의 모습이 드러나는 순간이다. 따라서 우리가 진정한 인간으로 존재하기 위해서는 혼자서 고독의 시간을 가져야 한다. 그렇지 않으면 존재의 의미도 밝힐 수 없고 진정한 삶도 시작할 수 없기 때문이다.

철학자 블레즈 파스칼Blaise Pascal은 이런 말을 했다. "인간의 모든 불행은 단 한 가지. 고요한 방에 들어앉아 휴식할 줄 모른다는 데서 비롯된다." 인간은 고요한 방에서 고독을 즐길 시간을 가져야 하는데, 그렇지 못하기 때문에 모든 불행이 시작된다고 본 것이다. 사상가이자 민중 운동가였던 함석헌 선생도 〈그대는 골방을 가졌는가〉라는 시를 통해 "이 세상의 소리가 들리지 않는 (…) 은밀한 골방을 그대는 가졌는가?"라고 우리에게 질문하고 있다. 즉 때로는 세상과 떨어져 홀로 사색할 수 있는 공간과 시간을 가져야 한다는 뜻이다.

지그문트 바우만은 자신의 책《고독을 잃어버린 시간》에서 현대인이 고독의 시간을 잃어버린 채 사는 게 왜 문제인지에 대해서 다음과 같이 주장했다. "결국 외로움으로부터 멀리 도망쳐 나가는 바로 그 길 위에서 정작 당신은 스스로 고독을 누릴 수 있는 기회를 놓쳐버린다. 놓쳐버린 그 고독은 바로 사람들로 하여금 신중히 생각하게 하고, 반성하게 하며, 더 나아가 인간끼리의 의사소통에 의미와 기반을 마련하게 하는 숭고한 조건이다." 바우만에 따르면, 고독은 단순히 외로운 시간이 아니다. 고독은 집중하고 성찰하게 만들어 타인과의 소통에서 의미와 기반을 만들어주는 숭고한 시간이다. 때로는 고독의 시간을 가져야만 타인과의 관계에서 질적 수준을 높일 수 있다는 뜻이다. 평소 혼자서 깊이 사유하고 성찰한 사람이 대인관계에서도 심도 있는 대화를 할 수 있는 법이다.

그런데 사람들은 혼자 있는 시간에 주로 무엇을 할까? 혼자 있는 시간을 어떻게 보내야 의미가 있을까? 혼자 밥 먹고, 혼자 술 먹고, 혼자 쇼핑하고, 혼자 영화를 보면 존재의 의미를 밝힐 수 있을까? 그렇지 않다. 하이데거나 파스칼, 함석헌과 바우만이 고독을 강조한 이유는 그 시간을 사색의 시간으로 채울 수 있기 때문이다. 혼자 있는 시간을 그저 무료하지 않은 상태로 채우는 것만으로는 충분치 않다. 사색의 시간은 없이 그저 밥 먹고, 술 먹고, 쇼핑하고, 영화를 보는 것은 대개 외로움에서 벗어나기 위한 몸부림에 불과하다. 그 상태로는 참된 삶도, 진정한 존재의 의미도 밝힐 수 없다.

～～～ 자발적 단절만이 위대한 성취를 선사한다 ～～～

이처럼 삶에서 고독의 시간은 반드시 필요하지만 그것을 즐기기란 말처럼 쉽지 않다. 대부분의 사람은 홀로 고독의 시간을 갖기보다는 군중 속에 머물기를 선호한다. 에리히 프롬은 그 이유에 대해 다음과 같이 설명하고 있다. "만일 내가 남들과 같고, 유별난 사상이나 감정을 갖고 있지 않으며, 나의 관습이나 옷이나 생각을 집단의 유형에 일치시킨다면 나는 구제된다. 고독이라는 가공할 경험으로부터 구제되는 것이다." 프롬에 따르면, 사람들은 고독이라는 공포로부터 벗어나기 위해 여러 사람이 함께 있는 무리 속으로 들어가려 한다. 고독이라는 공포를 견디지 못해 군중 속으로 파고드는 것이다.

실제로도 혼자 있는 시간이 주어지면 고독을 즐기기는커녕 그 상태를 벗어나지 못해 안달인 사람이 훨씬 많다. 고독의 시간을 즐기는 것은 선택이 아니라 능력의 문제이기 때문이다. 그만큼 고독의 무게는 아무나 감당할 수 없다. 니체는 독립獨立은 강자만의 특권이라면서 다음과 같이 말한 바 있다. "독립이란 극소수의 인간에게만 가능한 것이며 강자의 특권에 속하는 것이다. 아무 거리낌 없이 아주 당연한 권리라고 생각하여 그것을 시도하는 사람이라면 강한 인간일 뿐만 아니라 무모하리만큼 대담한 인간일 것이다." 독립은 말 그대로, 집단이나 무리에서 벗어나 홀로 당당하게 서는 행위다. 무리를 떠나 혼자서 모든 것을 감당한다는 면에서 보자면, 독립과 고독은 서로 이어져 있다. 독립한 사람은 대체로 고독하며 고독을 견딜 수 있어야 독립도 가능하다.

독립은 강자의 특권이라는 말은 고독에도 그대로 적용된다. 고독의 무게를 견디지 못하는 사람이 무리를 벗어나면 고독의 시간을 즐기기는커녕 외로움의 고통만 호소할 가능성이 높다. 철학자 박이문 선생도 고독의 시간을 강조하면서 다음과 같이 말한 바 있다. "혼자만의 시간을 견뎌야 한다. 혼자만의 시간과 공간을 견딜 수 없는 이들에게서는 위대한 창조적 업적을 기대할 수 없다." 역사에 이름을 남긴 사람은 대부분 혼자만의 시간을 견딘 끝에 위대한 업적을 만들었다. 그들은 혼자 있는 시간에 무언가에 집중하고 몰입하여 창조적 작품을 만든 사람들이다. 말하자면, 위대한 성취를 통해 역사에 이름을 올린 사람은 대부분 혼자 놀기의 달인이자 고독을 즐길 줄 아는 고수였다. 대체로 위대한 성취는 고독이 베풀어 준 선물이다. 평소 고독의 시간을 즐길 줄 모르고, 외로움을 피해서 자기만의 동굴에 숨어버리거나 무리 속으로 파고든다면 위대한 성취는 이룰 수 없다.

혼밥혼술족을 긍정적으로 볼 것인지, 부정적으로 볼 것인지는 그들이 고독을 즐기는가의 여부로 판단할 수 있다. 만약 고독의 시간을 확보하기 위해 기꺼이 혼밥혼술족이 되기로 선택했다면 이는 박수치고 환영할 일이다. 그들은 자신의 존재 의미를 밝히고 위대한 성취를 이룰 가능성이 높다. 마음만 먹으면 언제든 사람들 곁으로 돌아갈 수도 있다. 반면, 본인의 의사와 무관하게, 어쩔 수 없이 혼밥혼술족 대열에 동참했다면 이는 안타까운 일이 아닐 수 없다. 그들이 하는 혼밥이나 혼술, 나홀로 쇼핑이나 영화 보기는 외로움에서 벗어나기 위한 처절한 몸부림에 불과하기 때문이다. 만약 이런 유형의 혼밥혼술족이 증가하고 있다면 이는 심각한 사회적 병리 현상으로 봐야 한다. 가까운 일본에서 '히키코모리(은둔형 외톨이)' 현상이 사회적 문제로 떠오르는 것도 이와 무관하지 않다. 이들이 자신의 상태를 스스로 치유하여 일상으로 돌아오기를 기대하기란 매우 어렵다. 집단생활을 하는 초식동물이 무리에서 떨어져 혼자 남으면 생존을 장담하기 어려운 것과 같은 이치다. 어쩌면 국가와 사회가 나서서 관심을 가져야 할 문제인지도 모른다.

04. 나나랜드
나만을 위한 그곳에서 행복을 찾을 수 있을까?

특목고에 진학해 명문대 입학에 성공한 전소은 씨(20세)는 대학 진학을 포기하고 자기만의 삶을 살기로 결정했다. 다른 사람들의 기준에 맞춘 길을 걷기보다는 자기 자신에게 도전하고 투자하는 것이 더욱 가치 있다는 생각 때문이었다. 그녀는 자기 자신을 알기 위해 혼자서 일본과 괌 여행을 다녀왔다. 그곳에서 다양한 사람들을 직접 만났고 더 넓은 세상을 알게 되었다. 이후 그녀는 혼자만의 힘으로 유학을 준비했다. 또래 친구들이 당연한 듯이 대학에 진학하거나 재수를 준비하는 것과는 전혀 다른 삶의 궤적을 그려나가고 있는 셈이다. 그녀는 자신의 세상을 '나나랜드'라 불렀다.

나나랜드는 데이미언 셔젤 감독의 영화 〈라라랜드〉에서 차용한 신조어인데, 사회적 기준이나 타인의 시선에 연연하지 않고 자신의 기준에 따라 살아가는 삶의 태도를 일컫는 말이다. 이러한 삶의 태도를 견지하는 사람을 '나나랜더'라고 부르는데, 이들은 '타인이나 사회가 바라보는 나'보다는 '자신이 바라보는 나'를 우선시하고 자신의 기준에 따라 삶의 우선순위를 조정한다. 한마디로 '나는 나로 살겠다'는 주의를 실천하는 사람이다. 2016년 김수현 작가의 그림 에세이 《나는 나로 살기로 했다》가 독자들로부터 엄청난 사랑을 받았는데 나나랜드 현상도 이와 무관하지 않다.

앞의 사례에서도 알 수 있듯이, 나나랜드를 지향하는 사람은 기성세대보다는 밀레니얼세대나 Z세대가 많다. 1980년대 초부터 2000년 초까지 출생한 밀레니얼세대는 기성세대와 달리 자기 위주로 생각하고 행동하기 때문에 '미-제너레이션Me Generation'이라고 불리기도 한다. 이들은 사회가 만든 기준(주로 기성세대가 만든 기준이다)을 따르지 않고 타인의 시선에도 연연하지 않으며 자신이 정한 기준에 따라 생각하고 행동한다. 나나랜더는 자신의 삶을 풍요롭게 만드는 주체는 '나'라고 믿기 때문에 자신의 개성을 드러내는 데 주저하지 않는다. 개성을 중시하고 자기만의 만족을 찾기로는 Z세대도 밀레니얼세대 못지않다.

이들은 기성품보다는 개인 맞춤형 제품을 선호하고 큰돈이 들지 않으면서도 자기 만족감이 높은 작은 사치를 즐긴다. 이러한 소비 패턴을 '스몰 럭셔리'라 부르기도 하는데, 명품 자동차나 명품 의류, 가방 등 엄청난 비용이 들어가는 사치품 대신 자기만의 만족감을 얻을 수 있는 고급 화장품이나 명품 소형가전 등을 구매하는 행위를 말한다. 스몰 럭셔리족은 기성세대가 선호하는 고가의 명품보다는 자신의 취향에 맞는 적절한 수준의 명품에 만족한다. 또한 기존의 전통이나 정형화된 취향을 거부하고 자신만의 기준에 따라 선택하고 자기 만족감을 최우선으로 고려하면서 자기만의 세상을 형성해 나간다.

굳이 '나나랜드'라는 표현은 사용하지 않았지만 사회가 정한 기준보다는 자기 자신을 위한 삶을 살고자 하는 욕망은 예전부터 존재했다. 예컨대, 노르웨이의 극작가인 헨리크 입센Henrik Ibsen의 희곡 《인형의 집》에 등장하는 노라도 그런 인물이다. 작품 속 여주인공 노라는 은행가인 남편을 내조하며 가족에 봉사하는 전형적인 현모양처의 삶을 살아간다. 그러다 그녀는 일순간 자신의 삶이 남편과 가족을 위한 인형에 불과하다는 사실을 깨닫고는 '더는 인형으로 살지 않겠다'고 선언한 뒤 집을 떠난다. 새장 안에서 타인을 위해 살아가던 모습에서 벗어나 자신만의 주체적이고 독립적인 삶을 살겠다는 각오를 다진 것이다. 그녀 또한 사회적 기준에 맞춘 현모양처보다는 자기 자신을 위한 삶, 즉 나나랜드를 찾아 떠난 셈이다.

때때로 우리는 '대大를 위해 소小를 희생하라'는 논리를 무의식적으로 받아들이며 살곤 한다. 국민은 국가를 위해서 희생하고, 부모는 자녀를 위해 희생하고, 아내는 가족을 위해 희생하는 것이 당연하며 그러한 희생은 인간으로서 마땅히 지키고 따라야 할 대의大義라고 생각하는 것이다. 그러다 보니 실제 삶에서 자신의 안위와 행복보다는 큰 뜻인 대의를 위해 기꺼이 희생하며 사는 사람도 적지 않다. 가출 전 노라처럼 말이다. 그러나 대를 위해 소를 희생하는 삶은 일견 그럴듯해 보이고 숭고해 보이기도 하지만 큰 맹점이 존재한다. 바로 무엇이 대의인지, 어떤 것이 큰 뜻인지가 분명치 않다는 점이다.

국가의 안위와 개인의 행복 중에서 무엇이 대의일까? 가정의 평화와 개인의 행복 중에서 무엇이 더 우선되어야 할까? 여기에는 정답이 없다. 춘추전국시대 사상가 중에 양주楊朱라는 사람이 있었는데, 그는 이런 말을 남겼다. "털 하나를 뽑아 온 천하가 이롭게 된다 하더라도 그렇게 하지 않겠다." 그는 왜 그토록 이기적인 태도를 드러냈을까? 그가 보기에 개인의 안위가 천하의 이로움보다 결코 사소하지 않기 때문이다. 그래서 그는 자신의 정강이에 난 털 한 올만 희생하면 천하가 이롭게 된다 해도 그렇게 하지 않겠다는 단호한 입장을 보였다.

사실 우리 개개인의 인생이 국가나 민족, 천하에 비해 덜 중요하냐 하면 그렇지 않다. 우리 각자의 인생은 온 우주를 통틀어 유일무이한 운명이다. 우리 자신은 1,000년 전에도 없었고, 100년 전에도 없었으며 100년 후에도, 1,000년 후에도 없을 단 한 번의 사건이다. 따라서 그 무엇과도 비교할 수 없을 만큼 중요하며 무엇과도 견줄 수 없는 대의다. 개인의 인생에 비하면 국가나 민족은 사소한 것에 불과한지도 모른다. 이런 관점에서 보면 《인형의 집》의 주인공 노라도 현모양처라는 소의를 버리고 자신을 위한 삶이라는 진정한 대의를 찾아 나선 셈이다. 최근 MZ세대를 중심으로 벌어지고 있는 나나랜드 현상도 단 한 번뿐인 인생을 자신이 원하는 모습으로 만들고자 하는 대의에 입각한 행동이라 할 수 있다.

독립은 의지나 태도가 아닌 능력의 문제

타인보다는 나를 먼저 생각하고, 사회적 기준보다는 자기만의 기준으로 살아가고자 나나랜드를 만들어 그 속에서 살아가는 사람은 그 선택으로 행복한 삶을 살 수 있을까? 장담할 수 없다. 각자가 처한 상황이 다르기 때문에 일반화하기도 어렵다. 앞서 소개한 사례를 한번 살펴보자. 우선 전소은 씨의 경우는 현재 진행형이라서 판단하기에 너무 이르다. 그렇다면《인형의 집》의 주인공 노라는 어떨까? 그녀는 더는 인형으로 살지 않겠다고 선언한 후 집을 나간 뒤 자기만의 세상에서 행복하게 살았을까?

입센의《인형의 집》이 워낙 유명한 작품이다 보니 많은 작가들이 뒷이야기를 남겼는데, 중국의 대문호인 루쉰魯迅도 그중 한 사람이다. 그는 '노라는 집을 나간 뒤 어떻게 되었을까'라는 1923년의 강연에서 노라가 집을 나간 뒤 오히려 불행해졌을 것이라고 예상했다. 루쉰은 과감히 집을 나간 그녀의 행동에 대해 이렇게 반문했다. "각성한 마음 이외에 노라는 또 무엇을 갖고 갔는가?" 루쉰은 노라가 현실에 대해 각성하는 데는 성공했지만 자기만의 세상을 만들 준비가 되지 않은 상태에서 집을 나간 점은 잘못이라고 보았다. 인형으로서의 삶에서 벗어나야 한다는 현실 인식은 옳았지만 준비가 덜 된 상태에서 무모하게 집을 나갔다는 얘기다.

그렇다면 '각성한 마음' 이외에 자기만의 세상을 만들기 위해 추가로 필요한 것은 무엇일까? 이에 대한 루쉰의 주장은 다음과 같다. "오늘날 사회에서 인형이 되지 않기 위해서는 경제권이 가장 중요합니다. (…) 돈으로 자유를 살 수는 없지만 돈 때문에 팔 수는 있습니다." 루쉰은 노라가 집을 나간 뒤 자신만의 삶을 살기 위해서는 경제력(돈)이 필요하다고 보았다. 돈이 있다고 해서 자유를 살 수는 없겠지만 돈이 궁하면 언제든 자유를 팔아버릴 수 있기 때문이다. 루쉰의 진단은 매우 현실적이다. 자기만의 세상을 찾아서 독립을 선언한 노라가 경제적인 어려움에 빠지면 또다시 어딘가에 자유를 내다 팔 수도 있다고 본 것이다. 결국 독립은 의지나 태도가 아니라 능력의 문제에 가깝다. 능력을 갖추지 못한 상태에서의 독립은 무모한 도전이거나 치기 어린 해프닝으로 끝나는 경우가 많다.

나나랜드에서 살기로 결심한 사람은 무엇보다도 독립 의지가 강한 사람이다. 독립은 말 그대로 '홀로 선다'는 뜻으로, 타인의 도움 없이 혼자 힘으로 살겠다는 주체적인 결단이다. 그렇기에 그에게는 사회적 기준을 따르지 않거나 타인의 시선을 무시할 수 있는 권한이 주어진다. 어차피 싫든 좋든 자기 힘으로 세상을 개척해 나갈 것이기 때문이다. 하지만 앞서 보았듯이, 제대로 된 독립은 의지나 마음가짐만으로 이루어지지 않는다. 진정한 독립을 위해서는 그에 걸맞은 능력을 갖추어야 한다. 루쉰의 주장처럼 경제력이 뒷받침되지 않으면 언제든 자유를 내다 팔 수도 있기 때문이다.

결국 성공적인 나나랜드를 구축할 수 있는가 여부는 현실 인식이나 과감한 결단만으로는 정해지지 않는다. 자신이 꿈꾸는 나나랜드를 건설할 준비와 능력이 뒷받침되어야 한다. 그런 의미로 보자면 오늘날 MZ세대를 중심으로 트렌드처럼 불고 있는 나나랜드 열풍을 마냥 긍정하기는 어렵다. 물론 시도는 자유다. 하지만 자신만의 세상을 잘 가꾸어서 그곳에서 오랫동안 행복을 누리기 위해서는 철저한 준비와 능력을 갖추는 것이 우선되어야 한다. 그렇지 않으면 잠깐의 행복 뒤에 큰 후회가 남을 수도 있다.

'진짜 나를 찾는다'는 가면 뒤에 숨은 마케팅

한편, 나나랜더의 소비 습관을 살펴보면 그것이 진정으로 본인의 욕망에서 출발했는지 의구심이 들기도 한다. 이들은 기존의 명품족처럼 엄청난 고가의 사치품에 관심을 두지는 않지만 자기만의 만족감을 얻을 수 있는 스몰 럭셔리를 즐긴다. 이러한 태도는 끝없이 욕망을 부추겨서 소비를 조장하는 자본주의 상술에서는 조금 벗어난 듯 보이기도 한다. 하지만 여전히 완전히 자유롭지는 못하다. 앞서 프랑스 철학자 장 보드리야르가 《소비의 사회》에서 현대인들의 소비 행태를 진단하면서 오늘날 현대인들의 소비가 본인의 욕망이 아니라 '차이화의 강제'나 '어느 한 코드에의 복종'의 결과라는 사실을 검토한 바 있다. 어쩌면 나나랜더가 추구하는 스몰 럭셔리 취향도 비슷한 결과는 아닐까?

사람들은 흔히 자신의 취향이나 소비 패턴이 순수하게 자신의 욕망과 판단에 따른 자유로운 선택의 결과라고 믿는 경우가 많다. 그것이 '차이화의 강제'나 누군가가 만든 '코드에의 복종'이라고 생각지는 않는다. 예컨대 요즘에는 기존의 성대한 결혼식이 싫어서 예식장이 아닌 장소에서 적은 수의 하객만 초청하여 단출하게 진행하는 스몰 웨딩을 선호하는 사람들이 많다. 생각해보면 이 또한 당사자의 취향이 원래부터 그래서라기보다 다른 사람들과 구별 짓고 싶은 욕구(차이화의 강제)나 당시 유행하는 스몰 웨딩이라는 코드에 복종한 결과가 아닐까 싶다(대부분은 결혼식을 처음 경험하기 때문에 애초에 취향이라는 것이 존재하기 어렵기 때문이다). 그래서 스몰이라는 단어와 어울리지 않게 예식장에서 할 때보다 비용이 더 많이 들기도 한다.

최근 몇 년간 젊은 세대를 중심으로 불고 있는 '미니멀리즘'의 추구도 비슷하다. 원래 미니멀리즘이란 '작은 것이 아름답다'는 심미적 원칙에 따라 절제된 형태 미학과 본질을 추구하는 문화 예술 운동으로 시작되었는데, 이것이 소비 활동으로 넘어오면서 새로운 트렌드로 자리매김했다. 그 결과 미니멀하고 아름다운 대신 가격은 맥시멀하게(?) 비싼 경우가 많다. 크기가 작아서 기능도 떨어지는데 약간의 심미적 요소가 가미됐다는 이유로 럭셔리 제품처럼 비싼 값에 팔린다. 이러한 소비 행태도 대부분은 차이화의 강제이거나 코드에 대한 복종의 결과라고 볼 수 있다. 나나랜드를 표방하는 이들이 추구하는 스몰 럭셔리도 이러한 범주에 속하지 않을까? 남들 신경 쓰지 않고 자기만의 맞춤형 제품을 선호하면서 스몰 럭셔리 소비를 즐기는 일이 진정 자신의 본성이나 취향에 기반한 것인지는 생각해볼 문제다.

진정한 '나를 위한 삶'으로 가는 길

매스컴에서 보여주는 나나랜드의 모습에도 편파적인 면이 있다. 간혹 나나랜드에 대한 뉴스나 신문기사를 보면 대부분 MZ세대의 이야기로 도배가 되는데, 자신만의 삶을 살고자 하는 욕망은 세대를 초월한다. 실제로 기성세대 중에도 타인의 시선이나 사회적 기준보다는 자신의 기준대로 살아가는 사람이 더러 있다(물론 그들은 자기 세상을 '나나랜드'라고 부르지는 않지만 말이다). 하지만 기성세대의 나나랜드는 좀처럼 매스컴에서 주목하지 않는다. 대부분 나나랜드를 꾸미기 시작한 MZ세대의 이야기만 소개한다. 그렇기 때문에 그들의 나나랜드는 아직 평가하기에 이르다. 어쩌면 그들의 나나랜드는 예고편 정도에 불과하다. 많은 중년 세대가 은퇴 이후 한적한 산골에 들어가 전원생활을 시작하지만 반 이상은 새로운 환경에 적응하지 못하고 다시 도시로 돌아오는 게 현실이다. 야심차게 시작한 나나랜드가 시간이 지나 어떻게 전개될지는 아무도 모른다. 그러므로 지나치게 장밋빛으로만 그리는 것도 위험한 일이다.

자기만의 세상인 나나랜드가 타인의 시선과 간섭을 받아야 하는 공동체보다 모든 면에서 좋기만 하냐 하면 그렇지도 않다. 나나랜드의 삶이 멀리서 볼 때는 누구의 간섭도 받지 않고 마냥 자유롭게 보이지만 가까이서 보면 여러 난관이 도사리고 있는 경우도 많다. 공동체에 속해 있을 때는 타인의 간섭이나 공동체의 규율 때문에 귀찮기도 하지만 한편으로는 그로 인해 얻는 혜택도 많다. 예컨대 직장이라는 공동체에 속해 있으면 매일 주어진 업무를 해야 하고 상사의 눈치도 봐야 한다. 하지만 매달 꼬박꼬박 월급이 통장에 들어오고 직장에서 제공하는 각종 복지 혜택도 누릴 수 있다. 공동체 소속이라는 사실만으로도 신원 증명이 가능하고 필요한 경우 은행에서 신용으로 대출까지 받을 수 있다. 하지만 직장이라는 울타리를 벗어나 나나랜드로 입성하는 순간 모든 것을 자기 힘으로 해결해야 한다. 의식주를 위한 준비도 혼자서 해야 하고 매달 생활비도 스스로 조달해야 한다. 금수저를 물고 태어났거나 필요하면 언제든 램프에서 나와 자신을 도와줄 요정 '지니'가 곁에 있다면 모를까 그렇지 않다면 얼마 못 가 바닥난 통장 잔고 때문에 어딘가에 자유를 내다 팔아야 할 수도 있다.

나나랜드의 삶을 선택했다는 것은 자기실현의 과정이기도 하다. 자기실현이란 진정한 자기 자신에게로 나아가는 것을 말하는데, 자신의 잠재력과 가능성을 발견하고 그것을 최대한으로 발휘하는 상태를 뜻한다. 자기실현을 위해서는 타인의 시선을 의식하기보다는 자기 자신만의 기준으로 삶을 설계해야 한다. 하지만 자기실현의 과정은 언제나 진행형으로만 존재한다. 《데미안》으로 유명한 소설가 헤르만 헤세Hermann Hesse는 《신학단상》에서 자기실현의 과정을 다음과 같이 적었다. "우리는 덧없고, 우리는 형성 도중에 있으며, 우리는 가능성이다. 우리는 완벽하거나 완성된 존재가 아니다. 그러나 우리가 잠재 상태에서 행동으로, 가능성에서 실현으로 나아갈 때 우리는 참 존재에 속하게 되며, 완전한 것, 신적인 것과 조금이나마 닮게 되는데, 이것을 자기실현이라고 한다."

헤르만 헤세에 의하면, 우리는 살아가면서 한 번도 완성된 자기를 경험하지 못한다. 인간은 언제나 '형성 도중'에 있으면서 '가능성'으로만 존재하기 때문이다. 우리는 자신의 가능성을 찾아서 그것을 실현하기 위해 조금씩 나아가야 한다. 그래서 조금이라도 완전한 것, 신적인 것과 닮아가는 과정이 '자기실현'이다. 결국 자기실현은 결과가 아니라 과정이라 볼 수 있다. 이러한 자기실현은 평생에 걸쳐서 완수해나가야 하는 필생의 과업이다. 나나랜드를 만들겠다는 선택은 자기실현을 이루기 위한 길고 긴 여정에 나서겠다는 결단이며, 그 출발선에 선 상태일 뿐이다. 이 상태만으로도 충분히 축하할 일이지만 현 상태에서 성공이나 행복을 운운하기란 아직 이르다. 자기실현의 길을 좀 더 걸어간 뒤에 평가해도 늦지 않다.

결국 나나랜드로 가는 길은 아름답지만 곳곳에 위험이 도사리고 있는 위태로운 길이다. 물론 자기 자신으로서의 삶을 살겠다는 결단은 매우 의미 있다. 누구나 언젠가는 자신의 길을 찾아서 떠나야 한다. 하지만 새로운 길을 떠났다고 해서 그것이 곧 성공을 의미하지는 않는다. 길에 놓인 암초와 장애물을 넘어서야 하고, 곳곳에 설치된 웅덩이와 지뢰밭을 피해야 하기 때문이다. 아직은 시작에 불과하기에 성공과 실패의 가능성이 공존한다. 그렇기 때문에 나나랜드를 선택한 사람에게 박수를 보낼 수는 있지만 지나치게 그들을 부러워하거나 무작정 따라 해서는 안 될 일이다. 나나랜드에서 살고 싶다면 먼저 자신의 능력과 준비 상태를 점검하는 것이 우선이다. 제대로 준비만 되었다면 조금 늦게 출발해도 충분히 자신만의 나나랜드를 건설할 수 있다. 그러니 부러워하지도 조급해하지도 말자.

85. 인싸/아싸

선망의 대상이 되는 그들은 남들보다 더 우월한 존재일까?

'칭찬은 고래도 춤추게 한다'는 말이 있다. 있는 그대로 해석하면 인간만이 아니라 동물조차 칭찬을 받고 싶은 욕망을 가지고 있다는 뜻으로 이해된다. 그 말이 사실인지 모르겠으나, 모든 사람이 칭찬받고자 하는 마음을 갖고 있다는 점은 동의할 만하다. 그래서인지 사람들은 인간관계에서 실제보다 좋게 포장하여 칭찬하는 경향이 있다. 상대방의 안 좋은 점은 굳이 내색하지 않지만 좋은 면에 대해서는 칭찬의 말을 아끼지 않는다. 가령 남의 아이를 보면 실제와 상관없이 "예쁘게 생겼다", "참 귀엽다" 등의 표현을 자주 남발하기도 한다(만약 아이에게 "씩씩하게 생겼다"는 식의 중립적인 표현을 사용하면 실례가 될 수도 있다. 왜냐? 그건 칭찬에 인색한 행동이기 때문이다).

사람들은 왜 타인을 향해 칭찬을 남발하는 것일까? 그 이유는 인간의 본성 속에 '허영심'이 들어 있다는 사실을 잘 알기 때문이다. 허영심虛榮心이란 '허영에 들뜬 마음'을 뜻하는데, 한마디로 잘난 체하거나 우쭐거리고 싶은 마음이다. 자신의 경제력에 걸맞지 않게 고가의 명품 옷을 사서 입거나 값비싼 외제차를 뽑아서 몰고 다니는 행위도 알고 보면 허영심의 발로다. 명품 옷을 걸치고 외제차를 모는 대단한 사람으로 보이고 싶어 무리를 해서라도 값비싼 비용을 기꺼이 지불하는 것이다. 허영심이 강한 사람은 타인의 칭찬과 찬사에도 목을 맨다. 왜냐하면 그것을 위해 이미 많은 비용을 지불했기 때문이다. 만약 비싼 돈을 들여 명품 옷을 걸치고 나갔는데, 다른 사람들이 그걸 몰라주면 기분이 상한다. 본전本錢을 건지지 못했기 때문이다.

평소 남들에게 자랑을 일삼고 우쭐거리기를 즐기는 사람만이 허영심을 가질까? 그렇지 않다. 정도의 차는 있겠지만 허영심은 누구에게나 내재된 마음으로, 본능에 가깝다. 블레즈 파스칼은《팡세》에서 허영심은 모든 사람에게 있는 감정이라면서 다음과 같이 주장했다. "허영은 그렇게도 깊이 인간의 마음에 닻을 내리고 있기 때문에, 군인도 심부름꾼도 요리사도 인부도 제각기 자만하고, 자기를 칭찬해줄 사람을 얻으려 한다. 그리고 철학자들조차 그것을 얻고 싶어한다. 또한 그것에 반대해서 글을 쓰고 있는 사람들도 솜씨 좋게 썼다는 칭찬을 듣고 싶어한다." 파스칼에 따르면, 허영심은 모든 사람의 마음에 뿌리 깊이 닻을 내리고 있다. 그 결과 직업에 관계 없이(군인도 심부름꾼도 요리사도 인부도 심지어 철학자까지도) 자기를 칭찬해줄 사람을 찾는다. 허영심은 직업과 나이도 초월한다. 심부름꾼이나 요리사도 자기를 칭찬해주면 좋아한다. 고상해 보이는 철학자나 작가조차 별반 다르지 않다. 글 쓰는 일이 직업인 작가도 자신의 책에 대해 칭찬 일색의 서평이 달리면 기분이 좋아진다. 어쩌면 그러한 칭찬을 기대하면서 글을 쓰는지도 모른다. 칭찬은 고래뿐만 아니라 모든 인간을 춤추게 만든다.

그런데 최근 들어서는 이러한 경향이 더욱 강해진 듯하다. 스마트 기기의 활용이 일상화되고 소셜미디어가 다양하게 활용되면서 이른바 '인싸' 열풍이 불고 있기 때문이다. 인싸란 인사이더$_{Insider}$의 줄임말로 어떤 무리나 조직에서 다른 사람들과 잘 어울려 지내는 사람을 뜻한다. 나아가 무리에서 인기가 많고 유행에 앞서 나가는 사람을 의미하기도 한다. 인싸와 반대되는 용어로는 '아싸(아웃사이더$_{Outsider}$의 줄임말)'가 있는데, 인싸와 달리 무리에서 잘 섞이지 못하는 유형이다.

젊은 세대 사이에서 인싸 열풍이 불면서 인싸는 추앙과 선망의 대상이 되고 있다. 실제로 온라인 커뮤니티에서는 '인싸 되는 법'을 묻는 게시물을 어렵지 않게 볼 수 있다. 인싸들이 춘다는 '인싸춤'에서부터 인싸들이 사용하는 '인싸템(인싸와 물건을 뜻하는 아이템을 합친 용어)'까지 유행을 만들어내기도 한다. 인싸는 자신이 속한 무리 안에서는 인기스타인 셈이며 그들의 일거수일투족이 인싸를 꿈꾸는 사람들의 가이드와 기준이 되고 있다.

이러한 인싸 열풍을 우리는 어떻게 바라봐야 할까? 허영심이 모든 사람에게 내재된 본능이라 할지라도 오늘날 인싸 열풍은 조금 지나친 면이 있다. 인싸가 되면 칭찬의 중심에 서고 선망의 대상이 된다. 남들이 인기스타처럼 대접해주니 우쭐한 기분도 느낄 것이다. 하지만 그로 인해 인싸는 타인의 시선을 의식하고 인기에 연연하게 된다. 인기를 지속하기 위해 유행에 민감해지고 과소비를 하게 될 위험이 높다. 또한 자신은 우월감을 느낄지 모르겠으나 평범한 다른 사람을 아싸로 만들어 열등감을 조장하기도 한다.

인싸처럼 타인의 시선을 의식하고 인기에 연연하면 때로는 어이없는 행동을 저지를 가능성도 높다. 앙드레 지드가 이런 말을 했다. "남에게 우스꽝스럽게 보이지 않을까 하는 두려움 때문에 우리는 최악의 비겁한 짓들을 하게 된다." 다른 사람에게 칭찬받기 위해 애쓰는 사람은 때때로 도무지 상식적이지 않은 행동을 하기도 한다. 이들은 자기 분수에 맞지 않는 고급 차를 타고 수입을 넘어서는 값비싼 가방과 명품 옷을 걸친다. 내면보다는 겉치레에 신경을 쓴다. 지나친 허영심 때문에 도를 넘어서 과소비를 일삼기에 정작 자기 자신에게는 비겁한 짓을 하는 꼴이 된다.

허영심이 문제가 되는 이유는 필요 이상의 겉치레를 함으로써 다른 사람을 현혹시키기 때문이다. 하지만 더 큰 문제는 그러한 허영심이 자기 자신도 속인다는 사실이다. 허영심에 들뜬 사람은 지나치게 타인의 생각이나 시선을 의식함으로써 자기 자신을 기만하기도 한다. 니체는 허영심의 부작용을 다음과 같이 지적했다. "허영심에 차 있는 사람은 탁월해지기를 원하는 것이 아니라 스스로 탁월하다고 느끼기를 원한다. 따라서 그는 자기기만과 자기계략의 수단을 거부하지 못한다." 허영심에 가득 찬 사람은 자신보다는 타인의 시선을 더 많이 의식한다. 그 결과 실제 자신의 모습보다는 자기를 바라보는 타인의 느낌이나 생각에 더 많이 신경을 쓴다. 좀 더 정확히 말하면, '다른 사람의 의견에 대한 자신의 생각'을 더 중요하게 생각한다. 이러한 의식은 자연스럽게 자기기만으로 이어진다. 그런 이유로 허영심에 빠진 사람은 타인의 생각과는 별개로 스스로를 긍정적으로 해석하는 경향이 있다. 심한 경우 '공주병'이나 '왕자병'으로 발전하게 된다. 말하자면 타인의 시선을 지나치게 의식하다가 급기야 자기 자신마저 속이게 되는 것이다.

사람들은 흔히 인싸는 우월감을 느끼고 아싸는 열등감을 느낀다고 생각하지만 실제로는 그렇지 않다. 남들에게 찬사를 한몸에 받으며 매사에 우쭐대는 인싸도 알고 보면 열등감을 갖거나 열등 콤플렉스에 시달리곤 한다. 열등감이란 '자기를 남보다 못하거나 무가치한 인간으로 낮추어 평가하는 감정'을 말하는데, 열등 콤플렉스는 이러한 감정이 깊어져서 병리적으로까지 발전한 신경증적 열등감을 뜻한다. 한마디로 열등감이 병적으로 심해진 상태를 말한다. 대체로 사람들은 열등감과 우월감 중에서 어느 쪽 감정을 더 많이 느낄까? 사람마다 정도의 차이는 있겠지만, 보통 우월감보다는 열등감을 느낄 때가 더 많다. 인간은 기본적으로 열등한 존재로 태어나기 때문이다.

정신의학자이자 심리학자인 알프레드 아들러Alfred Adler는 인간이 필연적으로 열등감을 가지고 태어난다면서 그 근원을 인류학적, 발달심리학적 두 가지로 설명한다. 먼저 인류학적 관점에서 인간은 신체적으로 가장 열등한 종에 속한다. 신체 능력으로만 보면 인간은 독수리처럼 하늘을 날 수도 없고 치타처럼 빨리 뛰지도 못한다. 사자나 호랑이처럼 강하지도 않고 돌고래처럼 물속을 자유롭게 헤엄치는 능력도 갖지 못했다. 한마디로 동물 중에서 신체적 능력이 가장 뒤떨어진 종이 바로 인간이다. 그뿐만이 아니다. 발달심리학적으로도 인간은 매우 열등한 존재다. 모든 동물이 그렇지만 특히나 인간은 아주 연약한 상태로 세상에 나온다. 다른 사람의 도움 없이는 생존조차 할 수 없는 무력한 상태로 태어난다. 그래서 아기는 태어나자마자 누군가에게 의존해야 하며 먼저 태어난 사람들과 비교하면 언제나 열등한 존재일 수밖에 없다. 이처럼 열등감은 인간이 태어나면서부터 가질 수밖에 없는 자연스러운 감정이다. 아들러는 열등감이 인간의 불완전성에서 비롯된 것으로, 이러한 감정은 모든 인간에게 자연적으로 생기기 때문에 별 문제될 것이 없다고 말한다.

인싸처럼 평소 우월감을 자주 느끼는 사람은 열등감을 전혀 느끼지 않을까? 아들러는 우월감을 느끼는 메커니즘이 열등 콤플렉스와 다르지 않다고 보았다. 그는 열등감에 강하게 사로잡혀 열등 콤플렉스에 걸린 사람은 절대적 안전과 우월성을 얻기 위해 노력하는데, 이를 위해 자신이 다른 사람보다 훌륭하거나 위에 있다고 생각하는 거짓 신념을 내면화한다고 보았다. 아들러는 이런 현상을 '우월 콤플렉스'라고 불렀다. 평소 과도하게 자신의 우월감을 드러내려는 사람은 자신의 열등감을 숨기기 위해 그러한 행동을 한다는 것이다. 자신의 열등감을 들키지 않기 위해 우월감으로 포장한 상태라 할 수 있다. 인싸의 행동도 알고 보면 자신의 열등감을 숨기기 위한 수단으로 채택된 고도의 전략은 아닐까?

아들러는 열등감을 부정적으로만 보지 않았다. 그는 열등감이 인간에게 긍정적인 힘을 준다면서 이렇게 주장했다. "열등감은 연약한 인간에게 자연이 준 축복이다." 아들러에 따르면 불완전한 존재로 태어난 인간은 완전한 존재로 거듭나기 위해 끊임없이 노력하는데, 열등감은 이러한 행동에 추진력을 제공한다. 예를 들면 이런 경우다. 여기 외모도 뛰어나지 않고 키도 작으며 운동도 잘하지 못하는 어떤 학생이 있다고 해보자. 모든 면에서 부족하여 자칫 열등 콤플렉스에 빠질 수도 있는 상황이다. 그런데 그는 자신의 약점을 보완하기 위해 열심히 공부에 매진했다. 그 결과 공부만큼은 전교 1등을 놓치지 않았다. 그가 그렇게 공부를 잘하게 된 배경에는 다른 영역에서의 열등감이 한몫했다. 이처럼 인간은 자신이 지닌 결점이나 약점을 보완하기 위해 다른 부분을 강화하려고 노력하고 열등감은 이러한 행동에 힘을 주는 기제로 작용한다. 따라서 열등 감이 반드시 나쁜 것만은 아니다.

하지만 열등감이 너무 지나치면 문제가 된다. 과도한 열등감(열등 콤플렉스)은 신경증이나 우울증의 원인이 되기도 하고 자칫 우월 심리와 권력에 대한 욕망으로 변질되기도 한다. 즉 열등감이 지나치면 자칫 우월 콤플렉스로 변질될 수도 있다. 결국 지나친 열등감에 빠지거나 과도한 우월감을 갖는 것, 둘 다 경계해야 하는 것이다. 열등감과 우월감은 한 뿌리에서 나와 서로 다른 방향으로 뻗어나간 가지에 불과하다. 즉 자기 자신을 '타인과의 비교'를 통해서만 본다는 점에서 본질적으로 동일하다. 매번 판단의 기준이 타인에게 좌우되기 때문에 언제나 타인을 의식할 수밖에 없고, 그 결과 안정감도 행복도 느끼기가 어렵다.

타인의 평가에 지나치게 연연하면 스스로를 도구화하는 우를 범하게 된다. 괴테는 이런 말을 남겼다. "타인의 평가에 기꺼워하는 것은 스스로를 도구로 취급하는 것일 수 있다. (…) 자신의 뜻을 올곧게 이루기 위해서는 타인의 평가에 연연하지 않는 담대함 또한 필요하다." 타인의 평가에 지나치게 연연하는 것은 스스로를 도구화하여 타인의 뜻에 따라 살아가는 셈이기 때문에 좋지 않다는 뜻이다. 타인의 시선이나 평가를 의식하는 사람은 본 모습보다는 겉치레를 가꾸는 데 투자를 하게 되는데, 이처럼 본질이 아닌 주변에 신경을 쓰는 사람에게서 성장이나 발전을 기대하기는 어렵다. 자기 자신을 주변 사람의 시선을 끌기 위한 수단, 즉 스스로를 도구로 취급하는 셈이다.

타인의 평가에 휘둘리지 말고 담대하게 앞으로 나아가라

결국 인싸 열풍이 아무리 트렌드라 할지라도 무턱대고 그 대열에 동참할 필요는 없겠다. 인싸가 되려고 노력하거나 아싸를 배제하는 것도 바람직한 행동은 아니다. 지나치게 타인의 시선을 의식하고 다른 사람의 평가에 연연하는 행동은 일시적으로는 우쭐한 기분을 느끼게 하겠지만 궁극적으로는 자기 자신을 인기의 도구로 전락시키는 꼴이 된다. 따라서 타인의 시선이나 평가에 연연하지 않는 담대함을 가질 필요가 있겠다. 어떻게 하면 인싸 열풍에 휩쓸리지 않고 자기 자신에게 집중할 수 있을까?

조선 후기의 실학자 이덕무 선생이 《선귤당농소蟬橘堂濃笑》에서 이렇게 썼다. "말똥구리는 스스로 말똥 굴리기를 좋아할 뿐 용의 여의주를 부러워하지 않는다. 용 또한 여의주를 자랑하거나 뽐내면서 저 말똥구리의 말똥을 비웃지 않는다." 선생에 따르면, 말똥구리는 용이 가진 여의주를 부러워하면서 자신을 열등하게 생각하지 않는다. 그 이유는 말똥 굴리는 일을 좋아하기 때문이다. 자신이 현재 가진 것에 만족하고 그것에 집중하고 있으므로 굳이 남의 것에 시선조차 두지 않는 것이다. 말똥구리는 이미 자기 삶에 만족하기에 타인과 비교할 일도, 열등감에 빠질 이유도 없다. 이처럼 열등감에 빠지지 않는 비결은 '타인과 비교하지 않는 것'인데, 이를 위해서는 자신이 가진 것, 자신이 하는 일을 좋아하면 된다. 그렇게 되면 시선이 외부가 아닌 나로 향해 비교 자체를 하지 않게 된다. 자기가 가진 것에서 만족과 행복을 찾으므로 굳이 다른 것에 대한 욕망이 생기지도 않는다. 사실 말똥구리가 용의 여의주를 가져서 뭐하겠는가! 써먹지도 못할 텐데.

용은 왜 자신이 가진 여의주를 뽐내거나 말똥구리의 말똥을 비웃지 않을까? 용이 말똥구리의 말똥을 보고 비웃지 않는 이유는 자신에게 여의주가 귀한 만큼 말똥구리에게는 말똥이 귀하다는 사실을 잘 알기 때문이다. 어쩌면 용은 인간보다 더 현명하며 세상의 이치를 잘 알고 있는 건지 모른다. 자신이 인싸라며 동네방네 떠들고 다니는 인간보다 훨씬 낫다. 사실 우주 만물에는 우열優劣도 귀천貴賤도 없다. 단지 차이와 다양성이 있을 뿐이다. 여의주가 말똥보다 가치 있는 물건이라고 단정할 수 없을까? 그렇지 않다. 여의주는 용에게는 중요하지만 말똥구리에게는 별 필요도 없는 물건이다. 반대로 말똥구리에게 말똥은 용의 여의주만큼이나 귀중한 물건이다. 이러한 사실을 잘 알기에 용은 말똥구리를 보고도 비웃지 않는 것이다. 자신이 인싸라며 우쭐대고, 아싸를 보며 비웃는 인간들보다 낫지 않은가!

인싸가 되고 싶었으나 타인들이 알아주지 않아 아싸로 살아가는 사람들에게 들려주고 싶은 말이 있다. 괴테가 《파우스트》에서 한 말이다. "당신이 해낸 일에 대해 주위의 어떤 평가도 받지 못했다면, 보통 사람은 이해할 수 없을 만큼 위대한 일을 한 것일지도 모른다. 만일 그렇다면 그 성과는 사라지지 않고 영원히 그대로 존재한다. 그리고 그것의 위대함은 훗날 증명될 것이다." 타인의 평가는 결코 진리나 진실이 아니다. 대체로 타인은 나의 진면목을 알지 못한 채 평가를 내린다. 그런 이유로 진짜 위대한 인물도 사람들에게 야박한 평가를 받곤 하는 것이다. 예컨대 후기인상파 화가인 빈센트 반 고흐Vincent van Gogh는 살아생전에 대중들로부터 좋은 평가를 받지 못했다. 하지만 당시 대중의 평가가 좋지 않았다고 해서 그의 그림을 위대하지 않다고 말할 수 있을까? 대중의 평가가 곧 작가의 자질을 증명하지는 않는다. 실제로 위대한 예술가일수록 당대에는 야박한 평가를 받는 경우가 많다.

문학계에서도 처음에는 좋지 않은 평가로 출판사의 거절을 당한 위대한 고전들의 사례가 비일비재하다. 예컨대 마르셀 프루스트Marcel Proust의 《잃어버린 시간을 찾아서》나 허먼 멜빌Herman Melville의 《모비딕》, 귀스타브 플로베르Gustave Flaubert의 《보바리 부인》, 스콧 피츠제럴드Scott Fitzgerald의 《낙원의 이쪽》, 조지 오웰의 《동물농장》, 블라디미르 나보코프Vladimir Nabokov의 《롤리타》, 펄 벅Pearl Buck의 《대지》 등은 전부 첫 평가에서 출판사로부터 퇴짜를 맞았던 명작들이다. 이렇듯 타인의 평가는 객관적이지도 않고 절대적이지도 않다. 그렇기 때문에 타인에게 야박한 평가를 받았다고 해서 지나치게 위축되거나 기가 죽을 필요가 없다. 괴테가 말했듯이, "그것의 위대함은 훗날 증명될 것"이기 때문이다.

타인의 좋지 않은 평가에도 결코 기죽지 말라! 사실 이 말을 내뱉기는 쉽지만 실천하기는 매우 어렵다. 타인의 야박한 평가에도 굴하지 않고 자신의 길을 가기 위해서는 당사자에게 다음의 요소가 반드시 필요하다. 바로 '스스로에게 내리는 솔직한 평가'와 그것이 뒷받침된 '자긍심'이다. 자긍심은 스스로에게 긍지를 갖는 마음으로, 이것을 가진 사람은 타인의 평가나 시선을 크게 의식하지 않는다. 니체는 《즐거운 학문》에서 다음과 같이 적었다. "사상가는 자기 자신이 보내는 박수를 확신한다면 타인의 박수와 갈채를 필요로 하지 않는다. 하지만 자신이 보내는 박수는 반드시 필요하다." 니체는 스스로에 대한 믿음이 있다면 타인의 박수와 갈채는 필요 없다고 보았다. 자신을 신뢰하고 스스로에게 확신을 갖는 사람은 타인의 평가에 개의치 않기 때문이다. 앞서 소개한 퇴짜 맞은 명작을 쓴 작가들이 출판사의 야박한 평가에도 기죽지 않고 계속 작품 활동을 할 수 있었던 배경에도 스스로에 대한 자긍심이 있었다. 자신에 대한 확신과 긍지가 세상의 야박한 평가에도 굴하지 않게 만들어준 것이다.

결국 우리가 타인의 시선을 의식하고 타인의 평가에 연연하는 이유는 스스로 자신에 대한 확신이 없기 때문이다. 따라서 중요한 것은 타인의 시선이나 평가가 아니다. 먼저 스스로가 자신을 냉철하게 바라보고 있는가, 또 스스로 자기 믿음이나 확신을 갖고 있는가, 하는 점이다. 각자 스스로 얼마나 믿음과 확신을 가지고 있는지 점검해볼 필요가 있겠다. 인싸 열풍에 동참할지 말지는 그다음에 선택해도 결코 늦지 않다.

PART 5

일상, 익숙한 것과의
결별이 시작됐다

01. 메타버스
새로운 세상의 출현인가, 현실의 왜곡인가?

《성경》〈창세기〉에 따르면, 태초에 유일신 야훼Yahweh가 혼돈에 질
서를 부여하여 천지를 창조했다. 세상 만물을 창조하는 이 과정은
7일 동안 이어졌는데, 안식일인 일곱 번째 날을 제외하고 실제 창
조가 이루어진 6일 중 마지막 날에 야훼 자신의 형상을 본떠 만든
최초의 인간 '아담'이 태어났다. 지금 우리가 살아가는 세상은 창조
주인 신의 작품이며, 인간을 포함한 삼라만상은 모두 피조물에 불
과하다. 요컨대, 세상을 창조하는 일은 전적으로 조물주인 신의 영
역이다.

　그러나 어느덧 만물의 영장에 올라선 인간은 자신의 위치가 피
조물에 머무는 것에 만족하지 않았다. 현생 인류인 호모 사피엔스
는 우월한 지능과 고도의 과학기술을 통해 새로운 신의 자리에 오
르려는 이른바 '호모데우스 프로젝트'를 가동하기 시작했다. 호모

데우스_{Homo Deus}란 이스라엘 역사학자인 유발 하라리_{Yuval Harari}가 명명한 개념으로 '신이 된 인간'이란 뜻이다. 그는 사피엔스가 고도의 과학기술을 통해 그동안 인류를 괴롭히던 '기아, 역병, 전쟁'을 진압하고 신의 영역이라 여겨지던 '불멸, 행복, 신성'의 영역으로 다가가려 한다고 진단했다. 한마디로 유한한 피조물의 지위를 내던지고 스스로 신이 되고자 한다는 뜻이다. 세상 만물을 창조한 신이 알면 분노할 일이지만 그러든 말든 인간은 스스로 신이 되고자 장도壯途에 나섰다.

물론 유발 하라리의 전망에 모두가 동의하는 것은 아니다. 논란은 여전히 진행 중이다. 하지만 진위 여부와 무관하게 곳곳에서 이미 호모데우스 프로젝트가 진행되고 있다는 점은 부인하기 어렵다. 과거 그들의 선조가 높고 거대한 탑을 쌓아 하늘에 닿으려 했던 이른바 '바벨탑 프로젝트'가 혼돈 속에서 막을 내렸음에도 불구하고, 포기를 모르는 인류는 21세기 들어 새로운 프로젝트를 가동했다. 현대의 인류는 무모하게 땅 위에 높은 탑을 쌓았던 선조의 실패를 교훈 삼아 새로운 곳에 또 다른 세상을 만들고자 했다. 그들이 만들려고 한 새로운 세상은 오래전 야훼가 창조한 세상과 유사하지만 실제 손으로는 잡을 수 없는 가상의 세계, 즉 '가상 현실_{Virtual Reality, VR}'이다. 요컨대, 21세기 사피엔스는 이른바 '가상현실 프로젝트'를 통해 새로운 창조주가 되고자 하고 있다.

진짜 현실이 되고 있는 가상현실

가상현실이란 말 그대로 실제 현실이 아니라 '실제를 본떠 만든 가상의 현실'을 말한다. 과학기술의 발달로 이미 인류는 실제와 유사한 인공 환경을 만들어 마치 실제인 것처럼 받아들인 채 생활하고 있다. 가상현실이 미래의 일이 아니라 이미 현재 진행형이라는 소리다. 이미 많은 사람들이 VR 장비를 쓰고 놀이나 게임을 즐기고 있으며 심지어 여행을 가기도 한다. 앉은 자리에서 뉴욕을 거쳐 파리로, 로마를 거쳐 아프리카 여행을 다녀올 수도 있다. 이 여행에서는 비행기 티켓을 예약하거나 호텔을 잡는 등 현실 세계의 번거로운 절차들이 대부분 생략된다. 또 새롭게 만들어진 가상세계인 메타버스Metaverse에서 친구도 만나고 여러 가지 체험도 즐긴다. 심지어 가상의 화폐를 만들어서 실제 현금처럼 사용하고 상거래 행위를 하기도 한다.

우리가 매일 사용하는 자동차 안에도 가상세계는 이미 들어와 있다. 우리가 운전할 때 도움을 받는 내비게이션 화면도 따지고 보면 가상현실의 일종이다. 사람들은 여전히 야훼가 만들어놓은 현실 세계 위에서 자동차를 운전하지만 한편으로는 자기들이 만든 가상현실인 내비게이션 화면을 통해 전방을 주시하고, 내비게이션의 지시에 따라 핸들을 조작한다. 목적지를 찾아가는 경로도 내비게이션의 조언을 충실히 따른다. 이렇듯 우리의 생활 속에는 새로운 창조주가 만든 가상현실이 이미 깊숙이 침투했다. 그럼에도 우리는 여전히 야훼가 만든 현실 세계에 발을 딛고 있기에 정확히는 실제 현실과 가상현실이 혼재된 세상을 살고 있다고 표현하는 것이 맞을 듯싶다.

가상현실은 과학기술이 발달한 현대에 와서 구체화된 개념이긴 하다. 하지만 가상현실에 대한 생각은 아주 오래전에도 있었다. 전국시대 말기에 살았던 사상가 장자莊子도 가상현실에 대해 생각한 적이 있다. 《장자莊子》〈제물론齊物論〉편에는 '호접지몽胡蝶之夢'에 관한 이야기가 나오는데 그 내용은 이렇다. "장자가 어느 날 꿈을 꾸었습니다. 자기가 나비가 되어 꽃들 사이를 즐겁게 날아다닙니다. 그러다가 문득 깨어나 보니, 자기는 어느새 장주(장자의 이름)가 되어 있습니다. 그는 장주인 자기가 꿈속에서 나비가 된 것인지, 아니면 본래는 나비였는데 꿈에서 장주가 된 것인지를 구분할 수 없었습니다." 장자는 꿈에서 나비가 되었다가 깨어나 다시 장주로 돌아왔다. 그런데 어느 쪽이 현실이고 어느 쪽이 가상인지를 알 수 없었다고 말한다. 어디가 진짜 현실이고 어디가 가상현실인지 모호하더라는 고백이다. 이를 통해 장자는 사람들에게 지금 우리가 경험하는 현실이 진짜가 아니라 꿈일 수도 있지 않냐고 반문하였다. 오래전 장자는 가상현실의 가능성을 염두에 둔 사상가라 하겠다.

가상현실이 새로운 세계임은 분명하지만 선후 관계나 기원을 따져봤을 때 이를 실제 현실과 대등하게 볼 수는 없다. 가상현실은 기본적으로 실제 현실을 본떠서 만든 것이기 때문에 실재實在의 모사품에 가깝다. 말하자면 실재가 원본이고, 가상현실은 복제품이다. 하지만 현대에 와서는 그러한 구분조차 모호해졌다. 장 보드리야르는 오늘날에는 가상과 실재의 구분이 없어지고, 심지어 그 관계가 역전되었다면서 이렇게 주장했다. "실재(원본)가 아니라 시뮬라크르에서 현실이 파생되어 나온다." 여기서 '시뮬라크르Simulacre'는 실재의 인위적인 대체물을 뜻하는 말이다. 실제 현실과 가상현실을 비교하면, 전자가 원본이고 후자가 복제품이다. 따라서 가상현실이 원본을 복제한 시뮬라크르다.

그렇다면 실재가 아닌 시뮬라크르에서 현실이 파생되어 나온다는 보드리야르의 주장은 무슨 뜻일까? 이는 원본보다는 복제물이 현실에 더 큰 영향을 준다는 뜻이다. 예를 들어보자. 한국 사람들에게 인기가 많은 명화 중에 구스타프 클림트Gustav Klimt의 〈키스〉라는 작품이 있다. 꽃이 흩뿌려진 작은 초원 위에서 황금빛 옷을 입은 연인이 열정적인 키스를 하는 장면이 매혹적인 아름다움을 선사하는 작품이다. 그런데 〈키스〉는 복제품이 많은 작품으로도 유명하다. 우리가 자주 사용하는 가전제품이나 각종 소품, 심지어 미용 티슈 케이스에도 등장한다. 말하자면 〈키스〉는 시뮬라크르가 많은 명화 중 하나다. 여기서 한번 생각해보자. 우리가 살아가는 실제 현실에 더 많은 영향을 미친 쪽은 원본 〈키스〉일까, 복제품 〈키스〉일까?

클림트의 〈키스〉가 한국 사람들의 사랑을 듬뿍 받는 명화라는 사실은 부정할 수 없지만, 그 그림을 원본으로 본 사람은 많지 않을 것이다. 〈키스〉의 원본 그림을 보려면 오스트리아 빈에 있는 벨

베데레 박물관까지 가야 한다(실제로 이 작품은 박물관 바깥으로 반출이 금지되어 있다). 쉽지 않은 일이다. 따라서 우리에게 더 큰 영향을 준 것은 〈키스〉의 원본이 아니라 복제품이다. 만약 복제품이 하나도 없었다면 클림트의 〈키스〉가 지금처럼 잘 알려진 명화가 되지 않았을 가능성도 높다.

이처럼 우리는 실재를 본떠 만든 가상현실을 접하지만 점점 이 가상현실과 실제 현실의 구분이 모호해지면서 실재와 가상, 원본과 복제물의 관계가 변하고 있다. 그 결과, 가상현실에서 발생한 일이 실제 현실로 이어지는 경우도 많다. 오늘날에는 사이버 공간에서만 사용하는 게임 아이템을 실제 현실에서 돈을 주고 거래하기도 하고, 메타버스 속 캐릭터에게 입힐 옷이나 신발을 실제 돈을 주고 사기도 한다. 가상현실 속 사물이 단지 가상공간 안에서만 유통되는 데 끝나지 않고 실제 현실이라는 거리로 나와서 활보하고 있는 것이다.

시뮬라크르가 실제 현실로 나와서 거리를 활보한다? 상상하기 쉽지 않지만 실제 현실에서 자주 벌어지는 일이다. 요즘 게임을 즐기는 이들 사이에서 자주 사용하는 용어 중에 '현피'라는 말이 있다. '현피'란 온라인상에서 시비가 붙은 사람들이 실제로 만나 물리적 충돌을 벌이는 일을 뜻하는 신조어다. 실제로 게임이나 인터넷에서 알게 된 사람을 현실에서 직접 만나 싸움을 벌이는 일이 종종 벌어진다고 한다. 현피도 가상현실에서 벌어진 사건이 실제 현실로까지 전이된 사례라 하겠다. 이렇듯 오늘날에는 가상현실이 가상공간에서만 그치지 않고 실제 현실에 적극 개입하고 있다. 이러한 현상을 두고 보드리야르는 다음과 같이 주장했다. "시뮬라크르는 독자적인 하나의 현실이다." 처음에는 가상현실이 원본을 본떠 만든 복제품으로 존재했지만 나중에는 원본과는 무관하게 하나의 독자적인 현실을 만든다는 뜻이다. 이제 가상현실이 그 자체로 독자적인 새로운 세상을 만든다고 봐도 무방하다.

～～～ 실재와 가상현실 사이의 균형 잡기가 필요하다 ～～～

이렇듯 가상현실이 하나의 독자적인 현실이라면, 우리는 가상현실을 더 많이 만들어 살아가는 것이 낫지 않을까? 그곳에서는 우리가 창조주도 될 수 있으니 말이다. 가상현실을 영어로는 'Virtual Reality'라고 하는데, 여기서 버추얼Virtual이란 '사실상 그렇지 않으나, 마치 ~인 듯한'이라는 의미를 가지고 있다. 진짜는 아니지만 마치 진짜인 것처럼 생각되는 그 무엇이라는 뜻이다. 그래서 실제와 구분이 어려울수록 완벽한 가상현실이 된다. 과학기술의 수준이 낮았던 시절에는 가상현실이 실제 현실에 별 영향을 주지 못했다. 현실을 본떠 만들기는 했지만 기술 수준이 낮아서 매우 조잡했기 때문이다. 딱 보면 가짜라는 게 티가 났다. 하지만 지금은 기술이 너무 좋아져서 실재와 가상을 분간하기도 어렵고, 심한 경우 가상이 현실보다 더 실제처럼 느껴질 때도 있다. 이런 현상을 '초실재

Hyperreal'라고 부른다.

이렇게 가상현실이 진짜 현실과 매우 비슷하게 만들어지면서 문제가 생겼다. 실제 현실과 가상현실 중 어느 쪽을 따라야 할지 고민해야 하는 경우가 많아지게 된 것이다. 예를 들면 다음과 같다. 어떤 사람이 자동차를 운전해서 어딘가를 가고 있다. 평소 많이 다녀서 익숙한 길이다. 그런데 내비게이션에서는 전혀 다른 길을 추천하면서 그쪽이 가장 빠르다고 안내한다. 이런 상황이라면 운전자는 본인의 경험을 믿어야 할까, 아니면 내비게이션의 추천을 따라야 할까? 이 경우 자신의 경험을 믿고 가는 사람도 있을 것이고, 찜찜하게 생각하면서도 내비게이션이 추천한 길로 가는 사람도 있을 것이다. 선택은 각자의 자유다.

문제는 과학기술이 발전할수록 사람들이 자신의 경험보다는 가상현실을 더 신봉하는 일이 점점 많아지고 있다는 데 있다. 가상현실과 실재가 혼재된 세상에서는 인간 특유의 본능과 감각, 경험이 점점 무용지물이 되고 만다. 인간이 실제 경험할 수 있는 세상은 한계가 있는 반면, 가상현실의 세계는 무한하기 때문이다. 이처럼 우리는 가상현실 기술의 도움을 받으면서 생활의 편리함과 새로움을 경험하기도 했다. 하지만 가상현실에 매달릴수록 인간 본연의 능력이나 감각은 소외되고 있다. 요컨대 우리가 가상현실에 몰입할수록 실제 현실 감각은 외면하게 될 위험성이 있다. '용불용설'이란 말처럼, 사용하지 않는 감각이나 능력은 퇴화할 수밖에 없다.

가상현실이 실제 현실을 은폐하고 왜곡한다는 점도 문제다. 가상은 기본적으로 현실을 통해서만 의미 규정이 가능하다. 가상은 현실의 모사품이기 때문이다. 가령, 메타버스 속 세계가 아무리 대단해 보여도 그것은 실제 현실을 모방한 결과물일 뿐이다. 하지만 가상은 그로 인해 실제를 숨기고 변형시키기도 한다. 가상은 상상에 불과하기 때문에 현실을 발전시키는 것이 아니라 마비시킨다. 예컨대, 우리는 VR기기를 쓰면 한국에 앉아 있으면서도 남미의 브라질로 날아가 세계 3대 폭포라 불리는 이구아수 폭포에서 엄청난 물줄기가 쏟아져 내리는 장관을 옆에서 보는 것처럼 구경할 수 있다. 하지만 그 장면은 엄밀히 말하면 실제가 아닌 거짓에 불과하다. 그 시간 실제 이구아수 폭포는 가뭄 때문에 물줄기가 말라 있을 수도 있다. 말하자면, VR기기가 실제 현실을 보여주는 척하면서 실상은 거짓 장면을 연출하는 셈이다. 하지만 사람들은 워낙 생생한 이미지 때문에 그것이 마치 실제 현실이라고 믿게 된다.

보드리야르는 가상현실의 이미지가 실재를 모방하지만 한편으로는 실재를 왜곡시킨다고 보았다. "이미지는 실재의 반영이지만, 실재를 감추고 변질시키며, 실재의 부재를 감춘다." 오늘날 우리는 외국에서 실제 발발 중인 전쟁을 실재가 아닌 가상현실로 체험한다(최근에 벌어진 러시아-우크라이나 전쟁을 생각해보라!). 뉴스를 통해 포탄이 떨어지고 폭발이 일어나는 장면을 보지만 마치 게임 속에서 벌어진 전쟁처럼 별다른 감정 없이 무미건조하게 바라본다. 뉴스가 송출하는 전쟁 장면을 보면서 사람들은 어떤 생각을 떠올릴까? 마치 영화 속 장면처럼 무덤덤하게 바라보는 이도 적지 않을 것이다. 그 전쟁 때문에 원자재나 원유 가격이 폭등하지 않을까 하고 걱정은 하지만 정작 그 포화 속에서 죄 없는 어린이나 민간인이 죽고 다치는 실제 현실에 대해 분노하는 경우는 별로 없다. 이미지로 보여지는 가상현실이 실재를 감추고 변질시키기 때문이다. 요컨대, 가상현실은 실재를 보여주기도 하지만 현실을 은폐하고 왜곡시키기도 한다.

그래서 가상현실이 아무리 진짜같이 보여도 그것이 현실을 대신하거나 대체할 수는 없다는 점을 염두에 두어야 한다. 가상현실이 아무리 정교해도 그것은 실재가 아니다. 어떤 형태로든 실제 현실과 불일치하는 면이 존재할 수밖에 없다. 모든 것이 일치한다면 그것은 가상현실이 아니라 그냥 현실이다. 예컨대, 아무리 정교하게 만들어진 인공지능을 애인이나 배우자로 삼아도 그것이 실제 애인이나 배우자의 완벽한 대체물은 될 수 없다. 하지만 점점 발전하는 과학기술로 현실보다 더 실제 같은 가상이 구현되면 가상현실을 실재와 대체하려는 시도가 일어날 것이다. 그렇게 되면 실재와 가상 사이의 불일치로 인해 존재론적 분열이 발생하게 된다. 이런 부작용을 철학자 마이클 하임Michael Heim은 《가상세계의 철학적 의미》라는 책에서 '대안적 세계 증후군Alternate World Syndrome'이라고 불렀다.

대안적 세계 증후군은 가상세계와 현실 세계 사이의 불일치 때문에 생기는 부작용을 일컫는 말로, 가상현실에서 얻은 이미지와 기대들이 실제 세계에 영향을 미쳐서 오류를 일으키는 현상을 의미한다. 가령, 게임 속 세상에서 최고 레벨 캐릭터인 사람이 지나치게 게임에 몰두하다 보면 실제 현실에서도 그런 줄로 착각하여 분열증을 일으킬 수 있다. 요즘 식으로 표현하면, '본캐'와 '부캐'를 혼동하여 진짜 자기가 누구인지를 헷갈리는 것이다. 마치 오래전 장자가 꿈에서 나비와 자신을 혼동한 '호접지몽'과 같은 사태가 발생할 수도 있다.

마이클 하임은 가상현실이 새로운 경험을 가져다준다는 점에서는 환영하는 입장을 취하면서도 가상세계와 실제 세계의 차이를 없애거나 적어도 현실 세계의 실재성에 대한 느낌의 원천을 지우려 해서는 안 된다고 경고했다. 가상현실 기술을 활용하되, 현실에 발을 딛고 있어야 한다는 뜻이다.

4차 산업혁명의 시대가 도래하고, 각종 과학기술이 발전하면서 앞으로 가상현실에 대한 시도가 점점 더 늘어날 것이다. 그래서 현대를 살아가는 우리는 가상현실 세계를 무작정 외면한 채 살 수 없다. 하지만 가상현실이 우리 인간에게 어떤 영향을 미치게 될지는 아직 연구가 덜 된 상태다. 가상현실이 빚어낼 미래 세계가 인간에게 유토피아일지 디스토피아일지는 알 수 없다. 따라서 신기술이라고 무작정 좇아가기보다는 실제 세계와 가상현실 사이에서 균형을 잡아야 하지 않을까? 최소한 가상현실에 매몰되어 현실 감각을 도외시하는 일은 없어야 할 것이다.

02. 언택트

만남이 없는 만남이 진정한 연결을 가져다줄까?

코로나19 바이러스가 전 세계로 확산하던 2020년 3월, 유발 하라리는 영국의 〈파이낸셜 타임즈〉에 다음과 같은 글을 기고했다. "대안들 중 하나를 결정할 때, 우리는 '당면한 위협을 어떻게 극복할 것인가'뿐만 아니라 '일단 폭풍이 지나가면 어떤 세계에서 살 것인가'를 자문해봐야 한다. 그렇다. 폭풍은 지나갈 것이고, 인류는 살아남을 것이며, 우리들 대부분은 여전히 살아남을 것이다. 그러나 우리는 이전과는 다른 세계에 살게 될 것이다." 눈앞에 있는 바이러스의 위협에 대처하는 문제뿐만이 아니라 팬데믹 이후의 세상에 대해서도 숙고해야 한다는 뜻이다. 이는 코로나 바이러스가 종식되더라도 이전의 세상으로 돌아갈 수 없다는 진단이자 경고다.

유발 하라리가 말하는 '이전과는 다른 세계'란 어떤 모습일까? 가장 대표적인 것이 요즘 화두가 되고 있는 '언택트Untact'와 '온택트

Ontact'의 일상화가 아닐까 싶다. 언택트란 접촉을 뜻하는 'contact'에 반대를 뜻하는 접두사 'un'을 붙여서 만든 신조어로 '비접촉'을 의미한다. 그동안 수년간 코로나로 인한 거리두기가 진행되면서 자연스럽게 대면 접촉이 줄어들었고, 사람들은 그 공백을 비대면으로 보충했다. 어느덧 우리는 사람의 안내를 받던 과거의 습관들로부터 벗어나 비대면 환경에 익숙해졌다. 물론 코로나19 이전에도 비대면으로의 전환은 시도되고 있었다. 인터넷과 정보통신 기술이 발달하면서 온라인 쇼핑 및 결제, 온라인 금융 거래, 온라인 교육, 온라인 예매, 전자책 구독 등 비접촉·비대면 서비스의 활성화 조짐은 있었다. 그러다가 코로나 팬데믹으로 강제적인 거리두기가 시작되면서 모든 영역에서 언택트화가 급속도로 진행되었고, 지금은 어느덧 비대면 활동이 일상화, 보편화되었다.

언택트는 사람과 사람 사이의 만남을 대체하는 기술이 생활 속에 확산하는 현상을 의미하지만 스펙트럼은 매우 넓다. 처음에는 단순히 사람을 대체하는 무인이나 비대면으로 시작했지만 기술이 점점 발달하면서 상황 적응적이고 개별화된 서비스를 제공하는 쪽으로 확장되기 시작했다. 단지 사람을 대체하는 것을 넘어 인간이 할 수 없는 복잡성과 편리성을 갖추는 등 진화를 거듭한 것이다. 이제 언택트는 한 단계 더 도약하여 '온택트'로 발전했다. 온택트란 언택트에 온라인 연결을 뜻하는 'on'을 붙여서 만든 신조어인데, 단순한 비대면 서비스를 넘어서 온라인에서 사람과 사람이 만나는 활동이 활성화된 것을 의미한다.

사회적 거리두기가 장기화되면서 사회적 동물인 인간은 사이버 공간에서의 만남에 관심을 두기 시작했다. 그 결과 소셜미디어나 온라인 커뮤니티가 활성화되고 사용빈도도 급격히 증가했다. 친구들과 화상통화를 하는 것을 넘어 기업에서도 화상회의나 온라인 교육이 일반화되었다. 문화 컨텐츠 분야에서는 온라인 공연이나 메타버스에서의 전시 등을 통한 만남의 방법과 기회가 확대되었다. 이제 온라인 공간에서 새로운 사람을 만나고 소통하는 것은 전혀 어색한 일도, 색다른 경험도 아닌, 평범한 일상이 됐다. 언택트 서비스가 도입된 초창기만 하더라도 불편함을 느끼는 사람이 적지 않았지만 지금은 어느덧 익숙해져서 코로나 거리두기가 해제된 마당에도 과거로 돌아가지 못하는 상황이 되어버렸다. 언택트와 온택트라는 새로운 서비스의 편리함에 매료되어 오랜 습관마저 바뀐 것이다.

편리성의 대가로 치르게 된 감각의 퇴보

사람들은 왜 언택트에 열광하는 것일까? 《트렌드 코리아 2018》에서 김난도 교수팀은 언택트가 확산하는 배경으로 다음과 같은 이유를 들었다. 첫째, 언택트의 가장 큰 장점은 가격이 싸고 시간을 절약할 수 있다는 점이다. 인건비와 지리적 제약 등 여러 가지 비용을 절약해주는 언택트 기술은 수요자와 공급자 모두를 만족시키는 수단이 된다. 둘째, 인터넷이나 스마트 기기를 통해 언제 어디서나 소비가 가능한 상황이 되면서 언택트 기술은 좀 더 쉽고 빠른 구매를 가능하게 함으로써 소비자에게 즉각적 만족감을 줄 수 있게 되었다. 셋째, 온라인과 오프라인을 가로지르는 디지털 연결성은 소비자의 정보력을 높여주었는데, 이 또한 언택트 기술의 확산에 일조한 측면이 있다. 넷째, 소셜미디어의 사용이 증가하면서 과잉연결로 피로감을 호소하는 경우가 많아졌고, 이는 대면 접촉을 회피하는 수단으로서 언택트를 선호하게 된 배경으로 작용했다. 이처럼 비용 절감, 즉각적 만족, 풍부한 정보 취득, 대인관계에서의 피로감 감소 등의 이유로 언택트는 급속하게 확산하고 있다.

사회 전반에서 언택트나 온택트로의 전환이 빠르게 이루어지는 것은 과연 바람직한 현상일까? 대면 접촉을 최소화하고 가능한 한 비대면으로 소통하는 것이 보다 발전적인 방향이라고 볼 수 있을까? 우선 시간과 비용을 절약하고, 공간적 제약을 넘어설 수 있다는 면은 긍정적으로 평가할 만하다. 대면 상황에서의 피로감을 해소하고, 편리함을 추구할 수 있다는 것도 장점이다. 확실히 언택트 기술을 활용한 온라인 소통은 오프라인에서의 대면 활동보다는 이점이 많다. 하지만 빛이 있으면 그늘도 있는 법. 언택트 기술이 인간에게 편리함을 가져다주었지만 그로 인해 지불해야 하는 대가도 적지 않다. 어떤 대가일까?

언택트 기술의 광범위한 활용으로 대면 접촉이 줄게 되면서 인간이 사용하는 감각에도 변화가 일어났다. 언택트나 온택트 환경은 인간이 가진 오감 중에서 시각과 청각을 주로 사용하게 만든다. 둘 중에서도 시각의 비중이 압도적으로 높다. 현대인들이 하루 24시간 중 컴퓨터나 스마트폰 화면을 보면서 보내는 시간을 측정해보면 그 시간이 놀라울 정도로 많다는 사실을 실감하게 된다. 언택트 기술의 발전은 시각 사용의 빈도를 비약적으로 높였다. 반면, 시각과 청각을 제외한 나머지 감각들, 즉 촉각, 미각, 후각은 사용할 일이 점점 줄어들었다. 결국 언택트 환경은 인간으로 하여금 감각 사용의 '편식'을 불러왔고 세상과의 만남이나 다른 사람과의 교류를 시각 위주로만 소비하게 만들었다. 이러한 변화는 단순히 감각 사용의 편중에 그치지 않고 심각한 사회 문제를 불러올 수 있다.

사회적 동물인 인간은 살아가면서 다른 사람과의 수많은 교류와 접촉을 통해 생활을 영위할 수밖에 없다. 이때 신체적 접촉은 불가피하다. 좀 더 정확히 말하면, 신체 접촉은 인간이라는 종에게 반드시 필요한 요소다. 특히 '종족보존'이라는 유전자의 명령에 따라 태어난 인간은 자신의 DNA를 후대로 전달해야 하는 막중한 임무를 가지고 있다. 이를 달성하기 위해서는 이성과의 사랑이 필수적이다. 이때 시각과 청각만 사용해서는 사랑을 완성할 수 없다. 애정을 담은 신체 접촉은 대부분 촉각, 미각, 후각 등과 관련이 있기 때문이다. 이성과의 포옹이나 키스, 에로티시즘 등은 성애의 필수 조건이면서 동시에 짝짓기의 전희前嬉 과정이다. 신체적 접촉을 막아버리면 사랑의 감정도 생겨날 수 없고 성적 행위도 불가능하다. 컴퓨터나 태블릿 화면으로 아무리 애정 어린 대화를 나누어도 신체적 접촉을 하지 않고는 '이기적 유전자'를 후대로 전달할 수 없으니까.

성애로서의 신체 접촉은 기본적으로 촉각, 미각, 후각을 사용하는 행위다. 시각이나 청각은 짝짓기 상대를 물색하기 위한 예비 동작에 불과하다. 대상을 찾은 후 막상 짝짓기를 시작하면 시각보다는 촉각을, 청각보다는 미각과 후각을 더 많이 사용하게 된다. 말하자면 촉·미·후각이 시각이나 청각보다는 내밀하고 '고급진' 감각이다. 이러한 감각의 사용은 서로를 강한 결속감으로 묶어준다. 촉·미·후각을 사용하지 않고서는 사랑을 할 수조차 없다.

시인 이성복은 사랑을 이렇게 정의했다. "사랑이란 항문으로 먹고 입으로 배설하는 방식에 숙달되는 것이다." 본디 성애는 촉·미·후각의 퍼레이드다. 상대를 핥고 빨고 깨물고 비비고 문지르면서 최고의 희열에 도달하는 성스러운 행위다. 성애 시에는 상대방의 분비물조차 마다하지 않는다. 이는 분명 청결이나 위생과는 거리가 먼 행동인데 사랑에 열중하는 당사자는 전혀 개의치 않는다. 반면, 깊은 애정 행각에 빠진 사람은 시각을 거의 사용하지 않는다. 사랑에는 시각이 불필요하다. 시각은 오히려 사랑을 방해하기만 할 뿐이다. 시각이 촉발하는 위생 관념이 촉·미·후각의 즐거움을 감쇄시키기 때문이다. 촉·미·후각의 사용을 막아버리면 인류는 성애에 실패하게 되고 그 결과, 멸종의 위험에 빠질 수밖에 없다.

사실 코로나 팬데믹 이전에도 오감 중에서 시각의 사용이 증가하는 징후는 있었다. 프랑스 사상가 기 드보르Guy Debord는 1967년에 출간한 《스펙타클의 사회》에서 자본주의로 인해 시각이 촉각을 대체하는 현상이 발생하고 있음을 경고한 바 있다. "인간의 특권적 감각은 다른 시대에는 촉각이었다. 스펙타클은 그것을 시각으로 대체한다." 스펙타클이란 사람들의 시선을 사로잡는 고도로 축적된 이미지를 뜻하는데, 코로나 팬데믹 이전부터 이미 우리는 스펙타클의 사회를 살면서 촉각보다는 시각을 위주로 사용하기 시작했다. 시각적 이미지가 극대화된 스펙타클 앞에서 인간은 압도당하기 쉽다. 기 드보르는 스펙타클의 영향력을 다음과 같이 표현했다. "스펙타클이 원칙적으로 요구하는 태도는 무기력한 수용이다. 스펙타클은 반박을 용인하지 않는 방식으로, 즉 가상의 독점에 의해 그러한 무기력한 수용을 이미 획득하고 있다." 사실 현대인들은 대부분 '스펙타클의 마술'에 사로잡혀 있다. 지하철을 타보면 다들 뭐가 그리 좋은지 스마트폰 화면에 얼굴을 묻은 채 히죽대기 일쑤다. 스펙타클 이미지가 사람들의 시선을 빼앗고 사고를 마비시키기 때문이다. 그만큼 스펙타클의 힘은 압도적이다. 스펙타클은 자신의 포로들에게 어떠한 반박도, 저항도 용인하지 않는다. 오로지 무기력한 수용만을 요구할 뿐이다. 그 결과, 현대인들은 스펙타클 이미지에 시선을 고정한 채 나머지 감각을 사용할 엄두를 내지 못한다.

기본적으로 시각은 속이기 쉬운 감각이다. 기 드보르는 스펙타클의 효과에 대해 다음과 같이 주장했다. "현실 세계가 오로지 단순한 이미지로 변화된 세계에서 이 이미지는 현실적 존재가 되며, 최면 상태에 빠진 활동을 불러일으키는 효과적인 동기가 된다." 스펙타클한 이미지는 화려하기 때문에 사람을 최면에 빠지게 만든다. 스펙타클을 통해 보면 평범한 사람이 마치 연예인처럼 보이기도 한다. 예컨대, 페이스북이나 인스타그램의 프로필 사진을 보면 TV에서나 볼 수 있는 선남선녀들이 넘쳐난다. 소셜미디어 속 세상에서는 귀족이나 즐길 법한 화려한 의식주의 향연이 펼쳐진다. 이는 분명 실제가 아니라 스펙타클이 만들어낸 이미지의 효과일 테지만, 그렇다고 현실이 아닌 것도 아니다. "현실 세계가 오로지 단순한 이미지로 변화된 세계에서" 그 이미지가 현실적 존재로 변하기 때문이다. 소셜미디어 속에서 화려한 공주처럼 변신하는 데 성공한 사람은 엄연히 '공주'다. 물론 그녀는 화려한 이미지를 만들기 위해 엄청난 노력과 시간과 비용을 들여야 하지만 말이다.

기 드보르는 스펙타클 이미지 속 세상에서는 대화가 존재하지 않는다고 단언했다. "그것(스펙타클)은 대화와는 거리가 멀다." 실제 SNS의 화려한 이미지 밑에 붙는 댓글에는 대화가 없다. 그럴듯한 이모티콘만이 난무할 뿐이다. 아무래도 화려하게 포장된 시각 이미지가 만들어낸 허상을 두고 진솔한 대화를 나누기는 어렵다. 지금 우리는 스펙타클의 세계를 살면서 시각 위주로 소비하게 되었고 그 결과 사람과 사람 사이에 이루어졌던 진실한 대화의 단절을 맞았다. 게다가 촉·미·후각의 즐거움마저 잃어버렸다. 이러한 상황은 감각의 발전이 아니라 퇴보에 가깝다.

촉·미·후각이 시각과 청각보다 높은 수준의 감각이라는 사실
은 어떻게 알 수 있을까? 불교에는 여러 종파가 있는데, 대승불교
에는 '유식唯識불교'라는 학파가 있다. 유식불교는 인간 마음의 구
조를 상세하게 논했는데, 그중 '팔식설八識說'이라는 게 있다. 팔식설
은 '인간의 마음을 구성하는 여덟 가지 의식'을 뜻하는데, 1식이 가
장 낮고 8식이 가장 높은 의식에 해당한다. 여기서 높다는 말은 마
음과 가장 가깝다는 의미로, 높은 의식일수록 마음에 가깝게 전달
된다는 뜻이다. 팔식설에서 1식에서 5식까지는 우리가 흔히 말하
는 오감五感에 해당하는데, 낮은 순서부터 나열하면 '눈의 의식眼識-
귀의 의식耳識-코의 의식鼻識-혀의 의식舌識-촉감의 의식身識' 순이다.
오감으로 표현하면 시각-청각-후각-미각-촉각의 순이다(참고로
팔식설에서 6식은 '앎의 인식意識', 7식은 말나식末那識, 8식은 아뢰야식阿賴耶
識이다. 1식에서 6식은 겉으로 드러나는 표층表層 의식이고, 7식과 8식은 내
면에서 일어나는 심층深層 의식에 해당한다).

팔식설에서 주장하는 의식의 단계가 우리가 알고 있는 상식과
조금 다르다고 느낄지 모르겠다. 하지만 곰곰이 생각해보면 매우
일리 있는 주장이다. 예를 들어, 남녀가 맞선을 보기 위해 처음 만
난 상황을 떠올려보자. 이때 가장 먼저 사용하는 감각은 무엇일
까? 당연히 시각이다. 일단 상대를 눈으로 '쓱' 하고 훑어본다. 그다
음에는 대화를 시도한다. 청각의 사용이다. 이후 조금 더 친밀해지

면 가까이 다가가서 상대의 체취를 맡는 단계로 나아간다. 더 가까워지면 키스나 포옹의 단계로 나아간다. 상대와의 친밀도에 따라 시각, 청각, 후각, 미각, 촉각 순으로 진도를 나간다. 이처럼 타인과의 만남에서도 낮은 감각으로 시작하여 친밀도가 높아짐에 따라 높은 수준의 감각으로 나아가는 것이 상례다.

이 순서를 지키지 않고 거꾸로 하면 어떻게 될까? 처음 만난 사이에 갑자기 후각부터 사용하려고 상대에게 코를 들이대고 킁킁거리면 어떻게 될까? 상대가 화들짝 놀라면서 도망칠 수도 있다. 아직 친해지지도 않은 상태에서 갑자기 높은 수준의 감각을 사용하면 상대에게 불쾌감만을 줄 것이다. 이를 반대로 말하면 알고 지낸 지 오래되었는데도 시각과 같이 낮은 수준의 감각만 사용한다면 그다지 친밀한 관계는 아니라고 볼 수 있다. 사귄 지 수년이 지난 연인이 서로 포옹이나 키스도 하지 않고 멀찍이 떨어져서 시각으로만 교환하고 있다면 별로 가까운 사이가 아니라고 봐도 무방하다 (물론 '플라토닉 러브'와 같은 예외적 상황이 있을 수는 있다).

이런 이유로 최근 들어 대면 접촉이 급속히 줄어들고 모든 영역에서 언택트가 일상화되는 상황을 마냥 긍정적으로 보기 어렵다. 이러한 변화는 인간 감각의 편식과 왜곡을 가져와서 결국에는 인간성 상실의 위험을 가져올 수 있기 때문이다. 사실 지금처럼 언택트와 온택트가 본격화하기 시작한 데는 코로나19의 영향이 적지 않다. 코로나 바이러스가 전 세계에 창궐하자 인간은 생존을 위해 도시 봉쇄와 사회적 거리두기라는 카드로 대응했다. 이는 전염성을 무기로 숙주를 공격하려는 바이러스의 전략을 무위로 만들려는 인간 종 차원의 대응 전략이었다. 그렇게 사람끼리 포옹이나 키스는 물론 악수마저 금지되었다. 이러한 거리두기는 병원균의 확산을 막는 데 일부 효과를 보기도 했다. 하지만 그로 인한 부작용도 뒤따랐다.

비대면과 사회적 거리두기는 전염병과의 접촉을 차단하기도 했지만 인간끼리의 접촉도 막는 결과를 낳았다. 인간은 감옥에 갇힌 듯 각자 자기만의 공간에 격리된 채 살게 되었다. 그곳에서는 일체의 신체적 접촉도 없이 화면 속 이미지로만 외로움을 달래야 한다. 사회적 거리두기가 애정의 거리두기로 변질한 것이다. 이는 어쩌면 '인간 멸종'을 꿈꾸던 바이러스가 가장 원했던 결과인지도 모른다. 인간 개체끼리의 신체적 접촉을 막아서 '이기적 유전자'의 명령을 거부하도록 만드는 것, 이를 통해 '생존 기계'로서의 임무를 수행하지 못하게 하는 것이 애초에 바이러스가 세웠던 전략은 아닐까? 언택트와 온택트는 모종의 전략을 충실히 수행하기 위해 인간 세상에 배달된 '트로이 목마'는 아닐까? 어쩌면 인류는 오래전부터 조금씩 멸종의 길을 걷고 있었는지도 모른다. 최근에 발생한 코로나 팬데믹은 그러한 경향을 가속화시켰을 뿐이다. 인류의 미래가 걱정이다.

지금까지의 논의를 언택트 기술을 받아들이지 말자거나 없애야 한다는 뜻으로 해석하지는 말아야 할 것이다. 언택트와 온택트가 가져오는 이익은 분명히 크다. 또한 우리는 이러한 변화를 거부할 수도 없다. 하지만 삶의 모든 영역이 언택트로 대체되어서는 곤란하다. 우리가 오감을 가지고 있는 이유는 인간의 신체가 그러한 환경을 필요로 하기 때문이다. 편리함을 이유로 특정 감각만을 사용하다가는 나머지 감각은 사용하지 못하는 불구가 될 수도 있다. 이는 인류에게 치명적인 결과로 이어질 것이 뻔하다. 언택트 기술을 찬양했던 전문가가 다음에는 '휴먼 터치'의 필요성을 강조한 것도 그러한 우려 때문이 아니었을까? 코로나19의 종식이 선언된 지금, 언택트와 온택트에 대한 새로운 철학이 필요한 시점이다.

83. 데이터지능

알고리즘이 지배하는 세상은 정말 합리적일까?

"빅브라더가 당신을 지켜보고 있다 Big brother is watching you." 1949년 출간된 조지 오웰의 소설 《1984》에 등장하는 무시무시한 문구다. 작중배경이 되는 전체주의 독재국가인 오세아니아는 당이 모든 국민의 행동과 사상을 철저히 통제하는 나라다. 당의 핵심인 빅브라더는 텔레스크린을 통해 사람들의 일거수일투족을 끊임없이 감시하고 관리한다. 소설 속 주인공인 윈스턴 스미스는 빅브라더의 감시를 피해 일기를 쓰면서 자신만의 생각을 가다듬고, 자신과 마찬가지로 당을 싫어하는 줄리아를 만나 밀회를 나누면서 서로에 대한 애정과 믿음을 키워나간다. 하지만 빅브라더에게 발각되어 고문을 받고 서로를 배신하고 종국에는 세뇌당해 빅브라더를 진심으로 사랑하게 된다. 오웰은 정보의 독점을 통해 사회를 통제하는 시스템을 풍자하면서 그러한 사회체제를 디스토피아로 그려내고 있다.

빅브라더가 정보를 독점한 채 사람들의 사고와 행동을 감시하는 상황은 단지 소설 속 이야기에 불과한 것일까? 정보통신기술이 발달하면서 빅브라더는 이제 소설 속 존재가 아닌 현실이 되고 있다. 《1984》속의 텔레스크린을 찢고 새롭게 등장한 빅브라더는 '구글Google'이다. "구글 신은 모든 것을 알고 있다"라는 말 속에는 현대판 빅브라더의 모습이 고스란히 담겨 있다. 실제로 구글은 빅데이터 알고리즘 분석을 통해 특정 지역, 특정 시간의 독감 발생률을 예측했는데, 이는 공식 기관인 미국 질병통제예방센터CDC보다 빠르고 정확했다. 이처럼 새로운 빅브라더의 출현으로 전 세계는 빅데이터 열풍에 휩싸였고, 그로 인해 빅데이터를 신봉하고 사랑하는 사람들이 생겨나기 시작했다. 빅데이터 신봉자들은 말한다. "충분히 많은 데이터와 그것을 분석할 수 있는 알고리즘만 주어진다면 우리는 모든 것을 알아낼 수 있다." 소설 속 빅브라더가 현실로 튀어나온 셈이다.

유발 하라리는 《호모 데우스》에서 기술의 발전으로 새로운 종교의 출현을 예상한 바 있다. "기술종교는 인간의 욕망과 경험을 중심으로 돌아가지 않는 세상을 예견한다. 그렇다면 무엇이 욕망과 경험 대신 의미와 권위의 원천이 될까? 현재 역사의 대기실에 앉아 면접을 기다리고 있는 후보는 단 하나, 정보다. 가장 흥미로운 신흥종교는 '데이터교'다. 이 종교는 신도 인간도 우러러보지 않는다. 이 종교는 데이터를 숭배한다." 과학기술의 발전으로 정보가 힘의 원천이 되면서 정보를 지배하는 자가 권력을 쥘 것이라는 주장이다. 하라리는 이를 새로운 종교의 출현에 비견하면서 '데이터교'라고 명명하였다. 말하자면 데이터교가 새로운 빅브라더로 등극한 셈이다.

데이터교가 등장하면서 열렬한 신자들을 중심으로 '데이터지능Data Intelligence'의 필요성이 제기되기 시작했다. 데이터지능이란 데이터를 분석하고 이를 이용한 의사결정을 하는 등 전반적인 데이터 활용 능력을 뜻하는 말이다. 물론 데이터를 분석하여 현상을 이해하고 판단을 내리는 방식은 과거에도 존재했다. 현실에서 데이터를 수집하여 이를 설명하는 모델을 만들어서 활용하는 것은 과학적 사고의 기본이다. 하지만 시간이 지나면서 분석해야 할 데이터의 종류와 양이 엄청나게 증가했다. 빅데이터Big Data란 말 그대로 굉장히 큰 규모의 데이터로, 기존의 데이터와는 비교할 수 없을 정도의 크기와 다양성을 가진 정보를 말한다. 빅데이터는 인간의 두뇌와 공학식 계산기만으로는 분석에 한계가 있다. 방대한 양의 데이터를 모아도 이를 분석하고 계산할 도구가 없으면 무용지물이 되고 만다.

다행히 컴퓨터 공학과 분석 알고리즘이 발전을 거듭하면서 이제는 엄청나게 많은 양의 데이터도 빠른 속도로 처리할 수 있는 시대가 되었다. 오늘날은 인공지능과 빅데이터 알고리즘으로 더 많고 더 다양한 데이터를 인간은 상상조차 하지 못하는 빠른 속도로 분석할 수 있다. 그 결과, 사람들은 너도나도 '빅데이터'를 외치기 시작했고 빅데이터 알고리즘은 모든 의사결정자가 도입해야 할 필수 도구가 되었다. 중요한 결정을 내려야 할 때 예언자나 점성술사를 찾아가 신의 뜻을 물었던 과거와 달리 지금은 새로운 신의 자리에 오른 빅데이터 알고리즘에게 도움을 청하는 시대가 된 것이다. 상황이 이렇다 보니 데이터를 활용하고 분석하는 능력은 '21세기 신'의 곁에서 일하기 위해서 반드시 갖춰야 할 스펙이 되기에 이르렀다.

~~~~~~~~~~ **나의 선택이 사라지고** ~~~~~~~~~~
'알고리즘의 선택'만이 남은 세상

빅데이터가 지배하는 시대를 살아가려면 반드시 데이터지능을 키워야 하는 것일까? 빅데이터 알고리즘에게 모든 판단과 의사결정을 맡기는 것이 과연 현명한 행동일까? 최첨단 인공지능과 빅데이터 알고리즘을 통해 과거에는 생각지도 못한 맞춤형 서비스가 가능해졌다. 그로 인해 우리의 일상생활이 예전과는 몰라보게 달라졌다. 예를 들면 이런 경우다. 어떤 남성이 애인과 영화관을 갔는데 각자가 보고 싶은 영화가 다르다. 남성은 액션 영화가 보고 싶은데 여성은 로맨스 영화가 보고 싶다. 과거라면 이런 상황에서 누군가는 양보를 해야 했다. 하지만 빅데이터 알고리즘을 활용하면 이야기가 달라진다. 그 상황에서 인공지능에게 물어보면, 빅데이터 알고리즘은 두 사람의 영화 취향을 분석하여 양쪽이 모두 만족할 수 있는 영화를 추천해준다.

이렇듯 빅데이터를 잘 활용하면 개개인에게 꼭 맞는 것을 추천받을 수 있기 때문에 선택에 대한 고민과 수고를 덜 수 있다. 빅데이터를 잘 활용하기만 하면 우리는 점심시간에 뭘 먹을지, 무슨 영화를 봐야 할지 고민할 필요도 없다. 심지어 데이트 코스를 어떻게 잡아야 할지 생각할 필요도 없다. 그냥 인공지능에게 물어보면, 빅데이터 알고리즘은 사전에 개개인의 취향과 생활습관 등을 잘 분석하여 내가 원하는 정보를 적절하게 알려준다. 참 편리한 세상이다.

그런데 이 대목에서 한번 생각해보자. 우리가 빅데이터를 많이 활용하면 할수록 우리 생활이 편리해지고 행복해질까? 얼핏 생각하면 빅데이터가 생활의 편리함을 가져다줄 것 같기는 하다. 전지전능한 알고리즘이 무엇인가를 선택해야 하는 순간에 해결사처럼 나타나서 최적의 선택지를 제시할 테니 말이다. 시간과 비용은 물론이고, 실패 가능성마저 줄일 수 있을 테다. 하지만 한편으로는 이런 의문이 들기도 한다. 가령, 영화관에서 무슨 영화를 보라고 빅데이터 알고리즘이 알려주었을 때 그것은 우리의 선택일까, 아니면 그것을 선택하도록 강요당한 것일까? 애매하다. 우리의 선택일 수도, '이 영화를 선택하시오'라고 강요당한 것일 수도 있다.

우리는 흔히 인공지능이나 빅데이터 알고리즘은 인간과 달리, 아무런 사심 없이 정보를 분석하여 필요한 사람에게 추천해준다고 생각하곤 한다. 하지만 실상은 전혀 그렇지 않다. 인공지능 속에 있는 빅데이터 알고리즘에는 그 알고리즘을 설계한 사람의 의도가 반영될 수밖에 없다. 그런데 대부분의 경우, 빅데이터의 관리 주체는 개인이 아니다. 주로 특정 기업(그냥 기업도 아니고 대기업)이다. 따라서 빅데이터 알고리즘의 추천이 개인의 취향이나 본성을 온전히 반영한다고 보는 것은 조금 순진한 생각이다. 물론 개인의 취향도 어느 정도 포함되겠지만 알고리즘을 운영하는 주체(기업)의 의도가 반영되었다고 보는 편이 타당하며, 사용자는 그 의도대로 움직일 가능성을 배제할 수 없다.

빅데이터 알고리즘은 인간을 더욱 자유롭고 편리하게 만들어주리라 기대하지만 실상은 반대로 작용할 가능성도 높다. '데이터교'의 도래를 예상한 하라리는 정보가 인간의 자유를 억압할 수도 있다고 보았다. "정보의 자유를 표현의 자유라는 오래된 자유주의의 이상과 혼동해선 안 된다. (…) 정보의 자유는 인간에게 주어지지 않는다. 그것은 정보에 주어진다. 더구나 새로운 가치가 전통적인 표현의 자유를 침해할 수도 있다. 정보가 자유롭게 유포될 권리는 인간이 정보를 소유하고 그 흐름을 제한할 권리보다 우선하기 때문이다." 빅데이터 알고리즘이 정보를 독점함으로써 외려 인간의 자유를 침해할 수도 있다고 본 것이다. 《정보의 지배》의 저자인 재독 철학자 한병철 교수도 비슷한 우려를 전한 바 있다. "정말로 자유로운 것은 사람들이 아니라 정보들이다. 정보사회의 역설은 사람들이 정보 안에 갇힌다는 것이다. 사람들은 소통하고 정보를 생산함으로써 자기를 사슬로 묶는다. 디지털 감옥은 투명하다." 빅데이터 알고리즘에 의존해 편리함을 추구하는 사이에 인간이 오히려 투명한 디지털 감옥에 갇힌 신세로 전락한다는 얘기다. 빅데이터 알고리즘에 의존할수록 점점 더 커지는 빅브라더의 권력에 우리 자신을 내맡기는 꼴이다.

빅데이터 알고리즘이 인간의 취향을 고정된 것으로 취급하는 방식도 문제다. 빅데이터는 방대한 양의 자료를 활용하지만 모두가 과거의 자료에 기초하여 계산을 진행한다. 그래서 빅데이터는 개인이 좋아하는 영화 장르와 싫어하는 영화 장르가 고정되어 있다고 생각한다. 그런데 인간의 취향은 시간이 지나면서 바뀔 수 있다. 아니, 바뀌는 경우가 더 많다. 가령, 어릴 적에는 공포영화를 싫어했지만 성인이 되어서는 그것을 즐길 수도 있다. 다른 취향도 마찬가지다. 어릴 적 음식에 대한 취향이 어른이 되어서도 지속되는 경우는 드물다. 인간의 취향은 새로운 경험을 통해 끊임없이 변화하기 마련이다.

하지만 인공지능 알고리즘에 특정한 음식을 좋아한다(또는 싫어한다)는 데이터가 등록되면 그것은 쉽게 바뀌지 않는다. 예컨대, 알고리즘에 김치찌개를 좋아하는 사람으로 등록되면 알고리즘은 그 다음부터 계속해서 김치찌개만 추천한다. 그러다 보면 계속해서 김치찌개를 먹게 되고, 그 결과 김치찌개에 환장한 사람이 될 수도 있다. 이를 '자기충족적 예언'이라고 부른다. 자기충족적 예언이란 미래에 대한 기대와 예측에 부합하고자 어떤 행동을 하고 그 결과 실제로 기대한 바를 현실화하는 현상을 말한다. 이와 같이 빅데이터 알고리즘은 과거의 취향을 지속적으로 추천하여 그것을 현실로 만든다. 빅데이터가 자기충족적 예언을 추동하고 강화하는 것이다. 이처럼 빅데이터 알고리즘을 신봉하면 선택지가 과거의 습관에 고정되어 새로운 변화의 가능성이 처음부터 배제된다. 알고리즘이

시키는 대로만 따르다가 새로운 경험의 기회를 놓치게 된 인간은 빅데이터가 지시한 대로의 인간이 되고 만다.

〰〰〰 인간만이 할 수 있는 '시행착오'라는 특권 〰〰〰

모든 선택을 빅데이터 알고리즘에 의존하는 것이 정말 옳은지에 대해서도 생각해볼 여지가 많다. 예컨대, 어떤 영화를 볼지, 점심 메뉴를 무엇으로 할지 등에 대해서는 알고리즘의 추천을 받는 것이 별문제가 없어 보인다(물론 개인적으로는 별로 추천하고 싶지 않지만). 이 상황에서는 뭘 선택하든 그 차이가 크지 않거나 선택의 결과가 당사자에게 미치는 영향이 미미하기 때문이다. 하지만 인생의 중대사에 대해서도 빅데이터 알고리즘의 도움을 받는 것은 생각해볼 필요가 있다. 예를 들어 우리가 어떤 직업을 가지는 것이 좋을지, 어떤 배우자를 선택해야 할지에 대해서도 알고리즘의 조언을 들어야 할까? 조금 애매하다.

요즘은 여러 비즈니스 분야에서 이러한 빅데이터를 활용하고 있다. 배우자 매칭 서비스를 제공하는 결혼정보회사도 예외는 아니다. 예컨대 결혼 정보회사에서 빅데이터 알고리즘을 도입했다고 가정해보자. 회사는 고객들의 성격이나 취향, 능력이나 습관 등을 분석하여 각자에게 어울리는 최적의 배우자를 골라줄 수 있다. 인공지능이 가진 빅데이터를 활용하여 내가 누구와 결혼해야 좋을지를 나보다 더 정확하게 분석할 수도 있다. 빅데이터 알고리즘을 신뢰한다면, 우리는 이제 결혼을 위해 여러 후보자를 만날 필요가 없다. 괜히 시간과 비용을 들여가며 이 사람 저 사람 만날 필요 없이 그냥 빅데이터 알고리즘이 정해준 최적의 상대를 만나면 그만이다.

물론 현재는 배우자 선택의 결정을 전적으로 빅데이터에 맡기는 사람이 거의 없을 것이다. 하지만 시간이 지나면서 알고리즘이 더욱 정교해지고 신뢰성도 높아진다면 어떨까? 오늘날 인공지능의 자가 학습 능력은 상상을 초월한다. 만약 상당히 신뢰할 만한 수준의 빅데이터 알고리즘이 완성되었고, 모든 조건을 감안한 최적의 배우자를 추천받는 시대가 도래했다고 치자. 이런 상황이라면 빅데이터 알고리즘의 추천을 믿고 그 사람과 결혼을 하는 것이 맞을까? 영화나 음식 메뉴도 아니고 반려자에 대한 선택권을 빅데이터 알고리즘에 맡겨도 될까? 아무래도 꺼려지는 대목이다.

인공지능이 스스로 학습을 통해 전지전능해지고, 빅데이터 알고리즘이 지금보다 완벽해져서 인간보다 합리적인 선택을 하는 날이 언젠가는 올 것이다. 그렇게 되면 다양한 영역에서 인공지능의 도움을 받아 선택을 하는 일이 점점 늘어날 것이다. 하지만 그렇다고 해서 직업이나 배우자 선택처럼 삶의 중대한 문제까지 인공지능에 의존하는 일이 결코 바람직하다고 말하긴 힘들다. 인공지능이 골라준 상대는 나에게 적합할지는 모르지만 그런 상대를 사랑스럽거나 가치 있다고 느끼기는 힘들기 때문이다. 앞서 언급한 독일의 사회학자 게오르크 짐멜은 "사물의 가치는 그것을 획득하기 위해 요구되는 희생의 크기에 의해 측정된다"고 주장한 바 있다. 우리는 무엇인가를 얻는 데 들인 희생이 클수록 그것이 가치 있다고 생각하는 경향이 있다.

인공지능의 알고리즘이 추천해준 파트너와 자신이 짝사랑해서 수년을 쫓아다닌 끝에 사귀기 시작한 연인 중 누구를 더 가치 있다고 생각할까? 당연히 후자다. 어렵게 얻어낸 것일수록 더 소중하게 생각하는 법이다. 아무리 좋아 보여도 너무 쉽게 획득했다면 그 대상을 소중하게 여기기는 어렵다. 사랑과 결혼도 마찬가지다. 쉽게 얻은 사랑에서 로맨틱한 감정이나 불타는 열정을 기대하기란 무리다. 그런 의미로 보자면 사랑을 위해 들인 노력과 고통, 시행착오는 결코 무의미하지 않다. 니체가 이런 말을 했다. "존재하는 것에서 빼버릴 것은 하나도 없으며, 없어도 되는 것은 없다." 삶에서 만나는 고통, 실패, 시행착오가 애초부터 없어야 좋은 것인가 하면 그렇지 않다. 이 과정은 그다음에 올 결과를 의미 있고 가치 있게 만들어주기 때문에 충분히 필요하고, 어떤 의미에서는 반드시 필요하다. 하지만 인공지능은 시행착오를 용납하지 않는다. 그것은 버그Bug에 불과하기 때문이다. 빅데이터는 고통이나 실패를 부정적이고 없을수록 좋은 것으로 코딩한다. 그 결과 인공지능이 추천하는 삶에는 그늘이 없다. 하지만 환희나 열정도 들어설 여지가 없다.

하라리는 빅데이터가 지배하는 세상에 대해 우려를 전하면서 이렇게 물었다. "만일 데이터교가 세계를 정복한다면 우리 인간에게 무슨 일이 일어날까?" 그는 결코 장밋빛 전망을 내놓지 않았다.

"처음에는 인본주의 과제들인 건강, 행복, 힘의 추구가 가속화될 것이다. 데이터교는 이런 인본주의의 목표를 달성하겠다고 약속하면서 널리 퍼져나갈 것이다. (…) 하지만 권한이 인간에게서 알고리즘으로 옮겨가는 즉시 인본주의 과제들은 폐기될 것이다. 우리가 인간 중심적 세계관을 버리고 데이터 중심적 세계관을 채택하는 즉시 인간의 건강과 행복은 보잘것없는 문제처럼 보일 것이다." 빅데이터 알고리즘이 처음에는 인간을 위한 목적, 이를테면 건강 증진이나 행복 추구 등으로 사용되겠지만, 권한이 완전히 넘어가고 나면 인간보다는 데이터가 중심이 되어서 인간을 위협할 수도 있다는 경고다.

신체적으로 열등한 존재로 태어난 호모 사피엔스는 농업혁명, 인지혁명, 산업혁명을 통해 절대적인 힘을 획득했다. 절대적인 힘을 보유하게 된 인간은 그 힘을 지구촌의 모든 생명체를 위해 사용했을까? 그렇지 않다. 무소불위의 권력을 획득한 인간은 인간을 제외한 모든 생명체를 인간을 위한 수단이나 도구로 활용했다. 하라리는 데이터교가 권력을 획득하고 나면 과거 인간이 다른 동물들에게 했던 일을 그대로 돌려줄 것이라고 예언했다. "데이터교는 호모 사피엔스가 다른 모든 동물들에게 했던 일을 호모 사피엔스에게 하겠다고 위협한다." 결국 빅데이터 알고리즘은 인간의 편리를 위해 만들어졌지만 종국에는 인간을 위협하는 존재로 돌변할지도 모른다. 따라서 인공지능이나 빅데이터 알고리즘에게 모든 것을 내맡겨서는 곤란한다.

영국의 진화생물학자 리처드 도킨스Richard Dawkins는 《이기적 유전자》에서 생물 진화의 주체는 유전자이며, 생물체는 유전자의 자기 복제를 위해 만들어놓은 로봇과 같은 존재라고 보았다. 우리 인간도 유전자의 명령을 충실하게 따르는 자기 복제자에 불과하다. 유전자가 명령을 내리는 주인이고 인간을 포함한 생물체는 모두 그 명령을 따라야 하는 '로봇 기계'인 셈이다. 인간의 입장에서는 그다지 달갑지 않은 주장이다. 하지만 도킨스는 책의 말미에 다른 생명체와 달리 인간만이 가진 독특한 특징을 강조하면서 다음과 같이 적었다. "우리는 유전자의 기계로 만들어졌고 밈의 기계로서 자라났다. 그러나 우리에게는 우리의 창조자에게 대항할 힘이 있다. 이 지구에서는 우리 인간만이 유일하게 이기적인 자기 복제자의 폭정에 반역할 수 있다." 인간은 창조자인 유전자의 명령을 따라야 할 운명이지만 인간이기에 그러한 폭정에 반항할 힘을 가졌다는 뜻이다.

데이터가 지배하는 정보체제에서 인간은 빅데이터 알고리즘의 명령을 충실히 수행하는 존재처럼 여겨지기도 한다. 하지만 인간은 유전자의 폭정에도 반역하였듯이, 빅데이터 알고리즘의 지시에도 고분고분 따를 필요가 없다. 데이터가 빅브라더가 되어 인간의 일거수일투족을 지켜보는 상황이지만 여전히 우리에게는 희망이 있다. 인간은 알고리즘이 시키는 대로 고분고분 따르는 기계 장치가 아니니까. 우리에게는 인공지능과 알고리즘에 반항할 힘이 있으니까 말이다.

84. 조용한 퇴사

'영혼 없는 월급쟁이'가 되는 것은 현명한 선택일까?

"어무이, 이제 고생 끝났심더~" 대한민국 최초의 올림픽 유도 금메달리스트인 하형주 선수가 1984년 LA 올림픽에서 금메달을 딴 직후 구수한 사투리로 내뱉은 수상 소감이다. 운동선수에게 올림픽 금메달이란 최종 목표이자 최고의 영예다. 게다가 '대한민국 최초'라는 타이틀까지 얻게 되었으니 더할 나위가 있을까. 그에게 올림픽 금메달이란 국민적 영웅의 반열에 올라서는 것은 물론이고 각종 훈장과 연금 등 미래가 보장되는 탄탄대로의 진입을 의미했다. 그만큼 올림픽 금메달은 돈과 명예는 물론이고 미래까지 보장되는 성공의 보증수표였다. 그래서 올림픽 금메달 수상은 경상도 총각에게서 '고생 끝'을 외치게 할 만큼 충분히 값진 것이었다.

스포츠가 아니더라도 '고생 끝'을 외치게 만드는 사건은 더러 있다. 예나 지금이나 대한민국에서는 '사士'자가 들어가는 직업을 선호하는 경향이 있다. 의사, 판사, 검사, 변호사 등 직업의 끝에 '사'자가 들어가면 개인은 물론이고 집안의 경사요, 가문의 영광이다. 그렇기에 예전에는 누군가가 사법고시에 최종 합격하면 초·중·고·대학을 막론하고 그가 다녔던 학교에 대문짝만 한 벽보가 보란 듯이 걸리곤 했다. 심지어 고향 동네 어귀에도 떡하니 플래카드가 걸렸고 부모는 동네 사람들에게 잔치를 베풀었다. 이처럼 '사'자가 들어가는 직업을 갖는다는 것은 운동선수가 금메달을 따는 것만큼이나 어려운 일이고 그렇기에 크게 축복할 만한 경사였다.

요즘은 꼭 '사'자가 들어가는 직업이 아니더라도 어려운 관문이 많다. 지금은 취업 준비생이 괜찮은 직장의 정규직으로 입사하는 일도 매우 어렵다. 1980~90년대 고도 성장기가 마무리되고 2000년대 들어서 저성장이 고착화되자 기업들이 너나 할 것 없이 경영 효율화에 나섰다. 기존 직원 중에서 '밥값'을 하지 못하는 사람을 내보내는 구조조정이 진행됐고 덩달아 신규 직원의 채용 규모를 줄이기 시작했다. 여기에 더해 정보통신 기술의 발달과 4차 산업혁명으로 노동 현장에서는 점점 인간의 손길을 필요로 하지 않게 되었다. 그 결과 신규 직원을 뽑는 취업 시장은 점점 '좁은 문'으로 변하고 말았다. 그러다 보니 이제는 나름 괜찮은 기업에 취업하는 일을 '고시高試'에 비유하기도 한다(삼성고시, SK고시, 언론고시, 금융고시 등등).

그런데 최근에는 이런 고시에 합격하고도 자격증(?)을 반납해버리는 사례가 왕왕 벌어지고 있다. 어렵게 취업에 성공한 후 얼마 지나지 않아 직장을 관두는 사람이 증가하고 있는 것이다. '대퇴사 시대The Great Resignation'와 '조용한 퇴사Quiet Quitting' 현상이 바로 그것이다. 대퇴사 시대란 미국 텍사스 A&M 대학교의 앤서니 클로츠Anthony Klotz 교수가 2021년 언론과의 인터뷰에서 처음 사용하여 널리 알려진 말인데, 코로나 팬데믹을 거치면서 자발적으로 퇴사를 하는 노동자가 증가하는 현상을 말한다. 이는 1929년에 미국에서 벌어진 '대공황The Great Depression'에서 가져온 표현인데, 클로츠 교수는 수많은 직장인이 퇴직 러시에 동참하는 현상이 마치 1929년 대공황처럼 특별한 사건이라고 보았다. 일시적 현상이 아닌 구조적 변화라고 본 것이다. 그래서 그냥 퇴사가 아니라 '대퇴사'라고 명명했다.

최근 들어서는 대퇴사에 이어 새로운 기류가 포착되고 있는데, 바로 MZ세대를 중심으로 한 '조용한 퇴사'다. 조용한 퇴사란 실제 직장을 그만두지는 않지만 정해진 시간 안에서 최소한의 일만 하겠다는 태도를 말한다. 미국 뉴욕에 거주하는 20대 엔지니어인 '자이들 플린Zaidle ppelin(본명이 아닌 틱톡 이용자명)'이 자신의 틱톡 계정에 올린 동영상이 화제가 되면서 전 세계로 확산했다. 사표를 내지는 않지만 업무에 대한 열정은 회수한 채 적당히 '영혼 없는 월급쟁이'로 남겠다는 일종의 '심리적 퇴사'에 해당한다. 조용한 퇴사는 실제로 사표를 쓰지는 않기에 '대퇴사'와는 전혀 다른 현상처럼 보이기도 하지만, 회사나 업무에 애정과 열정을 갖지 않는다는 점에서는 큰 차이가 없다. 대퇴사가 조용한 퇴사로 이어진 배경에는 코로나 팬데믹 이후 벌어진 세계적인 경기 침체와 금리 인상, 고물가의 여파로 노동시장에 찬바람이 불기 시작한 것과 무관하지 않다. 그렇기 때문에 경기가 회복되고 노동시장이 활성화되면 조용한 퇴사자는 언제든 대퇴사 대열에 뛰어들 수 있는 '잠재적 퇴직자'로 보는 편이 타당하다.

그 누구에게도 득이 되지 않는 조용한 퇴사

조용한 퇴사가 유행처럼 번지는 현상은 과연 바람직할까? 당연히 아니다. 이는 기업과 개인 모두에게 해당한다. 먼저 기업의 입장에서는 조용한 퇴사자가 반가울 리 없다. 이들은 회사에 대한 애정도, 업무에 대한 열정도 없는 상태에서 주어진 일만을 최소한으로 하기 때문에 조직 성과에 기여하는 바가 극히 미미하다. 소위 '1인분'을 해내는 경우도 드물다. 게다가 떡하니 자리를 차지하고 있어서 새로운 인력을 충원하는 데도 걸림돌이 된다. 조용한 퇴사자는 함께 일하는 성실한 동료에게도 부정적 영향을 미칠 수밖에 없다. 조직이란 본디 구성원이 함께 힘을 합쳐 목표를 달성하고 성과를 창출하기 위해 모인 곳이다. 그 상황에서 누군가가 전력을 다하지 않고 일하는 시늉만 하고 있으면 나머지 동료들까지도 의욕을 잃고 만다. 마치 같은 편에 서서 줄다리기를 하고 있는데 전혀 힘을 쓰지 않는 것과 같다. 요컨대 조용한 퇴사자는 기업 입장에서는 전혀 도움이 되지 않는 존재다. 차라리 없느니만 못하다.

당사자에게는 어떨까? 조용한 퇴사가 본인에게는 좋은 결과를 가져다줄까? 동일한 월급을 받는 상황에서 일은 적게 하니까 최소한 손해 날 일은 없다고 생각할 수도 있다. 하지만 이는 지나치게 짧은 생각이다. 인생에서는 단기적으로 효율성이 높은 행동이 장기적으로는 손해를 불러오는 경우가 너무나 많다. 예컨대, 학생이 특정 시험에서 높은 성적을 얻기 위해 커닝 페이퍼를 만들거나 족집게 과외를 받는 것이 단기적으로는 좋은 방법일 수 있다. 하지만 길게 보면 그 방법으로는 꾸준히 좋은 성적을 내기가 불가능하다. 그보다는 스스로의 힘으로 생각하고 꾸준히 노력한 사람이 장기적으로 훨씬 좋은 성적을 거둔다.

사실 이 논의는 삶을 대하는 태도인 주인의식과 관련이 있다. 주인의식主人意識이란 말 그대로 스스로를 주인이라고 믿는 생각을 뜻한다. 그런데 한번 따져보자. 주인의식이란 용어는 어떠한 목적 때문에 만들어진 것일까? 주인(기업이라면 오너)을 위해서일까, 아니면 주인이 아닌 사람(종업원)을 위해서일까? 주인의식은 주인이 아닌 사람을 위해 만들어진 용어다. 주인에게는 '주인의식'이라는 말 자체가 필요 없다. 진짜 주인은 누가 뭐라고 하든 간에 이미 스스로를 주인이라고 여기고 있기 때문이다. 존재가 주인이므로 의식 또한 주인이라고 인식한다. 추가로 중언부언 덧붙일 필요가 없다.

다시 말해 주인의식이란 말은 주인이 아닌 자, 즉 종업원에게 마치 자신이 주인인 것처럼 생각하고 행동하라는 목적에서 만들어진 표현이다. 실제 주인은 아니지만 주인이라고 생각하면서 조직생활에 적극적이고 주체적으로 임하라는 뜻이다. 결국 종업원이 주인의 식을 갖는다는 것은 존재(월급쟁이)와 의식(주인이라고 믿음)이 불일치 상태가 됨을 의미한다. 이 지점에서 질문을 하나 던져보자. 주인이 아닌 종업원은 다음 중 어떤 마음가짐으로 조직생활에 임하는 것이 좋을까?

⑴ 월급 받은 만큼만 일한다.
⑵ 주인의식을 갖고 일한다.

이 질문을 받으면, 많은 이들이 주인의식을 갖고 일하는 것이 더 좋다고 답한다. 우리는 대체로 피고용인 신분이면서도 조직생활을 할 때 주인의식을 갖는 것이 당연하다는 생각을 내면화하며 살고 있다. 그런데 한번 생각해보자. 실제 주인은 종업원이 1번과 2번 중에서 어떤 생각을 갖길 바랄까? 당연히 2번이다. 회사의 오너는 종업원들이 월급 받은 만큼만 일하기보다는 주인의식을 갖고 주체적으로 일하기를 바란다. 왜? 그렇게 해야만 자기 손에 더 많은 돈이 들어오기 때문이다. 주인이 종업원에게 주인의식을 강요하는 목적은 종업원을 위해서가 아니라 주인 자신을 위해서다. 이런 논리로 보자면, 종업원이 주인의식을 가지고 열심히 일하면 그로 생긴 잉여가치는 상당 부분 주인의 주머니로 들어간다. 재주는 곰이 부리고 돈은 주인이 받아가는 격이다. 물론 열심히 일한 종업원에게 성과급이 주어지긴 하지만 어떤 경우라도 성과급이 추가이익을 넘어서지는 않는다. 좀 야박하게 말하면, 주인의식을 가지고 열심히 일한 종업원에게는 약간의 떡고물이 주어질 뿐이다. 따라서 종업원이 막연히 주인의식을 가지고 일하면 남(주인) 좋은 일만 하는 꼴이 될 수도 있다.

그렇다면 종업원 입장에서는 월급 받은 만큼만 일하는 것이 현명한 태도일까? 꼭 그렇지도 않다. 종업원은 결단코 회사의 주인이 아니다. 주인은 따로 있다. 하지만 이러한 판단은 지나치게 자기 역할 범위를 협소하게 설정한 결과다. 가령, 샐러리맨 홍길동은 직장에서는 주인은 아니다. 하지만 자기 인생의 관점에서 보면 그는 부인할 수 없는 주인이다. 홍길동은 자기 인생의 주인공이며, 자기 인생의 스토리를 써가는 시나리오 작가이자 자기 인생이라는 영화의 제작자이며 감독이다. 그는 지금 자기가 쓴 시나리오에 따라 인생이라는 영화를 찍으면서 주인공 역할을 맡고 있다. 현재 찍고 있는 영화의 장면Scene에서 '어느 어느 회사의 어느 어느 부서에서 근무하는 김 대리, 박 과장' 역할을 맡고 있을 따름이다. 현 시점에서 맡은 배역의 크기가 비록 회사의 위계로 보면 낮을 수 있겠으나, 그는 영화 속에서 엄연한 주인공이다. 결코 엑스트라가 아니다. 이처럼 비록 '회사'에서는 주인이 아니지만 '자기 인생'이라는 관점에서 보면 그는 주인이고 주인공이다. 그가 역할을 제대로 수행하지 않으면 자기 인생이라는 영화는 완성도가 떨어질 수밖에 없다.

당나라의 선승이었던 임제의현臨濟義玄이 이런 말을 남겼다. "수처작주 입처개진隨處作主 立處皆眞." '이르는 곳마다 주인이 되면 그가 서 있는 곳이 모두 참되다'는 뜻이다. 조직에서 '오너는 주인, 종업원은 노예'라거나 '직급이 높으면 주인, 낮으면 노예'라는 도식은 지나치게 협소한 관점이다. 임제 선사의 주장처럼, 직급이나 직위에 무관하게 현재 자신이 서 있는 곳에서 주인이 된다면 그 상태는 참된 삶이다. 이런 의미로 보자면, 낮은 직급에 있는 사람도 자기 인생의 주인공처럼 행동한다면 당당한 주인이 된다. 그는 자기 인생이라는 영화의 주인공이 되어서 멋지게 연기를 하고 있는 것이다. 반면, 직급이 아무리 높아도 주인이라는 생각이 없다면 엑스트라에 불과하다. 흔히 우리가 직위는 가장 높지만 아무런 실권이 없는 사람을 일컬어 '바지사장'이라고 부르는데, 바지사장은 결코 주인이 되지 못한다.

다시 '조용한 퇴사자'로 돌아가보자. 조용한 퇴사자는 직장에 대한 애정도 식고, 업무에 대한 열정도 사라진 상태에서 사표는 쓰지 않은 채 최소한의 일만 하며 버티고 있다. 그 상태로 일하는 조용한 퇴사자에게는 주인의식이라는 것이 있을까? 아무래도 긍정적으로 평가하기 어렵다. 그는 직장이나 업무가 마음에 들지 않는 상태다. 하지만 결단을 미루고 있다. 그러는 사이에 자기 인생이라는 영화 속 카메라는 계속 돌아가고 있다. 아까운 필름만 낭비하고 있는 상황이다. 주인공이 의욕도 적극성도 없이 될 대로 되라는 식으로 시간만 보내고 있는 영화라니, 재미있을 리 없고 흥행에 성공할 리도 없다. 이는 애초에 시나리오를 잘못 썼거나 주인공이 제 역할을 제대로 하지 않은 결과다. 이유가 무엇이었건 당사자의 귀책 사유다.

물론 조용한 퇴사자라고 모두 같은 행동을 하지는 않는다. 간혹 새로운 곳으로 이직하기 위해 준비하는 과정에서 조용한 퇴사자 모드로 변신하는 경우도 종종 있다. 그는 근무 시간에는 대충대충 행동하지만 퇴근 이후에는 자기계발에 열중한다. 회사에서는 건성으로 일하지만 퇴근 후 개인 시간은 알차게 보낸다. 그럼 이 상태는 바람직하다고 볼 수 있지 않을까? 결코 아니다. 진정으로 새로운 직장이나 직업으로의 이직을 결심한다면 퇴근 시간 이후만이 아니라 근무 시간 안에서도 자기계발에 힘써야 한다. 사실 직장인이 하는 공부란 퇴근 이후에만 이루어지지 않는다. 근무 시간 중에 자신이 하는 업무에서 배우고 경험하는 것이 훨씬 중요할 때가 많다. 따라서 만약 근무 시간을 대충대충 성의 없이 보내고 있다면 이는 매우 중요한 학습 기회를 놓치고 있는 셈이다.

흔히 사람들은 '공부에도 때와 장소가 있다'고 하는데, 실제로는 그 말이 들어맞지 않는다. 철학자 이반 일리치는 공부가 학교에서만 이루어지지는 않는다면서 이렇게 주장한 바 있다. "우리가 아는 거의 모든 것은 학교 밖에서 배운 것들이다. (…) 누구나 어떻게 살아야 하는지는 학교 밖에서 배운다." 진정한 공부는 학교라는 울타리 안에서만 이루어지지 않는다는 뜻이다. 사실 공부를 제대로 하는 사람은 시간과 장소를 구분하지 않는다. 특히 성인이 되어서는 더욱 그렇다. 자신이 머물러 있는 장소라면 그곳이 어디든 배움과 깨달음을 얻기 위해 노력해야 한다. 따라서 직장과 업무에서 마음이 떠났다 하더라도 최종 선택을 하기 전까지는 공부에 매진해야 한다. 곧 떠나겠지만 그전까지는 자신에게 주어진 업무에 충실해야 한다. 떠나기 전까지 하나라도 더 배우려고 노력해야 한다. 그래야만 지금보다 더 나은 조건으로 이직할 수 있다.

평판이나 인맥 관리 차원에서도 조용한 퇴사자의 행동은 현명하지 못하다. 흔히 경력사원이 이직을 하려 할 때 새로운 회사에서는 반드시 이전 직장에서의 행동과 태도를 알아보려고 한다. 흔히 '레퍼런스 체크Reference Check'라 부르는 평판 조회 과정은 공공연히 행해지는 입사 절차다. 레퍼런스 체크란 지원자가 과거에 함께 일한 적 있는 상사나 동료들로부터 업무 능력이나 성과, 태도 등을 확인하고 검증하는 일을 뜻한다. 따라서 퇴직 직전에 조용한 퇴사자로 근무했다면 이직에 불리할 수밖에 없다. 애정과 열정을 회수한 채 '영혼 없는 월급쟁이'로 일하는 사람에게 상사나 동료가 높은 점수를 줄 리 만무하기 때문이다.

한편, 비즈니스 세계에서는 영원한 적도 동지도 없다. 시기나 상황, 조건에 따라 수시로 관계나 입장이 뒤바뀌기도 한다. 현재 직장 동료를 새로운 곳에서 만날 수도 있고 거래 관계로 조우할 수도 있다. 따라서 이직을 하더라도 우군을 확보해두고 떠나는 편이 훨씬 현명하다. 과거의 직장 동료가 미래의 고객이 될 수도 있고 중요한 순간에 조력자가 될 수도 있으니 말이다. 인간관계는 언제 어떻게 변모할지 아무도 모른다. 그러므로 평소 원만한 관계를 유지하고 헤어지더라도 좋은 인상을 남기려는 태도가 바람직하다.

결국 조용한 퇴사는 기업 입장에서도 좋은 일이 아니지만 개인

입장에서도 결코 현명한 처신이 아니다. 직장이나 직무가 마음에 들지 않으면 당연히 새로운 선택을 할 수 있다. 하지만 그렇다고 해서 조용한 퇴사자로 머무는 것은 조직과 개인 모두에게 이득이 되지 않는다. 조용한 퇴사는 스스로가 인생의 주인공이 되기를 거부하는 행동으로, 아무리 잘 봐줘도 소극적 도피 행위에 불과하다. 현재 직장에서 마음이 떠났다면 조용한 퇴사자로 머물 것이 아니라 더욱 적극적으로 행동하여 새로운 길을 모색해야 한다. 그것만이 현명하고 올바른 탈출구이기 때문이다.

05. 인공지능

인공지능과 함께하는 삶은 동행일까, 경쟁일까?

2016년 3월, 대한민국 서울에서 영화 같은 일이 벌어졌다. 바둑의 세계 최고수인 이세돌 9단과 구글의 '알파고'가 인간과 인공지능을 대표하여 실력을 겨룬 것이다. 인간 최고수와 인공지능 간의 진검승부. 전 세계가 지켜보는 가운데 총 다섯 번의 대국을 통해 승부를 겨루는 세기의 대결이 펼쳐졌다. 대국에 앞서 이세돌 9단은 "5대 0으로 이길 자신이 있다"고 호언장담했고 대다수 프로 기사들도 그와 비슷한 생각이었다. 결과도 예상대로 전개되었을까? 알다시피 다섯 번의 대국은 4 대 1로 알파고의 일방적인 승리로 끝나고 말았다. 인간 대표의 참패. 이세돌 9단은 제4국에서 간신히 한 차례 승리를 거둠으로써 겨우 체면치레를 하는 데 그쳤다. 하지만 알고 보니 그 승리는 '겨우'라고 말하기에는 너무나 대단한 쾌거였다. 그 단 한 번의 승리는 인간이 인공지능을 이긴 처음이자 마지막 사건이기 때문이다. 미래의 역사는 인간 바둑 최고수가 인공지능에게 패한 사실에 주목하기보다는 인간이 인공지능을 한 번이라도 이긴 적이 있다는 사실에 놀랄지도 모른다.

아무튼 이세돌과 알파고의 대결은 인류 역사에서 중대한 변곡점이 되었다. 알파고의 승리는 단지 바둑에서 인공지능이 인간을 넘어섰다는 사실만을 의미하지 않았다. 바둑 외에도 모든 면에서 인공지능이 인간을 넘어설 수 있음을 두 눈으로 확인한 사건이었다. 그 일이 벌어지기 전까지만 해도 인공지능이나 로봇이 인간을 넘어서는 것은 영화 속에서나 등장하는 황당한 이야기였다. 인류의 과학기술이 엄청난 발전을 이룬 미래의 어느 시점이 되면 스스로 생각하고 발전하는 인공지능 시스템이 등장하여 인간을 정복하고 오히려 인간을 노예처럼 부린다는, 이른바 영화 〈매트릭스〉식의 상상은 단지 SF 영화에서나 나올 법한 이야기에 불과했다. 하지만 알파고 사건으로 〈매트릭스〉는 더 이상 가상이 아닌 현실이 되고 말았다. 〈매트릭스〉가 스크린을 찢고 나와 당당히 우리 앞에 선 것이다.

최근 들어서는 오픈AI Open AI가 만든 '챗GPT Chat GPT'나 마이크로소프트의 '빙 Bing'과 같은 대화형 인공지능 프로그램이 나오면서 인공지능에 대한 사람들의 관심이 더욱 커졌다. 이제 인공지능은 사람들의 질문에 막힘없이 술술 답변하기에 이르렀다. 게다가 복잡한 컴퓨터 언어를 몰라도 문제가 되지 않았다. 친구와 대화하듯이 채팅창에 일상 언어로 질문을 던져도 상세하게 답변을 해주기 때문이다. 이제 인공지능과의 조우는 인간이 거부할 수 없는 상황이다. 인공지능과 함께하는 길이 동행이 될지 결투가 될지, 인공지능이 우리의 친구가 될지 정복자가 될지는 모르겠지만 어쨌거나 함께해야 한다는 사실만은 분명해 보인다.

인공지능이 일상화되고, 나아가 인간보다 더 뛰어난 능력을 갖춘 인공지능이 등장하자 이를 바라보는 사람들의 속내도 복잡해졌다. 대략 우리가 인공지능을 바라보는 시선은 크게 두 가지 유형으로 나뉜다. 인공지능 기술이 우리를 유토피아로 이끌어주리라고 생각하는 쪽과 인공지능이 인간의 자리를 위협하리라는 주장이 그것이다. 전자의 생각을 가진 사람을 '기술 낙관론자'라 부른다면 후자는 '기술 파괴론자'에 해당할 것이다. 어느 쪽 관점이 옳은 것일까? 사실 여기에는 정답이 없다. 인공지능 기술이 우리를 어디로 이끌고 갈지는 결국 인간의 대응과 선택에 달려 있기 때문이다.

인공지능이 생활 속에 들어오면서 사람들의 관심은 아무래도 'AI가 인간을 뛰어넘을 수 있을 것인가'에 초점이 맞추어졌다. 아닌 게 아니라 인공지능의 발전 속도가 워낙 빨라서 이러다간 정말로 인간을 뛰어넘을 수도 있겠다는 위기감이 엄습할 정도다. 영화 〈터미네이터〉에 등장하는 '스카이넷'이나 〈어벤져스〉에 나오는 '울트론'이 현실로 나타나지 않을까 하는 우려감이 들기도 한다. 조금 낙관적으로, 또는 긍정적으로 기대하는 사람은 〈아이언맨〉에 나오는 '자비스'처럼 인간을 곁에서 도와주는 착한 인공지능이 등장할 것이라 주장한다. 그럼에도 걱정이 앞서는 것은 어쩔 수가 없다. 아무리 착한 인공지능이라 하더라도 AI의 존재 자체는 인간에게 위협일 수밖에 없다. 인간보다 우수한 인공지능이 등장하는 순간 우리가 그동안 열심히 노력해서 쌓은 능력이 무용지물이 될 수도 있고 우리의 일자리를 대체할 수도 있기 때문이다.

인간지능을 꿈꾸는 인공지능의 미래

인공지능이 인간의 능력을 뛰어넘는 날이 실제로 도래할까? 언젠가는 도래하리라고 생각되지만, 다행스럽게도 이 부분에 대해서는 전문가들의 의견이 나뉜다. 예컨대 《특이점이 온다》의 저자인 레이 커즈와일Ray Kurzweil은 2045년이 되면 인공지능이 모든 인간의 지능을 합친 것보다 강력해지리라고 예측했다. 그렇게 되면 인공지능이 만들어낸 연구 결과를 인간이 이해할 수도 없고 인간이 인공지능을 통제할 수 없는 지경에 이르게 되는데, 그는 이러한 지점을 '특이점Singularity'이라 불렀다. 특이점이란 인공지능 기술이 인간을 초월하는 순간을 뜻하는데, 그 지점에 도달하면 폭주 기관차처럼 질주하던 인간의 역사는 진행을 멈추고 현재 지점이 종착역이 될 수도 있다. 이후 바통을 인공지능에게 넘겨주고는 역사의 뒤안길로 사라질지도 모른다.

다행히 반대 견해도 있다. 인공기능 기술이 특정 분야에서는 놀라운 수준을 보여주기도 하지만 전체적으로는 인간을 뛰어넘을 수는 없으니 과대평가해서는 안 된다는 것이다. 이런 주장의 대표 주자 중 한 명이 재독 철학자인 한병철 교수다. 그는 한 인터뷰에서 다음과 같이 말했다. "AI는 계산기다. 인간의 사고는 기계적 계산이 아니다. 감정을 수반해야 하고, 욕망과 사랑, 희망이 있어야 한다. 그것이 없이는 통찰이 없다. 통찰하는 AI, 깨닫는 AI는 없다." 인공지능이 기계적인 계산을 하는 데는 탁월하지만 인간처럼 욕망하거나 감정을 가질 수 없어서 통찰력을 발휘하는 데까지 발전할 수는 없다는 주장이다. 특정 영역에서만 뛰어날 뿐, 인간처럼 욕망하고 감정을 가지고 통찰할 수 없는 한계가 분명하다는 뜻이다.

컴퓨터나 인공지능 로봇을 연구하는 분야에서 자주 회자되는 말 중에 '모라벡의 역설Moravec's Paradox'이라는 표현이 있다. 모라벡의 역설이란 미국의 로봇공학자인 한스 모라벡Hans Moravec이 주장한 개념으로, 인간에게 쉬운 일이 컴퓨터에게는 어렵고 반대로 인간에게 어려운 일이 컴퓨터에게는 쉽다는 역설을 뜻한다. 가령 인간은 걷기, 느끼기, 보기, 말하기 등의 일상적인 행위는 손쉽게 할 수 있지만 복잡한 연산이나 고차 방정식은 어렵다고 느낀다. 하지만 인공지능 컴퓨터는 이와 반대다. 인공지능은 사람이 평생 풀지 못할 복잡한 계산 문제를 눈 깜짝할 사이에 쉽게 풀어낸다. 바둑이나 체스 게임을 평생 훈련한 인간 챔피언도 쉽게 이긴다(사실 알파고가 이세돌을 이긴 배경에는 어쨌거나 바둑 역시 수학 계산 영역에 속하기 때문이다. 엄청난 경우의 수가 있지만 본질은 계산 영역에 속한다. 그러므로 인공지능 컴퓨터가 인간보다 바둑을 잘 두는 것은 어찌 보면 지극히 당연한 일이다). 대신 인간처럼 느끼는 공감하고 사랑하고 욕망하는 일은 알파고에게는 매우 어려운 도전이자 난제다. 말하자면, 인간이 잘하는 영역과 인공지능이 잘하는 영역이 다르다고 보는 편이 타당하다.

하지만 이러한 주장도 이젠 한물간 옛말이 될 수도 있다. 모라벡이 자신의 이름을 딴 '역설'을 주장했던 시기가 1970년대인데, 그때와 지금은 상황이 완전히 딴판이기 때문이다. 인간의 상상력에 제한이 없듯이 과학기술의 발전에도 한계가 없다. 엄청난 속도로 발전하는 인공지능 기술로 인해 점점 모라벡의 역설에서 벗어나는 AI가 등장하기 시작했다. 가령 오픈AI가 개발한 챗GPT는 어려운 질문에도 척척 대답해준다. 게다가 시도 쓰고 그림도 그리는 등 창작 능력까지 갖춘 듯 보이기도 한다. 이제 모라벡의 역설은 더 이상 통하지 않는 과거의 이론에 불과한 것일까? 모든 과학 이론이 그러하듯, 아무리 탄탄한 이론이라도 언제든 반증 가능성은 열려 있는 법이다. 모라벡의 역설이 영원한 진리가 될 수는 없다. 언젠가는 인간이 잘하는 영역조차 인공지능이 더 잘하게 되는 날이 올 수도 있다. 하지만 그럼에도 모든 면에서 인공지능이 인간을 뛰어넘기란 본질상 쉽지 않다. 왜 그럴까?

본디 인공지능이란 기계로 지능을 구현한 것을 말한다. 당연히 인공지능 연구는 인간지능 연구와 밀접한 관련이 있다. 인공지능이 궁극적으로 닮고 싶어하는 모델은 다름 아닌 '인간지능'이다. 말하자면 인간 두뇌의 완벽한 모사야말로 인공지능의 궁극적인 목표다. 물론 향후에는 욕망의 끝을 모르는 인간이 '신의 능력'을 가진 인공지능을 개발하려 들 수도 있다. 하지만 그것은 어디까지나 '인간지능'을 뛰어넘은 뒤에나 가능한 일이다. 인공지능이 넘어야 할 일차적인 목표는 인간지능이다. 하지만 정작 우리는 인간지능이 무엇인지 아직도 잘 모르는 상태다. 인간지능 자체가 여전히 미지의 영역인데 어떻게 그것을 닮은(또는 뛰어넘는) 인공지능을 만들 수 있을까? 본질을 생각하면 결코 쉬운 일이 아니다.

하지만 최근에는 인간처럼 생각한다고 여겨지는 인공지능이 등장하여 사람들을 놀라게 만들기도 한다. 가령, 챗GPT 버전 4에서는 이미지를 보여주고 질문을 하면 마치 인간처럼 척척 답을 한다. 회사에서 공개적으로 소개한 영상에는 이런 장면이 등장한다. 인공지능에게 여러 개의 풍선이 가득 매달린 사진을 보여준 뒤 "줄을 자르면 어떻게 될까요?"라고 묻는다. 그 질문에 인공지능은 "풍선들이 날아갈 것"이라고 정확하게 답한다. 이러한 장면을 보면서 사람들은 놀라워했다. "드디어 인간처럼 사고하고 판단하는 인공지능이 등장했다"면서 극찬을 아끼지 않았다. 그런데 한번 생각해보자. 풍선에 매달린 밧줄을 자르면 풍선이 하늘로 날아간다고 생각하는 정도는 인간이라면 몇 살에 해당하는 지능 수준일까? 아마도 유치원생 정도면 거뜬히 대답할 것이다. 그렇다. 지금 우리가 놀라워하는 인공지능의 능력도 인간지능과 비교하면 아직 유치한 수준일 때도 많다. 그러니 지나치게 과대평가하거나 우상화할 필요는 없지 싶다.

물론 인공지능의 능력이 어디까지 발전할지는 아무도 알 수 없다. 하지만 똑똑해진 인공지능이 인간을 뛰어넘고 세상을 지배할 가능성은 거의 없다고 보는 편이 타당하다. 인공지능에게는 그래야 할 '이유'가 없기 때문이다. 이에 대해 워싱턴 대학교의 페드로 도밍고스Pedro Domingos 교수의 변을 들어보자. 그는 2016년 출간한 《마스터 알고리즘》에서 다음과 같이 주장했다. "안심하시라. 마스터 알고리즘을 장착한 인공지능이 세상을 지배할 가능성은 제로다. 그 이유는 간단하다. 인간과 달리 컴퓨터는 자신의 고유한 의지가 없다. 컴퓨터는 진화가 아니라 공학의 산물이다. 무한히 강력한 컴퓨터라도 여전히 우리 의지의 확장일 뿐, 두려워할 건 아무것도 없다." 인공지능에게는 인간과 같은 의지나 욕망이 없기 때문에 세상을 지배할 동인을 갖지 못하니 너무 걱정하지 말라는 뜻이다.

인공지능은 인간은 감히 엄두도 내지 못할 엄청난 일을 해내는 것처럼 보이지만 그것은 어디까지나 인간이 정해준 목표를 위해서만 그러하다. 인공지능이 뭔가 대단한 일을 해냈다면 그것은 그 인공지능 알고리즘을 설계하고 학습시킨 인간의 의지일 뿐이다. 원리상 인공지능은 스스로 문제를 제기할 수도 없고 혼자서 목표를 세울 수도 없다. 그것은 어디까지나 인간의 몫이다. 인간과 마찬가지로 인공지능은 어떠한 문제를 해결하거나 목표를 달성하기 위해 합리적 방식으로 접근한다. 하지만 그 문제나 목표는 어디까지나 인공지능의 외부(좀 더 구체적으로 말하면 인간에 의해)에서 주어진다. 반면 인간은 문제나 목표를 스스로 정한다. 바로 이것이 인공지능과 인간지능의 결정적 차이다. 이 때문에 무한한 능력을 가진 인공지능이 등장하더라도 인간을 지배하는 수준으로 발전하기는 어려우리라고 본다.

오직 사유하는 인간만이 살아남는다

그렇다고 아무 걱정도 필요 없다는 뜻은 아니다. 보다 심각한 우려는 인공지능의 발달로 인간의 능력이 퇴화할 가능성이다. 예컨대 챗GPT처럼 모든 질문에 척척 대답해주는 인공지능이 옆에 있으면 인간은 스스로 생각하기보다는 인공지능에게 생각 자체를 위임할 가능성이 높다. 익히 알려진 사실이지만, 인간의 두뇌는 다른 동물에 비해 큰 편에 속한다. 인간이 지나치게 큰 두뇌를 가지게 된 배경에는 '생각하는 능력'을 향상시키기 위한 목적이 있었다고 한다. 워싱턴 대학교의 뇌과학자인 마커스 라이클Marcus Raichle 교수에 따르면 우리 몸무게의 2%에 불과한 두뇌가 전체 에너지의 약 20% 정도를 사용한다. 알고 보면 두뇌는 에너지 관점에서는 매우 소모적이고 비효율적인 기관이다. 따라서 굳이 두뇌를 가동하지 않고도 원하는 것을 얻을 수 있다면 인간은 언제든 비효율적이고 에너지 낭비가 심한 두뇌의 가동을 멈출지 모른다.

지금껏 '생각하는 능력'은 인간만이 가진 고유한 능력이었다. 일찍이 인간을 '생각하는 갈대'라고 명명했던 철학자 파스칼도 생각하는 능력의 중요성을 다음과 같이 강조한 바 있다. "인간은 자연에서 가장 연약한 한 줄기의 갈대일 뿐이다. 그러나 그는 생각하는 갈대다. 인간의 모든 존엄성은 생각으로 이루어져 있다. (…) 그러니 올바르게 사유하도록 힘쓰자." 파스칼에 의하면, 인간은 생각하는 능력을 가졌기 때문에 존엄한 존재다. 인간은 비효율적이고 소모적인 두뇌를 끊임없이 사용함으로써 자신의 존재를 존엄하게 만들려는 전략을 취했다. 결과는 매우 성공적이었다. 그 선택 덕분에 신체적으로 열등한 사피엔스는 쟁쟁한 경쟁자들을 물리치고 만물의 영장에 오를 수 있었다.

하지만 인공지능의 발달로 인간은 지금까지의 전략을 철회할 가능성이 생겼다. 이제 힘들게 두뇌를 돌려 스스로 생각하지 않아도 되는 손쉬운 길이 열렸기 때문이다. 하지만 인간 특유의 능력인 생각마저 인공지능에게 맡기는 것은 결코 바람직한 태도가 아니다. 생각은 그 속성상 위임이나 무임승차가 불가능하기 때문이다. 비트겐슈타인은 이렇게 말했다. "나 외에 아무도 내 모자를 (나를 위해 대신) 써줄 수 없듯이, 아무도 나를 위해 대신 생각해줄 수는 없다." 생각은 그 속성상 빌릴 수도 위임할 수도 없다. 빌리는 순간 내 생각이 아니고 위임하는 순간 나는 생각하지 않는 것이 되기 때문이다. 그러므로 힘이 들더라도 스스로 생각하는 습관을 들여야 한다.

물론 인공지능을 무시하자는 말은 아니다. 인공지능 기술을 활용하되 생각하는 과정마저 생략하거나 최종 판단을 맡기는 일은 삼가야 한다는 뜻이다. 세계적인 미래학자이자 인터넷의 아버지라 불리는 니콜라스 카Nicholas Carr 는 《생각하지 않는 사람들》에서 이렇게 경고한 바 있다. "우리가 세상을 이해하기 위해 컴퓨터에 의존하게 되면서 인공지능으로 변해버리는 것은 바로 우리의 지능이다." 우리가 인공지능에 의존할수록 생각할 일이 없어져서 사유하는 능력을 잃어버릴 수도 있다는 진단이다. 대체로 우리는 새로운 기술이 등장하면 그것이 가져올 긍정적인 결과만 부각시키고 부정적인 면은 애써 외면하는 경향이 있다. 일부 최첨단 기술을 연구하는 집단에서는 인공지능이 인류를 유토피아로 이끌어주리라 예측하지만 그것은 어디까지나 인공지능 알고리즘을 장악하고 있는 소수의 사람에게나 해당하는 말이다. 공급자의 논리일 뿐이다. 대다수의 인공지능 사용자나 소비자에게는 그것이 유토피아를 열어줄지, 디스토피아로 이끌지 알 수가 없다. 따라서 인공지능을 활용하되 인간 특유의 생각하는 능력만큼은 잃지 않도록 경계해야 한다.

한편, 인공지능이 우리에게 제공하는 지식은 정보이지 진리가 아니다. 모든 정보는 '절대 지식'이 될 수 없다. 불변의 진리를 탐구하는 철학의 세계에서도 절대 지식이나 진리는 아직 그 모습을 드러낸 적이 없다. 니체가 말하지 않았던가! "절대적 진리는 존재하지 않는다. 진리에 대한 해석만 존재할 뿐이다." 우리가 알고 있는 지식은 절대적이거나 불변이 아니다. 대부분 유효기간과 반감기를 지닌 가변적 지식에 불과하다. 따라서 인공지능이 아무리 그럴싸한 지식이나 정보를 제공하더라도 그것을 곧이곧대로 믿어서는 곤란하다(실제로 챗GPT의 개발사인 오픈AI도 "때때로 부정확하고 오해의 소지가 있을 수 있다는 점을 명심해야 한다"는 공지를 올려놨다). 그냥 참고할 자료나 지식 탐구를 위한 출발점 정도에 그쳐야지 그것 자체가 최종 결론이나 절대 지식이 되어서는 곤란할 것이다. 인공지능이 내놓은 정보를 토대로 최종 판단을 내리고 통찰력을 발휘하는 일은 여전히 인간의 두뇌에서 이루어져야 한다.

사실 인공지능은 인간과 동일한 주체가 아니다. 인공지능은 인간의 질문에 답을 내놓는 '도구'에 불과하다. 챗GPT와 같은 인공지능과의 대화에서 중요한 것은 인공지능이 얼마나 대단한 답변을 내놓는지가 아니다. 원하는 답을 얻기 위해서 인간이 얼마나 예리한 질문을 하는지이다. 인공지능의 답변 능력이 아니라 인간의 '질문 능력'이 더 핵심이란 뜻이다. 당연한 말이지만 질문을 잘하는 사람일수록 인공지능을 더 제대로 활용할 수 있다. 물론 인공지능에게 "오늘 날씨가 어때?"라거나 "저녁은 뭘 먹으면 좋을지 추천해줘"와 같은 가벼운 질문을 던질 수도 있다. 그러면 인공지능은 성실하고 진지하게 답변해줄 것이다. 하지만 그렇게 간단한 질문을 주고받아본들 우리 삶이 획기적으로 발전하거나 풍요로워지지는 않는다. 있으면 좋겠지만 없어도 그만이다.

결국 인공지능의 활용이 우리 삶을 얼마나 풍요롭게 할지 여부는 인간의 능력에 달려 있다. 구체적으로는 개인의 질문 수준에 따라 인공지능의 답변이 달라진다. 질문의 수준은 생각의 깊이와 관련이 있다. 따라서 인공지능 기술이 발달할수록 덩달아 인간지능의 수준도 높여야 한다. 깊이 생각하는 능력, 새로움에 대한 호기심, 통찰력 있는 질문 능력 등이 인공지능과 더불어 살아가야 하는 시대에 더더욱 요구되는 능력이다. 다시 말해 인공지능의 발전과 인간지능의 향상이 동시에 이루어져야 하는 것이다. 인공지능이 발달할수록 우리 인간은 더욱더 '인간적'이어야 한다.

DoM 022

대중의 욕망인가, 기업의 마케팅인가
트렌드의 배신

초판 1쇄 인쇄 | 2023년 8월 21일
초판 1쇄 발행 | 2023년 9월 8일

지은이 이호건
펴낸이 최만규
펴낸곳 월요일의꿈
출판등록 제25100-2020-000035호
연락처 010-3061-4655
이메일 dom@mondaydream.co.kr

ISBN 979-11-92044-31-6 (03320)
ⓒ 이호건, 2023

d.
월요일의꿈

'월요일의꿈'은 일상에 지쳐 마음의 여유를 잃은 이들에게 일상의 의미와 희망을 되새기고 싶다는 마음으로 지은 이름입니다. 월요일의꿈의 로고인 '도도한 느림보'는 세상의 속도가 아닌 나만의 속도로 하루하루를 당당하게, 도도하게 살아가는 것도 괜찮다는 뜻을 담았습니다.
"조금 느리면 어떤가요? 나에게 맞는 속도라면, 세상에 작은 행복을 선물하는 방향이라면 그게 일상의 의미이자 행복이 아닐까요?" 이런 마음을 담은 알찬 내용의 원고를 기다리고 있습니다. 기획 의도와 간단한 개요를 연락처와 함께 dom@mondaydream.co.kr로 보내주시기 바랍니다.